U0453793

本书系江苏省教育科学"十四五"规划课题"促进儿童社会性素养发展的'社会化学习'范式建构"（批准号：SJMJ/2021/03）的研究成果。

社会化学习

实践手册

张齐华 著

教育科学出版社

·北京·

社会化学习：课程改革的理论新视域、实践新方式

成尚荣

为写好这篇序，想别出心裁，起了好多个开头，总觉得不合适、不满意；最后舍弃，决定说句最为老旧、最一般的话来开头：张齐华老师的新著《社会化学习实践手册》是一本难得的好书，值得大家关注、称赞和学习。

其实，所谓老旧、一般的话恰恰是别出心裁的另一种诠释。"心裁"指所说的话是"出于自心的创造和裁断"。"是本好书"，虽朴实，却最真实、真诚，因为是我阅读后从自己内心自然流淌出来的，这也印证了顾观光对此成语的解释"不以为衍文，即以为脱简"——评说、判断不必旁溢，更不应误说，简单、朴实的话是跳脱的、简洁的、干净的，又是深刻的，因而是"脱简"和精彩的。《社会化学习实践手册》确实是一本好书。

这本著作之好，最难能可贵的就是，它是一项研究的成果，研究的题目是"促进儿童社会性素养发展的'社会化学习'范式建构"。我听过张齐华的几次报告，参加过讨论，听过他们团队的课，最近又参加了他们的年度研究、实践分享会，感受很深，启发极大，很受鼓舞。我认为这项课题研究是一项科学实验，是发生在课堂里的真正的实验。实验前有整体设计，有理论准备，有预设，也有实验班的选择与培育；实验的过程与结果有根有据，有统计有分析，有经验总结又有理性概括；实验的结果体现在学生的社会化学习和发展上，看得见，生动、真实、鲜活。用佐藤学的话来说，这是发生在教室里的一场静悄悄的革命。这本著作正是这项实验的其中一个成果。课改需要实验，需要这样的实验，需要更多这样的实验。用教学现场研究和改进的方法，才能深入探索课程改革的规律，推动教学改革走向更深层次，切实地、科学地解决一些难

题。张齐华的这一成果为我们创造了一个具有普遍意义的范例。

这一范例具有鲜明的特点，有效地解决了不少难题，引发了我们许多思考，激发了全国许多教师自愿参与研究、实验的欲望，形成了一种气象。其具体特点如下。

其一，让育人价值立起来：立足于时代要求，以学科育人为核心，创新了育人的方式。

学科育人、教学育人是教学课改的核心目的和根本任务，具有很大的挑战性。张齐华和他的团队接受挑战，努力实现核心目的和完成根本任务，并凝练、体现在学科教学主张上。教学主张是教育思想、理念的学科化、具体化，也是教师教学思想、理念的个性化。它犹如一面旗帜，指引着教学改革的方向，召唤一切育人力量在旗帜下集合；又犹如一盏顶灯，照亮教学的全过程，也闪亮了教学的灵魂。大家都知道张齐华有着独特的教学风格，很多数学教师以及其他学科教师都喜欢听他的课，钦佩他、崇拜他。其实，教学风格的深处是教学思想，教学主张是教学风格脉管里流淌的血液，教学风格则是教学思想的雕塑。长期以来，"文化数学"是张齐华的主张，他的数学课堂满溢着文化审美的色彩，体现了丰厚的文化底蕴。随着研究的深入，站在时代高度，张齐华持续思考的是"文化数学"的两个根本问题：一是文化的实质是人化，所谓文化是人化，是说人既是文化的享用者、体验者，又是文化的创造者，文化应当成为人的精神家园；二是文化的核心是价值观，理想信念是文化的核心价值观，是培养时代新人的目标的核心要义。论说文化必定论说人的文化理解与创造。因此，"文化数学"要瞄准育人目标，"文化数学"的最高目的当是以数学文化育人；其实现的根本途径是通过学科核心素养。张齐华认为，"在各学科核心素养之上，还存在着更加上位、更具一般性和通用性的核心素养"，它表现为文化理解与传承素养、审辨思维素养、创新素养、沟通素养、合作素养等。如何找到一条落实和发展学生超越学科的通用素养之路，是摆在学科教师面前的一道难题。张齐华将研究目光聚焦于社会化学习。他认为，社会化学习为学生核心素养的发展提供了新的可能路径。因此，以社会化学习为核心的"文化数学"成为他的育人主张。显然，"文化数学"又往深处、高处迈进了关键的一步，学科育人价值立了起来。

其二，让理论鲜明起来：准确把握和统整课改的前瞻理念，将社会学习理念进行本土化转换，创造性地提出社会化学习。

　　社会学习理论是美国学者班杜拉提出的。近些年，教育神经科学的一系列研究，证明了社会性是构成人类学习的关键属性之一，进而形成了社会化学习理论。张齐华密切跟踪关注，并将这一理论与我国课改理念、基本原则相融合，进行统整，并进行本土化转化，提出了社会化学习。他的创造性体现在：第一，界定了社会化学习内涵。"社会化学习是指学习者在社会文化情境中通过有效互动，推进社会化进程、发展社会性素养的学习活动"，强调了社会文化情境、有效互动、社会化进程、社会性素养。这一理论与课程改革坚持的素养为导向、在真实情境中学习以及合作学习的理念是完全一致的，而且应和了社会与情感能力培养的国际趋势。第二，提出了狭义的社会化学习概念，强调在课堂教学中建立学习共同体、进行深度对话和社会协商等理念，凸显了社会化学习的特点。这与课程改革提倡的自主合作、探究学习的方式相一致，又凸显其对话性和交往性。第三，借鉴国外理论，从中国实际出发，形成了三大支撑性理论——社会建构主义理论、群体动力学理论、社会助长理论。其中，他引用中国学者的理论阐述：个人对别人的意识，包括别人在场或与别人一起活动，带来行为效率的提高。张齐华将这些理论置于构建人类命运共同体、合作高于竞争的时代背景下，凸显中华优秀文化的包容性、和平性、交流交往交融等突出特点。第四，从小学生的认知特点和规律出发，让理论彰显儿童的认知方式、实践方式，突出儿童情感劳动的本质属性。总之，社会化学习理论既是课改理念的内化和统整，又开拓了理论视野，为我国课程改革开辟了新方式，丰富了课程改革相关理论，呼应了课程改革发展走向。

　　其三，让理念落下去：着力将理论转化为教师真实、丰富、生动的实践，形成一系列结构化的操作要义，"把理论做出来了"。

　　当下课程改革存在的一个突出的普遍问题是，理念难以落地，教师也难以将理论转化为实践。他们不仅苦恼，同时也深感无奈无助，因而教学中理论与实践往往是分离的，课堂教学没有从根本上发生变化，甚至存在理论标签化、口号化，实践形式化、浅表化的现象。张齐华和他的团队为此下足了功夫，蹲在课堂，现场教研，用"磨绣花针"的功夫，把课"磨"在教学现场，"磨"在教学行为上。这本实践手册正是教师操作的导航仪、施工图、工具箱、案例群，构建了社会化学习的方法论。首先，社会化学习需要建构整体性的行动框架：组织变革，重在组建学习共同体；制度创新，重在探索群体性评价；工具研发，重在形成工具的系统化和操作性。这样，三位一体，就编织了实践网络。马克思早就指出要防止虚假共同体，而社会化学习的共同体的构建与实施真实、切实、扎实，既有形而下的器，又有形而上的道，让老师们不仅知道做什么、怎么做，又知道做的原理，破解了共同体学习形式化、表演化的难题；既有方法又有制度革新，依据社会化学习的基本思想，摒弃了只针对个体评价的传统评价制度，"将个体评价与团队评价相结合"，"将个体利益和群体利益深度捆绑和整合"，激发学习动力和利他性的责任担当，突破了评价难题；在工具研发方面，其系列化、具体化、操作性的特点是很少见的，成了教师的操作宝典。其次，社会化学习的每一项要义都很翔实：内涵明确，价值澄明，路径清晰，并有典型案例呈现。典型案例的呈现绝不是一个案例的摆放，而是为了回应实践中的困惑、阐明创意应用、链接重要资源、复盘反思要点、设计互动作业，环环相扣，步步深入，清清楚楚，明明白白。但是，案例虽具体却不拘泥，虽详细却不机械，操作的背后是理论的支撑、理念的引领。值得注意的是，整个操作过程，绝不是靠教师的布置、指令，而是让学生参与其中，这是学生社会化学习过程的具体化，也是学生创造的过程。教育从来都不是理想的教育，而一定是现实的教育。这一理念已在社会化学习的课堂里成为生动丰富的现实了。

其四，让学习活起来：成为学生学会学习和发展的平台，让课堂发生了根本性的变化。

判断一项研究、实验究竟有没有成功，最终要看课程标准有没有实现——核心素养为导向的教学目标有没有实现。教学目标是教学的价值承诺，而这一教学价值宣言最终体现在学生的变化上。假若，学生变了，他们真正学会自主学习了，学会合作了，学会以群体学习为学习的利益所在了，让学习贫困得到缓解了，而且学会创造性学习了；在学习方式变革的同时，学习兴趣培养起来了，学习志向逐步树立起来了，社会与情感能力培养起来了……；总之，学生学会改变、学会发展了，那么，改革、研究、实验就一定是成功的。这样的变化正发生在社会化学习的课堂里。不仅学生变化了，教师也和学生共同发生变化了，教师的改变又进一步改变了学生。社会化学习的课堂是交往互动、共同成长的平台。我所听的课、所看到的案例，都是一个个美丽动人的故事，都是最美的图景。张齐华和他的团队将课程改革的理念、目标、原则、要求化作了学生的核心素养，这是社会化学习最根本的成功。

格特·比斯塔在《教育的美丽风险》一书里指出，"两手空空"的教学法是教育的风险，而教育的"学习化""多元性"是人类行动的条件，以及在此前提下，"解放的实践"是教育真正美丽的风景。我想，社会化学习不正是"解放的实践"所创造的教育的美丽风景吗？

［作者系江苏省教育科学研究院研究员，教育部基础教育课程改革指导组专家、中小学教材审查专家、北京明远教育书院学术委员、香港中文大学（深圳）当代教育研究所高级研究员、澳门特别行政区《中国语文》（小学）主编］

目　录

社会化学习：育人方式的创新

　　早在20世纪70年代，美国学者阿尔伯特·班杜拉就明确提出以交互决定论、观察学习、自我效能为核心的社会学习理论，这一理论为后期的社会化学习探索奠定了基本的思考和行动框架。[1] 近些年，教育神经科学的一系列研究通过揭示社会环境支持与促进学习的大脑机制，证明了社会性是构成人类学习的关键属性之一，为社会化学习理论的建立和发展奠定了关键基础。[2] 笔者于2020年提出社会化学习育人主张，带领团队明确社会化学习基本内涵，厘清社会化学习价值意蕴，梳理社会化学习理论基石，构建社会化学习行动框架。目前，以笔者及其团队构建的社会化学习行动框架已在全国20多个省份万余名小学数学教师的课堂中进行应用与推广，并向小学其他学科乃至初中、高中学段进行辐射，引发国内基础教育界的广泛关注。

一、社会化学习的内涵界定

　　社会学习、社会性学习、社会化学习的英文都是"Social Learning"，三者具有一定的相关性，又各有不同的侧重与关切。以班杜拉为首提出的社会学习理论强调，学习不仅发生在学习者与客观存在的知识之间，也发生在学习者对他人学习行为的观察和自我强化中。社会性学习理论则强调，学习不仅是学习者的个体性行为，它更是学习者基于社会情境，与他人、社会文化的互动交往过程。社会化学习秉承了社会学习、社会性学习的基本观点，在强调学习的社会情境性与交往互动性的同时，更关注个体与群体、他人及社会情境的互动过程；在让个体遵守、内化特定社会群体秉持的价值观念、社会规范、行为准则的同时，推动其社会化进程；在帮助个体获得知识、养成能力和发展素养的同时，促进其由"自然人"向"社会人"的发展，实现其个体性与社会性的整体发展。

我们以为，社会化学习至少具备如下三大基本特征。首先，学习者的学习行为不能仅仅以个体身份参与，而需要在特定的学习共同体中展开，个体是学习共同体的重要组成部分。其次，学习是需要个体基于特定的学习目标与学习任务，通过与他人有效的交流、协作和互动，基于知识和意义共享，实现公共认知和共识的社会建构过程。最后，通过深度责任互赖的社会协作学习，学习者需要实现个体层面和群体层面的双重发展，在获得知识、能力和素养发展的同时，还应有效发展其社会情感与能力，提升个体的社会适应性，实现认知性素养与社会性素养的协同发展。

基于上述理解，我们提出，社会化学习是指学习者在社会文化情境中通过有效互动，推进社会化进程、发展社会性素养的学习活动。[3]基于学校场域、课堂情境的狭义的社会化学习，则是指学生在特定学习目标和学习任务的指引下，通过与学习共同体内其他成员持续、深度的合作与对话，在充分的社会协商与建构过程中，既获得学科素养的有效提升，又获得社会情感能力、社会适应性等社会性维度的全面发展的过程。

二、社会化学习的价值分析

学校教育的根本任务在于立德树人，旨在培养德智体美劳全面发展的完整的人。社会化学习育人主张的提出与实施，是对立德树人根本任务的积极回应与创新表达。其价值可以从如下三个方面进行阐述。

首先，社会化学习全面完善了学校教育的育人目标。学校教育的终极目标是培养全面发展的人。从思想史的维度看，人不仅是一种自然性存在、思想性存在，还是一种社会性存在。亚里士多德早就提出，人是一种社会性动物。马克思更是提出，人是一切社会关系的总和。培养一个全面发展的、完整意义上的人，不仅要丰富其知识和技能、发展其能力和素养，更要关注其社会性发展，通过创造丰富的社会性交往实践，提升其参与社会、适应社会、改造社会的本领。社会化学习育人主张的提出，正是从育人目标的根本性上，丰富和拓展了育人目标的向度，使学校教育能够真正促进人的全面、和谐、整体发展。

其次，社会化学习为核心素养落地提供了可能路径。2017年，《普通高中数学课程标准（2017年版）》等正式颁布，正式提出学科核心素养概念，我国教育正式步入核心素养时代。然而，我们也清晰地认识到，在各学科核心素养之上，还存在着更加上位、更具一般性和通用性的核心素养。它既表现为2016年9月由北京师范大学林崇德教授领衔的团队共同研发的"中国学生发展核心素养"；也表现为全球各发达国家、主要经济体和组织所颁布的核心素养框架，其中在国内最广为人知的当属由北京师范大学中国教育创新研究院与美国21世纪学习联盟合作研发的"21世纪核心素养5C模型"，即审辨思维、创新素养、沟通素养、合作素养和文化理解与传承素养。尽管通用核心素养的培养必然离不开各学科核心素养的发展，但它不可能也不应该是各学科核心素养的简单叠加。如何在培养和发展学生学科核心素养的同时，找到一条落实和发展学生超越学科的通用核心素养之路，是摆在教育工作者面前的挑战。社会化学习育人主张的提出，正好提供了一条通往通用核心素养的可能路径。由于社会化学习倡导学生在学习共同体内通过与他人、群体、社会情境和文化的不断互动与交往展开学习，学生需要在与他人不断的对话、沟通、合作和批判性思考中，完成对客观世界、自我世界和社会他人的认知，进而获得文化理解和传承。可以说，社会化学习为学生的对话素养、沟通素养、合作素养、批判性思维素养和文化理解与传承素养等，提供了全新的实践机会与发展可能。

最后，社会化学习创新了学校教育的育人机制。如果说，班杜拉的社会学习理论，让我们有机会跳出人与客观世界的互动，从观察学习的视角对个体学习有了全新的洞察和发现；那么，社会化学习则进一步为我们提供了认识、理解学校教育育人机制的全新通道。传统学校教育中，教师是实现教育育人的最重要的主体。教师是课程的设计者、组织者和实施者，也是课程之育人价值得以实现的关键变量。社会化学习则在充分承认教师作为育人主体的基本前提下，以学习共同体为育人主阵地，以学生与学生之间合作、对话、沟通、交往为基本路径，在传统的教师育生、教学相长的模式之外，探索出生生互教、同伴互育的育人新通道。学习共同体中的学生作为教师、课程之外的第三股育人力量，其育人价值得到了全新的认识和关注。由此构建的全新的育人机制，为立德树人、学校育人提供了新的可能。

三、社会化学习的理论阐释

任何一种育人主张的提出，都需要遵循脑科学、教育学、心理学、社会学等多门科学的基本原理，并以此为其理论基础。社会化学习育人主张的建构，涉及上述多个科学门类中的相关研究成果，其中最重要的，当数认知领域的社会建构主义理论、动力领域的群体动力学理论、社会心理学领域的社会助长理论以及课程教学领域的翻转课堂理论。

首先是社会建构主义理论。所谓社会建构主义，是指"人在和他人的相互作用之中，建构自己的认识与知识。也就是说，知识和理解是认识主体建构的。这种知识建构的活动是在社会文化的背景之中，作为个人的认识活动与社会文化情境的交互作用的结果形成的"[4]。与传统的认知心理学和皮亚杰倡导的认知建构主义不同，社会建构主义强调知识的建构并非发生在封闭的个人系统中，而是在向社会开放的系统之中，在人与社会情境、与他人的积极互动中得以建构的。社会化学习育人主张倡导让更多学习机会回归学习共同体，鼓励学生在学习共同体中通过与同伴、与社群持续、深度的对话与协作，实现对知识本质的理解与建构。这样的逻辑假设正是建立在社会建构主义的理论基础之上的。

其次是群体动力学理论。根据群体动力学理论，"群体不再是个体的简单组合，而是群体成员相互依赖、相互影响的有机组合体，是一个'牵一发而动全身'的动力整体和系统。依据群体动力学理论，群体效率受群体规范、由于群体规范所产生的群体压力和群体内聚力等诸多因素的影响。这些因素相互作用，群体成员之间关系不断变化与协调，从而产生群体动力"[5]。社会化学习育人主张的构建，正是基于群体动力学的基本原理，通过将学生个体纳入有机的学习共同体之中，通过群体性评价制度的实施，让学生个体间产生利益相关与责任互赖，从而通过充分放大个体间相互的约束力、凝聚力和驱动力，释放学生在个体状态下无法达到的学习动力，有效提升学生的学习效能。

再次是社会助长理论。《中国大百科全书·心理学》把社会助长定义为"由于他人在场而导致个体作业水平提高的现象"；沃切尔（Worchel）等人把社会助长定义为"由于观众或共同行动者（且不管与当事人之间有无竞争）的存在而引起的行为表现质量上的提高"；我国章志光等人认为社会助长是指"个人对别人的意识，包括别人在场或与别人一起活动所带来的行为效率的提高"。[6] 尽管实验研究表明，社会助长理论有时也存在社会抑制效应，即"他人在场"在个体面对复杂任务时有可能带来工作效率的下降，但整体上来看，社会助长理论为社会化学习育人主张提供了新的理论支持。当个体学习转换为基于学习共同体的群体学习，来自同伴的评价预期和压力，往往会让学生呈现出更强的学习动力、更专注的学习状态和更高的学习效能，从而让学生拥有更出色的学习表现。

最后是翻转课堂理论。"翻转课堂"是由萨尔曼·可汗在TED大会上的演讲报告《用视频重新创造教育》中提到的一种教学模式，即晚上观看视频，白天在教室里完成作业并向同学和老师请教。由于其与传统课堂"老师白天在教室上课，学生晚上回家做作业"的方式正好相反，所以也被称为"颠倒课堂"。[7] 翻转课堂通过对传统教学流程进行颠覆性改造和重塑，弱化了"教师的教"、强化了"学生的学"，最大限度地调动了学生学习的主观能动性，提升了学生的学习效率。社会化学习育人主张倡导学生课前独立展开研究，课堂中则带着丰富、多元、差异化的独立思考成果参与到学习共同体的分享、对话和交往中来，进而在互动答疑的过程中实现对知识意义的深度理解。这样的学习流程改造，其学理基础恰恰基于翻转课堂理论，其实效性也经受了历史和实践的检验。

四、社会化学习的行动框架

任何一种育人主张，其育人机制、育人逻辑与育人假设，都需要经受实践的检验。社会化学习育人主张在完成其内涵确立、价值判定和理论梳理后，构建了组织变革、制度创新和工具研发三位一体的具体行动框架，为社会化学习的育人实践提供了行动蓝图。

（一）组织变革：组建学习共同体

传统的育人方式中，教师是育人的主要变量，课程是育人的主要载体，学习活动更多发生在教师与学生之间，学生与学生之间的横向互动和交流则较少发生。这样的育人生态得以长期延续，固然与教师陈旧的育人观念有关，同时也与学校教育、课堂教学中长期以来始终不变的组织架构有关。学生个体是育人系统中的基本单元，他们通常以个体的身份参与学习。这样的组织架构显然不利于激发学生的群体动力、诱发学习过程中的社会助长效应、促进知识在群体中的社会建构。社会化学习通过组建有效的学习共同体，以组织变革直面上述困境和难题。

首先是组建共同体队伍。根据学生不同的年龄特点和心理发展规律，通过教师推荐、学生推选、组长竞聘、双向互选、教师协调、动态磨合等流程，教师带领学生组建组内异质、组际同质的学习共同体。组建共同体的过程，要充分遵循学生选择优先、领导力考量优先、情感联结优先等基本原则，避免教师独断分组所带来的种种弊端，为学习共同体后期的建设和运转奠定基础。

其次是构建共同体制度。没有制度的约束，所谓的学习共同体只会是个体与个体的拼盘，因缺乏规则制约而流于一盘散沙。我们鼓励各学习共同体从成立之初就要明确自己的发展愿景和目标，并根据大家共同确立的目标，在充分采纳全体成员意见的基础之上，拟定各种可测评、能落地的规章制度和奖惩措施。通过刚性制度的约束，学习共同体从建立之初即在规范的道路上运行。

最后是建设共同体文化。文化是学习共同体柔性的黏合剂。我们倡导每个学习共同体设计属于自己的独特文化名片，包括组名、组徽、组训、组照、组歌等，并在生动的、持续的文化实践中将文化浸润到整个学习共同体中，成为大家共同的精神图腾和文化象征。

（二）制度创新：探索群体性评价

深度的社会协作与高效的对话沟通是社会化学习得以顺利实施的关键，高度的利益相关和责任互赖则是其得以实现的前提。我们摒弃了只针对个体评价的传统评价制度，而将个体评价与团队评价相结合，通过建构群体性评价制度，将个体利益和群体利益深度捆绑和整合，从而有效增强学生的学习动力、利他倾向与责任担当，在提升学生个体学习效能的同时，促进其社会情感能力的发展。

首先是设计群体性评价制度。一份完整的评价制度包含评价目的、评价主体、评价对象、评价原则、评价方法、评价结果。群体性评价主要以学习共同体为评价对象。教师可以通过草拟评价制度、广泛征求学生个体或团队意见、公示制度文本，设计出一份师生共同参与、指向学习共同体的群体性评价制度。

其次是开发群体性评价工具。群体性评价制度的实施，需要依赖具体的、可操作的、简明的评价工具的研发与使用。教师可以结合社会化学习育人主张的核心要素，比如个体的独立研究、团队的社会协作、组内的对话沟通、组际的互动答疑、团队的互助互利等，设计评价的内容维度，并通过水平分层、权重赋分、评分细则等对每一个维度进行刻画，从而拟定出全面、科学、合理的群体性评价工具。

最后是实施群体性评价活动。群体性评价活动原则上以教师为评价主体，以学习共同体为评价对象。教师可以结合群体性评价工具，对照评价内容和评分细则，对各学习共同体开展基于证据的评价活动，进而根据评价结果对各学习共同体进行奖惩，全面激励和推动学生个体和团队的学习动力、团队凝聚力和社会协作，促进学生学科素养与社会素养的协同发展。

（三）工具研发：构建系统方法论

如果说，组织变革是社会化学习得以开展的前提，制度创新是社会化学习得以落地的保障，那么，构建一整套致力于促进共同体学习的集方法、策略和工具于一体的方法论，则是社会化学习育人主张得以落地的关键。长期以来，教育教学的实践与研究都是以学生个体为基本单位，如何实现生生之间有效的对话、沟通、交流和合作等，在理论或实践层面都积淀甚少。笔者在"中国知网"中以"对话"为关键词进行搜索，绝大多数文献均指向师生对话，极少有文献指向如何有效促进生生之间的高质量对话。为此，我们团队从如下三个维度，围绕如何有效组织学生在学习共同体内进行高品质学习进行实践研究。

首先是研发系统化工具。仅以学习共同体内的合作交流为例，我们通过对大量优质的小组合作交流视频进行切片分析，从学习共同体外部的学习环境营造和肢体、动作管理，到学习共同体内部的合作交流基本流程架构，再到组长和组员不同的话语范式的建构等，进行了系统化、结构化、全方位的方法梳理和工具研发，进而以文本、音频、视频等方式将相关方法和工具予以提炼总结，为学生有效参与社会化学习、参与合作交流奠定方法基础。

其次是组织系统化培训。教师可以通过上述工具研发的解读和分析、优秀学习共同体的现场示范演练、不同水平层次的视频切片分析、学习共同体持续的实战演练等途径，对各学习共同体如何开展社会化学习进行系统化、专题式培训，让相关的方法和工具内化为每一个个体与学习共同体的学习素养，为全面深化社会化学习实践铺平道路。

最后是开展系统化实践。方法和工具只有在系统化的学习活动中才能显现其价值，并在实践中内化、生成为一种内隐的素养。我们鼓励教师利用课堂教学、社团活动、场馆学习、社会实践等机会和平台，组织多场景、多样态、多平台的社会化学习实践，在教学实践中运用工具和方法，在不断的历练和行动中提升教师组织开展社会化学习的行动水平。

五、社会化学习的课堂模型

社会化学习的育人主张，是对立德树人根本任务的创新回应。它既是一种广义的育人行动，也必然要落实在现实的学校场域和具体的课堂情境中。整体构建适切社会化学习需要的课堂范式，成为社会化学习教学实践的先决条件。

社会化学习的基本内涵和价值意蕴的明确，为构建社会化学习课堂范式提供了重要的理论指引，而围绕组织变革、制度创新和工具研发确立的行动框架，更是为社会化学习课堂范式的建构提供了坚实的实践基础。通过研究团队三年多来的不断探索和调整，我们整体建构了社会化学习的课堂范式，并在实践中不断检验其可行性和有效性。尤其是这一年来，我们尝试将社会化学习从小学数学课堂向小学语文、科学、道德与法治、综合实践活动等学科课堂进行迁移，甚至向初中、高中学段的学科课堂进行迁移，努力展现社会化学习课堂范式超越学科、超越学段的普遍适用性，为更大范围内推广社会化学习提供路径支持。

（一）社会化学习课堂模型的整体构架

在对社会化学习基本内涵与价值意蕴的深度认知的基础上，研究团队以社会化学习的四大理论基石为底层逻辑，以三位一体的社会化学习行动框架为实践支持，通过对课堂实施流程进行整体重塑，系统构建了社会化学习基本课堂模型（如下页图所示）。

社会化学习基本课堂模型主要由"独立研究""组内共学""质疑深化""当堂检测"四个连续的课堂模块组成。其中，"独立研究"模块一般在课前完成，

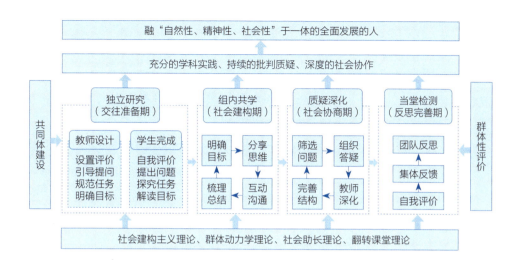

　　学生在特定学习目标和学习任务的指引下，独立开展学科研究，这是社会化学习的交往准备期。从"组内共学"开始的另外三大模块，则是学生在课堂场域中，通过与学习共同体内其他成员和团队持续、深度的合作与对话，在充分的社会协商与建构中完成的。"组内共学"模块，是社会化学习课堂范式最具特色的模块之一。这一阶段的学习活动主要在学习共同体内通过团队成员之间的相互协作和对话而完成，教师基本不参与各学习共同体的具体交往活动，这是社会化学习的社会建构期。"质疑深化"模块，则是社会化学习的社会协商期，也是社会化学习课堂的核心环节。在这一模块中，教师结合"组内共学"时各团队提出的核心问题，组织各学习共同体开展进一步的师生、生生、组际对话，以推动学生思维由模糊走向清晰、由单一走向多元、由肤浅走向深刻、由零散走向结构，有效深化学生的思维，落实学科核心素养的培养。"当堂检测"模块，则是社会化学习的反思完善期。该模块通过学生独立完成评价任务、组内集体反馈修改等活动，在"教—学—评"一致性的教学活动中，实现课堂的完整闭环。

　　社会化学习基本课堂模型以社会建构主义理论、群体动力学理论、社会助长理论和翻转课堂理论为重要理论基石，以共同体建设和群体性评价为关键支撑，通过充分的学科实践、持续的批判质疑、深度的社会协作，最终实现融个体"自然性、精神性、社会性"于一体的全面发展，完成学科教学完整育人、学校教育立德树人的根本任务。

（二）社会化学习课堂模型的具体阐释

社会化学习基本课堂模型最核心的四大课堂模块既相互关联、互为因果，又各具独特的内涵价值与学理依据，共同构成了完整的社会化学习课堂框架。

1. 独立研究：社会化学习的交往准备期

"独立研究"阶段，是学生借助前置性学习任务，以个体独立探索的方式完成对本课几乎所有基础知识、基本技能、重要方法的认识、理解和建构的过程。

之所以要给学生预留出这样一个充分的"独立研究"阶段，是基于社会化学习独特的高社会交往属性的需要。每一个学习个体对研究任务独立且充分的自主思考过程，恰恰为不同水平的学生提供了这样一种可能，即每一个学习个体，都可以借助课前的独立思考与自我建构，通过必要的资料查询和伙伴互助，拥有与共同体内其他成员平等对话的机会与可能，而这正是社会化学习中共同体成员间紧密交往互动的重要前提，也是社会化学习有效开展的必要条件。

（1）设计社会化学习单，为"独立研究"提供基本路径

高品质的"独立研究"是社会化学习的重要前提，而一份高质量的社会化学习单，如同一张清晰的学习地图，为学生的"独立研究"提供了基本路径和重要保障。

社会化学习单主要由"我的目标""我的研究""我的评价"三大模块组成。三者以"我的目标"为内核，充分展现了目标、任务、评价之间内在的"教—学—评"一致性。

"我的目标"模块是课堂教学目标的一种儿童化、学习化表达，通常以学生能够读懂、理解、掌握的方式呈现，以便更好发挥"我的目标"对于学生独立完成学习单、有效开展组内共学的目标导向和引领作用。设计"我的目标"时，教师可以充分借鉴课程标准和教学参考用书中对相关学习内容的目标设定，通过必要的修改、调整和完善，使其更贴近学生的学科学习。

"我的研究"模块是社会化学习单最核心的组成部分，通常由与"我的目标"相匹配的若干学习任务按一定的学科知识逻辑和学生认知逻辑构建而成。考虑到学科知识之间具有内在的逻辑性和关联性，而学生独立完成社会化学习单又是一个连续的进程，因而教师在设计"我的研究"时，既要充分尊重教材这一最重要的学习素材，依据教材的基本逻辑，规划学生的学习路径；又要根据学生的实际学情，在学生认知的盲点、痛点、卡点处进行必要的加工、疏

通、重组，以保证最终呈现的学习路径能够有效支持学生持续的、顺畅的独立学习。在相关的研究性任务之后，"我的研究"模块还增设了一个提问性任务，鼓励学生在独立探究相关任务后提出新的问题。学生提出的相关问题，恰恰成为课堂中"质疑深化"环节的重要媒介和支点。

"我的评价"模块是社会化学习单中的最后一环。该模块一般会基于"教—学—评"一致性原理，以教材或配套教辅中的相关任务为基本素材，结合社会化学习单中"我的目标"和"我的研究"，设计相匹配的评价性学习任务。它既是检测学生学习目标达成度的重要载体，也是社会化学习课堂中基本的巩固练习。

（2）完成社会化学习单，为"组内共学"蓄积交往资本

"独立研究"阶段，学生只需要完成社会化学习单中"我的目标"和"我的研究"两大模块。具体而言，学生需要深度解读"我的目标"，进而独立完成"我的研究"中的相关学习任务，最后提出新的问题。

"我的目标"是学生独立探究学习任务的"灯塔"，它规定并指引着学生"独立研究"的方向和路径。解读"我的目标"，既需要学生深入了解目标的基本内涵，知道我们要去哪里、怎么去；也需要学生结合自己的理解对目标进行个性化的阐释和批注，力争用自己的语言表征学习目标；还需要学生在学习目标与学习任务之间建立实质性关联，知道哪个目标将由哪个任务来实现、哪个任务对应着哪个目标，从而真正打通"我的目标"和"我的研究"之间的壁垒，实现目标与任务之间的一致性。

高质量完成"我的研究"，是学生在"独立研究"环节需要完成的核心任务。与完成巩固性作业相比，完成"我的研究"需要学生经历更丰富、更完整的学习过程。通常而言，学生需要按照"表征任务—完成任务—反思任务"的步骤展开学习。首先，学生需要通过圈画、标注等方式，对和任务高相关的条件、问题等基本信息进行梳理，并通过摘录、画图、列表等方式，将关键信息进行直观化、可视化、结构化的整理与表征，为完成相关任务奠定重要基础。其次，学生需要结合任务的实际情况，调用诸多分析问题、解决问题的策略，比如符号化、枚举、假设、转化、特殊化、一般化等，并选择合适的方法和策略，完成对任务的求解。最后，学生还需要对解决问题的方法和结果进行合理检验，并通过回顾与复盘，对问题解决的过程与方法进行梳理总结、提炼概括，形成解决这类问题的一般化方法和经验。

提出问题看似只是"我的研究"中最后一项子任务，但在社会化学习课堂中，却有举足轻重的作用。可以说，能否提出与学习目标高度关联、具有足够思考和研究价值的好问题，将直接决定社会化学习课堂中"质疑深化"环节的质量，决定学生学习的深度、宽度与广度。为此，在学生完成相关任务的探究后，我们应鼓励学生提出困惑之问、溯源之问、类比之问、关联之问、批判之问，把在"独立研究"环节遇到的各种困惑、衍生的各种问题挖掘出来，并以清晰、准确的语言表达出来，从而为"质疑深化"环节奠定基础。

2. 组内共学：社会化学习的社会建构期

"组内共学"是社会化学习最具挑战性的环节之一，也是最具社会化学习典型课堂特征的环节。在这个通常持续10—12分钟的共学环节中，学生需要在学习单的路径支持下，在组长的组织带领下，在全体成员的协作对话中，完成对本课关键性学习内容的交流、共享、协商和掌握。考虑到教师在这一环节中的"暂时缺席"，加上随后又不再单独安排"展示汇报"环节，如何充分保证"组内共学"的质量，就成了能否保障社会化学习课堂整体质量的重要前提。

（1）优化外部环境是"组内共学"的重要前提

首先，教师需要创设尽可能有利于学生深度展开"组内共学"的物理环境。桌椅应尽量打破传统秧田式的摆放格局，而以适合学生互动交流的小组围坐式进行摆放；桌面的学习用品应尽量做到简洁、清爽，通常只需要保留学习单、笔和其他必需的学习用品，以免分散、干扰学生的注意力。

其次，教师需要引导学生正确利用肢体语言以深化"组内共学"的品质。比如，共学时学生要做到身体适度前倾，眼睛注视对方，视线努力聚焦，及时给予回应，等等。再如，教师要充分引导学生用好红笔，使其成为学习共同体中的注意力引导器；要鼓励学生，红笔指到哪里，视线就跟到哪里，大脑就想到哪里，实现"笔—眼—脑"的高度协同。

（2）明晰内部流程是"组内共学"的核心要义

高质量的"组内共学"，需要遵循规范、明晰的内部流程。通过对大量优质"组内共学"视频的切片分析，我们发现，高质量的"组内共学"大致需要经历"读题—阐述—互动—总结—完善"的核心步骤。读题是"组内共学"的启动环节，可以帮助所有学生理解任务的基本内涵，为共学奠定基础；阐述是学生对任务及其解答过程的解读、分析和阐明过程，高质量的阐述可以帮助学生实现对学习任务的初步理解；进入互动环节，组长将鼓励同伴在学习共同体内展开横向的交流，引导学生进行相互评价、相互补充、相互追问，鼓励大家围绕相关任务进行深度的对话与沟通，以期深化大家对相关任务的理解和把握。经由"读题—阐述—互动"后，学生在学习共同体内完成了对某一个学习任务的共学闭环；而经由多次类似的共学闭环，并完成对所有学习任务的交流和共学后，组长还将带领同伴完成总结和完善两大流程。总结既可以由组长自己完成，也可以由组长引导组员完成，重在回顾、反思、复盘完整学习历程，总结、梳理、提炼核心的方法和策略。经由读题、阐述、互动、总结之后，每一个学生都可能从同伴的学习、作品和观点中获得新的启示，组长要鼓励大家及时把这些新启示、新观点、新见解记录在自己的学习单中，以此完善自己的认识和理解。至此，"组内共学"的五大流程环环相扣、层层深入，共同构成了"组内共学"的完整闭环（见下图）。

（3）掌握语言范式是"组内共学"的关键保障

高质量的"组内共学"，主要依托于共同体成员之间高品质的对话与互动，而规范、恰当、精准的语言是推动"组内共学"不断向深处推进的重要力量。

为此，我们根据不同的身份为学生提供了差异化的语言范式。比如，对于组长，我们为其设计了诸如"谁来读题""谁来说一下你的想法""谁有补充""谁有质疑"等语言，以帮助组长更好地组织全体组员开展高效的组内共学；而对于组员，我们也为其设计了相匹配的语言范式，比如"我来读题""我来说一下我的想法""我有补充""我有质疑"等，以帮助组员更好地参与到整个共学过程中来。

同时，我们还根据不同的共学流程，设计了专属的语言范式。比如，针对互动环节中的评价，我们为学生设计了诸如"谁来评价他的发言""谁来对我的发言进行评价""我来评价你的发言"等；针对互动环节中的补充，我们为学生设计了诸如"对于他的想法，谁还有补充""对于我的想法，谁还有补充""对于你的想法，我还有补充"等。

通过为不同角色、不同学习环节提供差异化、精准化的语言范式，我们可以真正助力学生深度参与组内共学，切实提升"组内共学"的品质。

至于交流学习单中"我的提问"，进而在组内推选出最有价值的小组提问，学生仍然需要遵循优化外部环境、明晰内部流程、掌握语言规范三大基本原则，此处不再一一赘述。

3. 质疑深化：社会化学习的社会协商期

"质疑深化"是社会化学习课堂的核心环节，是保障学习目标达成、提升学生学科素养和社会素养的关键环节。在这一环节，教师要结合各小组提出的问题，组织全班学生展开师生、生生、组际之间的互动答疑，并以结构化板书呈现学习成果，以此助推学生深化知识理解、把握学科本质、落实素养表现、构建知识结构，全面弥补学生"独立研究"和"组内共学"环节可能存在的缺失和不足，深化学生的思维。

（1）梳理核心问题是"质疑深化"的基础

面对"组内共学"环节各小组提交的核心问题，教师需要快速对相关问题进行确认、梳理、归类等，进而从中遴选出3—4个与课堂教学目标深度关联、适宜组织全班学生展开互动讨论、有利于引领学生思维纵深推进的核心问题。在此基础上，教师还需要结合问题的难易程度、问题与问题之间的逻辑关联等，对相关问题进行排序，为"质疑深化"环节做好充分准备。

（2）组织互动答疑是"质疑深化"的关键

所谓"取之于民，用之于民"，尽管问题由各小组提出，但答疑解惑的主体仍然是学生和各学习小组。在"质疑深化"环节的初期，教师只是整个答疑解惑阶段的组织者、引导者，并不直接参与问题的讨论和答疑。面对具有不同思维挑战的问题，教师需要选择不同的组织策略。如果问题相对比较基础，多数学生通过独立思考即可给出回应，教师可以直接组织学生个体或群体进行答疑。如果问题对多数学生具有相当程度的挑战，教师则可以引导学生在学习小组中进行二次讨论，以期通过互动和思维碰撞，找到解决问题的线索。

如果说，在"组内共学"环节，学生间的互动更多基于学习共同体内部，是个体与个体间的交往；那在"质疑深化"环节，学生则有机会跳出学习共同体，通过个体与个体、个体与小组、小组与小组间多维度、多层次的互动交流，实现更高水平、更具挑战的沟通和对话。为此，我们鼓励学生尽量走到黑板前面向全体学生阐述自己的观点，并引导学生结合黑板上的初始板书、必要的教具学具、实物展台上的作品等阐述观点、回应问题，以提升互动交流的品质。我们还鼓励学生在答疑完毕后，主动与提问小组、台下的其他学生进行持续的互动和交流，以保证更多学生就相关问题的讨论达成共识，真正实现知识的澄清、方法的明晰、思维的进阶。

（3）教师精准引导是"质疑深化"的根本

尽管学生通过前期的"独立研究"和"组内共学"，加上围绕核心问题展开的互动答疑，已经对相关知识和内容有了相对深入的把握，但考虑到学生知识经验和思维水平的局限，他们的理解难免存在模糊、单一、肤浅、零散等诸多问题。此时，教师能否给予精准介入、恰当引导、关键点拨、思维助推就显得尤为重要，成为"质疑深化"环节能否真正实现思维的深化和进阶的关键变量。

首先，教师需要专注倾听学生的互动与对话，在动态交流中精准捕捉学生思维的盲点、痛点、阻点，精准找到介入和引导的切入口。

其次，教师需要灵活运用澄清、阻断、追问、引导、放大、纠偏等方式，在学生的思维陷入困惑、迷茫、混沌、局限时，予以精准干预和引导，果断将学生的思维引向正道，并引领学生的思维由模糊走向清晰、单一走向多元、肤浅走向深刻、零散走向结构，从而真正实现思维的跃迁和进阶。

最后，教师要充分用好板书这一直观化的教学工具。社会化学习的课堂板书由"初始板书"和"增量板书"两部分组成。初始板书由教师课前写好，主要呈现例题中的基本素材，或者一些基本的数学事实和结论，是学生答疑互动时的思维支架。随着"质疑深化"环节的不断推进，教师需要把师生围绕核心问题深度互动讨论后形成的新观点、新结论、新思维等，以"增量板书"的方式呈现在黑板上，从而让思维的澄清、深化和进阶"看得见"，并最终结合结构化的板书，为学生呈现一幅整合学生"独立研究""组内共学""质疑深化"之后的学习成果蓝图。结合"终端板书"，教师还可以引导学生回顾总结整个互动答疑过程，强化对重点和难点的理解、凸显要点和关键点，帮助学生完成对整个深化过程的复盘。

4. 当堂检测：社会化学习的反思完善期

"当堂检测"是社会化学习课堂中最简短的一环，但却是社会化学习课堂形成"教—学—评"一致性闭环的重要一环。

学生需要先独立完成社会化学习单中"我的评价"任务，进而在教师的组织下进行独立批改、组内讲评和独立订正，并由组长根据组内整体完成情况，带领组员对全课学习展开深度反思。教师则需要通过有效反馈和学情分析，准确评估整个社会化学习的课堂效果，并围绕学生学习中存在的问题，对学生的"独立研究""组内共学""质疑深化"等环节进行精准研判，帮助学生发现问题、分析问题，并在今后的学习中通过有效改进，找到解决问题的突破口，从而全面提升社会化学习的课堂效能。

三年多来，社会化学习课堂模型已在全国数以万计的小学数学课堂中进行推广和应用，经受了实践和时间的双重检验。目前，该课堂模型已在小学语文、英语、科学、道德与法治、综合实践活动等学科进行尝试与推广，并有多个地区尝试着将其向初中和高中等学段进行渗透和推广。

我们有理由相信，随着课堂实践的不断推进和深化，通过课堂模型的不断修正、完善和学科化改造，社会化学习课堂模型将在多区域、多学段、多学科的课堂教学中得到广泛实践和深度应用，从而为学科育人背景下的课堂变革，探索出一条独特的本土化道路。

【参考文献】

［1］张齐华. "社会化学习"：价值、内涵和基本要素［J］. 教育研究与评论（小学教育教学），2021（7）：5-9.

［2］乔沛昕，董玉琦. 社会化学习对学生学习成效的影响研究：基于47项实验和准实验研究的元分析［J］. 湖南师范大学教育科学学报，2023，22（1）：51-65.

［3］同［1］.

［4］钟启泉. 社会建构主义：在对话与合作中学习［J］. 上海教育，2001（7）：45.

［5］冷晓萍，顾华. 群体动力学视域下的课堂协作学习模式探究［J］. 沈阳师范大学学报（社会科学版），2014，38（6）：144.

［6］李朝旭，冯文侣. 社会助长研究的历史与现状：Ⅱ［J］. 心理学动态，1999，7（4）：62-68.

［7］张金磊，王颖，张宝辉. 翻转课堂教学模式研究［J］. 远程教育杂志，2012（4）：46-51.

第一章

如何组建学习共同体？

第 **1** 节

什么是学习共同体？

内涵 **"学习共同体"基本含义**

　　学习共同体是目前教育界普遍接受的一个概念。与其提法相近的除了彼得·圣吉在1990年出版的《第五项修炼》中提到的"学习型组织"外，还包括"学习者共同体""学习社区""实践共同体""知识建构共同体"等。广义的学习共同体是指"一个由学习者及其助学者（包括教师、专家、辅导者等）共同构成的团体，他们彼此之间经常在学习过程中进行沟通、交流，分享各种学习资源，共同完成一定的学习任务，因而在成员之间形成了相互影响、相互促进的人际联系"[1]。狭义的学习共同体则是指由学习者群体构成的团体。本书所采用的是狭义的学习共同体的概念，尽管我们非常清楚地意识到，学习共同体在学习过程中，仍然需要得到教师、专家和辅导者们的专业支持。

价值 **"学习共同体"组建缘由**

　　支持组内共学　　"组内共学"是社会化学习课堂的重要组成部分，也是其区别于传统意义上的合作学习的最重要元素之一。考虑到"组内共学"通常需要持续10—12分钟，且教师几乎处于弱干预甚至无干预状态，这就给学生的学习带来了巨大挑战。构建真正意义上的学习共同体，就是为了保证"组内共学"环节能够顺利进行，每一个学生都能够在社会化学习单的支持下，在组长的带领和组织下，展开充分的沟通和交流，分享各自的学习理解，共同完成相应的学习任务。

　　激发群体动力　　社会助长理论告诉我们，当个体置身于特定的群体之中时，其学习和工作效率能够得到正向强化，其背后的理论支持就是群体动力学。组建真正意义上的学习共同体，就是为了让每一个学生的身份从原本的学习个体转变为学习共同体中的一员，通过发挥同伴之间相互促进、相互激励、相互支持的影响力，让每一个学生都能在群体动力的加持下，积极、深度参与到学习活动中，提升学习主动性和创造性。

促进团队协作　在社会化学习的课堂中，复杂的学习任务、持续的共同学习都需要学生个体间展开充分的团队协作，大家相互支持、配合、取长补短，共同促进学习任务的完成。构建真正的学习共同体，就是为了打破传统学习小组弱联结、弱支持、弱相关的现状，通过"群体性评价"的制度创新，让每一个学生都作为学习共同体中不可缺少的一分子，围绕共同的学习目标，在相互支持和协作中实现深度的合作学习。

加强社会交往　社会化学习的重要目标之一，在于发展学生的社会素养；而学生社会素养的形成，依赖于学生更持续、更充分、更互赖、更频繁的社会交往和互动。构建真正的学习共同体，就是希望将学生的个体利益和学习共同体的群体利益深度融合，从而让社会交往在学习共同体内持续、深入展开。事实也证明，学生不仅会在10—12分钟的"组内共学"中展开社会协作与交往，还会将这样的社会交往延伸到课间、社团活动、家庭生活、社区实践。正是学习共同体的构建，让高品质的社会交往得以充分发生，而学生的社会素养也在这一过程中得到发展。

路径 "学习共同体"组建步骤

构建学习共同体，通常需要按照组好队伍、建好文化、用好制度三个基本步骤展开。

组好队伍　让合适的人"在一起"，这是构建学习共同体的首要任务。

确定组长　组长是学习共同体的领导者，也是学习共同体的灵魂。选择真正有领导力、有责任担当、有利他精神、愿意为团队成员付出的学生成为学习共同体中的组长，是组建共同体的关键。

均衡分组　组内异质、组间同质，这几乎是当下组建学习共同体最常用的分组原则。组间同质的分组原则能够保证各小组之间保持基本均衡，为组间开展群体性评价奠定坚实基础。组内异质的分组原则，则可以让组内成员保持多样性，让学习共同体内的高质量合作和交流成为可能。

动态磨合　组建共同体队伍不是一蹴而就的，不同的学生从独立个体转向学习共同体中的一员，都需要完成一次身份和角色的重要转型。这一过程中，有些学生难免随着共同体学习和生活的展开，在学习共同体中感到难以适应。这就需要教师通过不断观察，及时、动态地对共同体成员进行调整，直到让每一个学生都找到最适合自己的团队，找到自己最舒适的生态位。

建好文化　文化是组织的黏合剂。我们常说，"人"在一起是群体，"心"在一起才是团队。建好学习共同体内部的文化，可以更好地用团队愿景召唤个体、用群体利益凝聚个体，让不同的学生真正汇聚成一个有共同目标、共同愿景、共同价值、共同规范的学习共同体。构建文化，大致有如下三个步骤。

确定文化内容　比如确定学习共同体的名称、目标、愿景、标志、口号等，这些结构化、序列化的文化内容，是学习共同体文化的重要组成部分。

设计文化名片　将上述文化内容整合并设计到一张张文化名片中，是建好文化的重要一环。设计充分彰显文化特质的名片，可以融入整个共同体对团队文化的预期和想象。

强化文化实践　文化不是写在纸上的一堆文字，也不是挂在嘴边的一堆口号，而是需要在持续、生动、深入的共同体文化实践中，得以慢慢将文化因子植入每一个学生的心间，最终汇聚成整个学习共同体的文化符号和标签，成为大家未来共同守护的文化家园。

用好制度　如果说文化是学习共同体建设的柔性黏合剂，那么制度就是学习共同体建设的刚性约束力。文化凝聚团队的共识，制度约束团队的边界。设计并用好制度，可以让共同体中的每一名成员明确自己的身份角色、权利义务、责任边界、行为规范等，从而有效规范共同体成员的具体行为。用好制度具体包含如下三个维度。

编制制度文本　设计制度文本是用好制度的基石和根本。编制科学、规范、全面、有效的制度文本，可以让制度所涉及的具体内容标准化、可视化、规范化，使其具有超越个体、超越权力的意义和价值。

设计评价工具　制度的落地，不能停留于制度文本。在运用制度的过程中，共同体需要设计适切的评价工具，将制度文本中约定的相关要求、约束、边界、责任等，有机整合到评价工作中，以便制度能够在日常的学习实践中得以贯彻落实。

开展评价奖励　没有承诺的兑现、没有基于契约的奖惩，制度的设计就是一纸空文。结合评价结果，教师应定期组织评价奖励活动，让学生的努力能够被看见、被认可、被欣赏，也让学生能够看到自己与他人的差距，并在今后的学习实践中不断优化个体学习、强化团队协作，从而提升整个团队的凝聚力和行动力。

案例　组建"学习共同体"典型案例

案例1："璀璨星河"学习共同体自我介绍

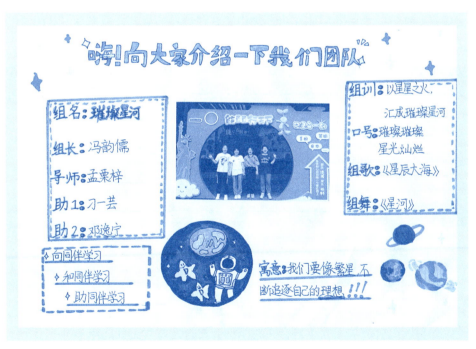

设计：南京市芳草园小学五（4）班"璀璨星河"小组

指导：南京市芳草园小学刘桂芹老师

问答 ▶ 组建"学习共同体"困惑回应

No.1："学习共同体"与"学习小组"有什么区别？

学习共同体与传统课堂中的学习小组有相似的地方，比如由多个学生个体共同组成、有一定的角色分工、在面对复杂任务情境时会展开合作等；但真正意义上的学习共同体与学习小组在如下几个维度仍然存在显著的区别。

明确的角色分工   在学习共同体中，每一个人都有非常明确的分工，并承担相应的职责。比如，组长负责组织、领导整个团队的运作；"小导师"负责协助组长开展工作，在互动交流存在争议时及时介入并做出决断；两位"小助理"主要负责作业收发与时间管理等。每一个学生在学习共同体中各司其职，共同维护和推动整个学习共同体的运作和发展。

清晰的目标愿景   传统的学习小组通常只在面对挑战性问题时，才会展开协作，其目标在于解决当下的问题；社会化学习中的学习共同体则拥有更清晰的目标愿景：对于整个团队究竟想朝什么方向发展、发展成什么样子、如何发展成这个样子，学习共同体在建设之初就有着清晰的规划。后期学习共同体的运作，始终紧紧围绕着这样的目标愿景展开。

突出的责任互赖   在传统的学习小组中，组员与组员虽然同处于一个团队，但彼此之间并不会因为利益深度关切而表现出高度的责任互赖；而在学习共同体中，每一个个体的利益、命运都与其他个体实现了深度捆绑，所谓"一荣俱荣，一损俱损"。深度的责任互赖让学习共同体成为一个不可分割的有机整体，团队的凝聚力也因责任互赖而得到有效增加。

创意 ▶ 组建"学习共同体"创意应用

No.1：引导团队完成"人力资源分析"

存在问题   建设学习共同体的过程中，教师不能只根据学生的学业成就来分配角色、确立身份。事实上，学业成就高的学生未必能扮演好领导者的角色。如何让最合适的人处于最合适的岗位，充分发挥学习共同体中每一个个体的独特优势，实现优势互补，是摆在教师面前的一道难题。

创意方法   我们鼓励教师借鉴企业人力资源管理常用的一种策略，想办法给每一个学生进行优势和劣势的分析，形成其"人力资源画像"，然后结合画像，为拥有不同优势和特质的学生安排不同的角色，从而真正扬其所长、避其所短，实现人力资源整体效益的最大化。当然，这一过程不应该由教师来主导，而应鼓励学生在充分的自我评估、团队协商的基础上，分析每一个学生的优点和不足、挖掘每一个学生不为人知的潜能，从而真正实现为每个人安排正确角色的理想目标。

效果评估 通过人力资源分析，学习共同体的每一个成员既加深了对自我优势与不足的认知，也深化了对每一个同伴的理解和发现，增进了团队成员之间的相互了解。更关键的是，借助人力资源分析，很多学习共同体改变了原有的成员分工与责任分配，结合每一个成员独特的个人优势，为其找到了更适合自己的角色。事实证明，基于人力资源分析的岗位分配，无疑更科学、更合理，在学习共同体后期的运作过程中，避免了大量的人力资源浪费和磨合损耗，提高了团队合作的效能。

No.2：邀请"专业人士"提供专业指导

存在问题 构建学习共同体是一件专业性很高的事情，无论是教师还是学生来构建学习共同体，事实上都算不上专业。如何让不够专业的人士来完成这件相对专业的事情，对教师和学生而言都是一个巨大的挑战。

创意方法 管理学告诉我们，管理的本质就是"借智慧"。我们鼓励教师从家长中寻找企业人力资源管理方面的专家，邀请他们参与到学习共同体的建设过程中来，协助教师和学生共同建设更科学、更合理的学习共同体。具体分为如下几个步骤。

首先是邀请外援 找到对口的专业人士进驻课堂，聘请其作为构建学习共同体工作的校外指导专家。

其次是专业指导 邀请专家为教师和全体学生解读学习共同体的组建原则、构建策略等。

再次是案例分析 通过向专家提供不同发展水平的学习共同体，邀请专家从专业的视角进行分析，看看优秀的学习共同体究竟做对了什么，而发展欠缺的学习共同体又做错了什么、有哪些改进的空间、该在哪些维度进行调整和优化，从而为现有学习共同体的建设把脉问诊。

最后是**总结复盘**　教师带领学生完整梳理专家指导过程中留下的宝贵经验和方法策略，把它们形成文字，进而整合到下一阶段学习共同体的建设、优化、迭代过程中，充分发挥专家智慧的辐射力和影响力，促进更多学习共同体朝着更科学、更合理的方向发展。

效果评估　专家的介入，丰富和拓展了教师和学生对于组建学习共同体的认知。通过专家指导和优化过的学习共同体，在后期运营的过程中，的确有更好的人际交往和团队协作表现，共同体的整体效能较以往有了长足的进步与发展。

🔗 链接　组建"学习共同体"重要资源

链接1："集思广益"小组人力资源分析图

设计：南京市芳草园小学五（4）班"集思广益"小组

指导：南京市芳草园小学刘桂芹老师

链接2：班干部团队人力资源分析图

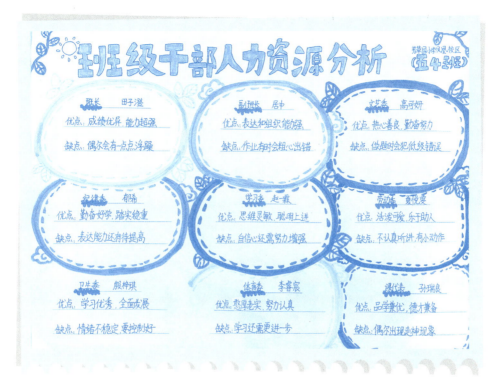

设计：南京市芳草园小学五（4）班班干部团队

指导：南京市芳草园小学刘桂芹老师

复盘　组建"学习共同体"要点回顾

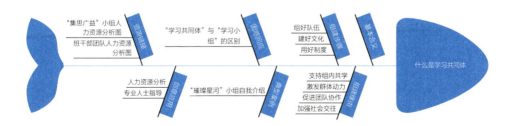

互动 组建"学习共同体"互动作业

你能试着为你所在的学科教研组团队绘制一幅人力资源分析图吗？

【参考文献】

[1] 冯锐，金婧. 学习共同体的思想形成与发展 [J]. 电化教育研究，2007（3）：73.

第2节

如何组好共同体队伍？

内涵 "共同体队伍"基本含义

学习共同体是由学习者组建而成的。建好学习共同体队伍，就是指根据一定的规则和方法，将能够遵守共同契约、拥有共同愿景目标、能够围绕目标展开共同行动的学习者组建成一支学习型队伍。组建共同体队伍是创建学习共同体的第一步，只有让合适的人走到一起，后面的共同体文化与制度建设才能拥有坚实的根基。

价值 "共同体队伍"建设缘由

减少阻力　不是所有的学生都适合在同一个团队中展开共同学习与行动。如果教师在组建学习共同体队伍的过程中，不充分考虑学生与学生之间是否存在相互冲突、彼此摩擦、经常对峙等社会与情感方面的问题，那么，即使教师利用手中的权力把学生按自己的理解分配在一起，学生之间也会因为各种矛盾、冲突而经常处于紧张的状态，这样的消极状态会给随后开展的共同体学习和行动带来巨大阻力。因此，想办法让合适的、彼此接纳的、有一定认同度的学生进入同一个学习共同体，可以有效减少学习共同体内不必要的阻力和损耗。

提供合力　学习共同体不是几个学生个体的简单叠加，它需要团队的整体协作与合力，形成"1+1＞2"的聚合功效。将真正合适的学生个体组建成共同体队伍，可以充分发挥每一个共同体成员的优势，让团队成员在相互合作、相互支持、相互激励、相互依赖的过程中，产生强大的凝聚力，从而为整个团队实现整体性目标奠定坚实基础。

强化动力   社会助长理论表明，人在群体中容易表现出更高的工作和学习效率。组建学习共同体队伍时，将合适的学生纳入同一个团队，就是为了充分激发学习共同体对学生个体正向的群体动力，发挥群体动力的强大势能，并将其转化为有效动能，撬动每一个学生乃至整个学习共同体的强大学习动力。

⊗ 路径 ▶ "共同体队伍"建设流程

建设共同体队伍，通常可以按照确定原则、招募组长、双向选择、教师统筹四个基本步骤展开。

确定原则   组建共同体队伍，需要遵循如下三个基本原则。

人数相当   在可能的情况下，每一个学习共同体要保持人数大致相当。一般来说，考虑到学生的年龄特点、思维水平和自我管理能力，一、二年级组建学习共同体，建议以两人为主；三到六年级组建学习共同体，建议以四人为主；初中和高中阶段组建学习共同体，则建议根据班级人数的实际情况，适当考虑六人组合。如果在平均分配的过程中出现余数，教师则可根据余数的大小，或让剩余人员单独成组，或将剩余人员均摊到其他小组，从而尽量保证组际之间人数相当。

组际均衡   这里的均衡既应表现为学生学业水平的均衡，也应充分考虑学生的组织管理能力、情绪管理水平、个性、性格、性别、身高等因素，尽量保证每一个学习共同体在多个维度上保持相对的均衡。

学生参与   组建共同体队伍时，教师可以发挥充分的主导作用，但分组过程中需要让学生全面参与每一个步骤和环节。无论是对于组长的推荐与竞聘、组员的遴选与互选，每一个学生的意见和选择都应该被看见、被珍视，从而让共同体队伍的组建，成为每一个学生主动参与、深度介入、共同决策的过程。

招募组长   组长是学习共同体的灵魂人物。是否能推荐并遴选出德才兼备的学生担任组长，是决定整个学习共同体未来能否正常、平稳运转的关键。招募组长通常需要经历如下四个步骤。

明确标准   组长是一个管理者、组织者、协调者。在适当考虑学业能力的同时，我们应该把拥有一定管理能力、组织能力、协调能力、团结能力、冲突化解能力等作为组长的重要遴选标准。

　　教师推荐　这里的教师是指担任本班学科教学或班级管理一年及以上的任课教师或班主任。我们可以通过问卷、访谈等方式，邀请相关教师推荐符合要求的组长候选人。具体操作时，建议采取差额推荐的方式，比如某班级需要选出12名组长，则可以让教师推荐15名组长候选人。适当的候选人冗余，可以为后期组长竞选提供便利。

　　学生推荐　学生推荐同样可以采取差额推荐的方式，具体方式可参照教师推荐。

　　组长竞选　通过前期的教师差额推荐和学生差额推荐，教师可以根据票数从高到低遴选出适量的组长候选人。考虑到个别学生有可能会放弃参与竞选的资格，这里的候选人人数可以适当放宽。在此基础上，教师再来组织组长候选人进行竞选。竞选的形式多种多样，可以是提交书面竞选申请，或者是现场进行宣讲，还可以是组织答辩。教师要引导组长候选人在竞选过程中，分析岗位的职责要求、自我的能力、能力与岗位的匹配度、未来的工作规划等，以便让教师和所有学生从候选人中遴选出真正具备领导力、组织力和协调力的学生担起组长重任。

　　双向选择　所谓双向选择，是指组长在选择组员的同时，组员也要对组长进行反选。唯有组长和组员双方互相选中，大家才能真正进入同一个学习共同体，成为未来的合作伙伴。具体操作分为如下三个步骤。

　　组员分层　教师可以对所有学生从学业成绩、行为习惯、人格特质、能力水平、社会素养等维度进行综合评估，并把组长以外的学生按得分从高到低分为A、B、C三个不同的水平层次。

　　双向互选　根据蛇形分组的基本规则，对A层次水平的学生，由得分最低的组长优先从中挑选心仪的组员，得分最高的组长则最后进行选择；对B层次水平的学生，则可以反过来操作，让得分最高的组长优先选择；对C层次水平的学生，则再次由得分最低的组长优先选择。这样的蛇形分组，可以最大限度地保障组际之间的均衡。当然，在组长做出相应的选择后，教师还要充分考虑组员的意见。如果组员认可组长的选择，则匹配成功；如果组员并不认可组长的选择，则视为本次选择失效，组长可以从剩下的组员中继续选择，直到选出自己心仪且对方同样愿意的伙伴为止。

　　机动安排　实际操作过程中，当进入C层次学生的互选时，经常会出现组长在剩余学生中难以抉择或不愿选择组员的尴尬局面。面对这种情况，教师有时需要通过做组长的思想工作，让他们敢于接受C层次学生进入自己团队。更多时候，教师则需要通过多倍积分的激励制度，引导组长完成最后的艰难选择。

教师统筹　尽管我们始终强调组建共同体队伍过程中的"学生参与"原则，但我们仍然要意识到，在学生充分参与分组全过程后，教师仍然需要进行最后的统筹和协调。具体分为如下三个步骤。

教师协调　面对初步定稿的共同体分组名单，教师需要在尊重学生双向选择的基础之上，再充分考虑学生的性别比例、身材特点、人际关系等复杂因素，对人员进行微调。当然，协调要充分尊重当事人意愿，在征得其同意后再进行调整。

运营磨合　教师统筹协调后，学习共同体的名单只能算初步确定。此后，教师还需要给学生留下1—2周时间作为各学习共同体的"试运营期"。在这段缓冲期内，教师可以深度观察、了解并评估各学习共同体的运营情况，根据实际情况对共同体成员名单进行最后的调整。

最终确定　经历以上两个步骤后，各学习共同体的成员名单才算最终敲定，组建共同体队伍的事情才算基本告一段落。

案例　建设"共同体队伍"典型案例

案例1："建设学习共同体"组长竞聘流程

　　该组长竞聘流程由发布组长招募令、回收组长招募令、召开"组长竞聘"动员会、准备"组长竞聘"宣讲会和开展"组长竞聘"会五个流程组成，细致规划了"建设学习共同体"组长竞聘的基本流程。

设计：德州市北园小学曹宁宁老师

案例2：组建"学习共同体"流程图

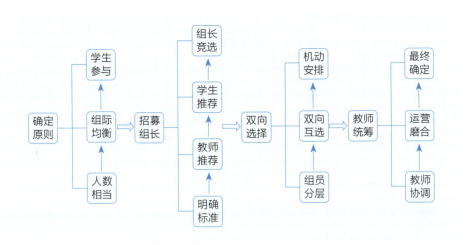

设计：德州市北园小学曹宁宁老师

问答 建设"共同体队伍"困惑回应

No.1："特殊学生"没有小组愿意接纳怎么办？

分析原因 "特殊学生"没有小组愿意接纳，这几乎是建设学习共同体过程中普遍存在的现象。要解决这个问题，我们先要对"特殊学生"进行个性化分析。这里的"特殊"究竟是指学业成绩有特殊困难，还是指行为习惯有特殊问题，或是本身就是"融合教育"的学生？面对不同情况，我们需要予以不同对待，真正做到有的放矢、量身定制。

多倍积分 我们以行为习惯特殊的学生为例，他们是分组过程中最容易被组长排斥的对象。面对这一类学生群体，我们可以通过多倍积分的奖励措施，给出解决问题的可能路径。比如，当学生取得进步时，可以获得特定积分，这些"特殊学生"则可以在同等表现下获得两倍甚至三倍积分。通过这样的激励措施，组长可能在利弊权衡中做出理性选择。当然，之所以把其称为解决问题的"可能路径"，是指这样的方法未必在所有场合下都奏效。教师需要在面对这些棘手问题时，充分发挥自身的主观能动性和创造性，在不伤害"特殊学生"心理和不打击组长工作积极性的前提下，探索更多解决这类问题的可行路径和方法。

持续指导   鼓励组长选择"特殊学生",并不意味着共同体队伍组建就此结束,一了百了。随着学习共同体真正开始运转,这些"特殊学生"有可能会给整个团队带来各种持续的困扰,组长和组员不堪重负,整体团队有可能承受巨大的压力。为此,教师还需要对这些"特殊小组"予以特殊的关照。一方面,教师要在保证公平公正的前提下,努力让这些小组有机会成为优秀小组,让组长和所有组员看到希望,感受成功的喜悦。另一方面,教师需要对有"特殊学生"的小组的组长予以个别辅导,从精神、方法、策略等多个维度给予他们支持;同时还需要对"特殊学生"进行点对点的追踪式观察,对他们的问题行为给予干预、引导和帮扶,从而有效减轻组长可能承受的压力,助力整个学习共同体正常、平稳地运转。

退出机制   考虑到"特殊学生"在学习共同体内会承受更多的关注和压力,组长也要面临更多的管理成本和负担,为此,我们特别设置了组员退出机制。如果组员觉得自己不愿意继续留在某个小组,他们可以选择离开,并在其他小组愿意接纳的情况下,实施"特殊组员转会制"。如果没有别的小组愿意接纳,而组员又执意要离开,则教师可以为这些"特殊学生"提供"单独成组"的机会,让其可以有机会在社会化学习的课堂上独立开展学习。上述解决方案同样适用于组长坚持要请出某位"特殊学生"的情况。前提是,在请出某位"特殊学生"的同时,组长还得再从相同层次的学生中接纳一名新成员,从而保证组际的整体均衡。

No.2:如何有效提升组长的领导力?

组长是学习共同体的灵魂人物。提升组长的领导力是培育学习共同体的关键环节,也是很多教师在开展社会化学习实践时的迫切需要。

观摩学习   班杜拉的社会学习理论指出,学习者可以通过观察他人,实现有效学习。我们可以先找到那些拥有领导力天赋,或通过自身努力在领导力上表现优异的组长,再组织其他组长向他们学习。具体而言,可以有以下几种方式。

首先是观摩视频   在社会化学习课堂中,组长的领导力主要表现在长达10—12分钟的"组内共学"环节中。教师可以拍摄优秀的"组内共学"视频,组织其他学习共同体集中进行观摩;还可以通过视频切片分析,带领其他组长一段一段进行视频的播放、解读、分析、讨论，重点观摩、解读具有领导力的组长如何带领大家开展高效的组内共学，有哪些可供借鉴的方法、策略和路径。

其次是经验分享　教师可以定期组织全体组长召开组长例会。每一期例会上，教师可以邀请最具领导力的组长和大家分享他的实践感悟、心得体会、管理方法、经验教训等。这里的经验分享不只局限于"组内共学"环节，还可以涉及学习共同体建设和运营的每一个阶段，比如课后的互帮互学、周末的线上交流等。通过这样的经验分享，更多组长能够倾听、观摩、感受优秀的领导者是如何带领整个团队共同学习、实践和生活的，并努力向他们学习、靠拢。

最后是跟岗学习　教师可以带领本班所有组长到优秀班级进行跟岗学习，每一个组长下沉到对方的学习小组中，近距离观察、感受其他班级优秀组长是如何组织、引领大家开展持续、深度、高效的组内共学的。这样的跟岗式、沉浸式、体验式的培训，可以帮助更多组长向优秀看齐、向优秀学习、向优秀靠拢。

专题集训　教师可以定期组织全体组长开展专题集训，以主题式、聚焦式的主题研训，帮助更多组长及时发现问题、商议对策、总结方法，提升大家的领导力。具体而言，可以分如下几步走。

首先是发现问题　专题集训切忌无病呻吟，要有的放矢，解决大家真实的、迫切的、典型的问题。教师应鼓励组长将近期在管理与实践过程中遇到的典型问题进行梳理和共享。

其次是商议对策　面对大家最关心、最迫切的问题，教师可以组织全体组长展开讨论，大家共同商议、群策群力，一起出谋划策，共同寻找解决问题的方案。

最后是总结方法　每次集训结束后，教师要组织大家进行复盘，把本次集训中共同讨论的问题、梳理出的解决问题的方案等进行总结提炼，并把相关经验以文本的形式记录下来。一学期下来，每个班级既能形成一系列的问题库，又能建构一整套解决问题的"方法论"，这些都将成为提升组长领导力的重要资源。

💡 创意　建设"共同体队伍"创意应用

No.1：用"导师—助教制"弱化角色标签

存在问题　通常情况下，教师都会给每个小组的组员标上序号，比如1号是组长，2号是副组长，3号和4号是普通组员。尽管这些序号只是一个数字符号，但大家很容易发现，每一个数字本身就是一个重要的标签，这样的角色标签很容易给"特殊学生"带来隐性伤害。

创意方法   教师可以放弃简单的序号标签命名法，而尝试给每一个组员赋予独特的身份和角色。比如，对学习共同体的领头人，可以命名为**组长**；对领导力稍弱，但学科素养、学业水平佳，能够在共同学习、研究和实践过程中，帮助组长解决学术纠纷、寻找解决之道的组员，可以命名为**导师**；对管理和学术能力偏弱的学生，则可以命名为**助教**，他们是组长和导师的助理，需要协助整个团队完成诸如收发作业、收集问题、管理时间、记录评价等任务。尽管我们承认，学业成就在很长时间里仍然是学习共同体中每一个学生绕不开的重要标签，但通过这样的创新命名，我们可以最大程度地弱化固有的角色标签，让每一个组员都充分意识到，自己是共同体中重要且不可分割的组成部分，团队成就的取得需要每一个成员的努力付出。

效果评估   实践证明，新的"导师—助教制"有效弱化了传统小组中单纯以学业成就给组员命名所带来的负面影响，每一个学生都能获得更好的身份认同与团队归属感，大家更愿意共同努力，为整个团队的进步和发展贡献自己的力量。

No.2：用"学科轮值制"为更多学生创造机会

存在问题   在组建学习共同体之初，我们就构想着要让不同学生都拥有担任组长的机会，不能让个别组长始终垄断这样的职位。毕竟，组长这一岗位不仅意味着一种身份和权力，更意味着它可以很好地锻炼学生的领导力。然而在实践过程中，我们常常发现，具备领导力的后备组长并不容易找到。组长轮值制，很难在具体实践中落地。

创意方法   不同学生在不同学科学习中往往会有不同的表现。比如，有些学生数学思维突出，他们在数学课堂中往往能展现出更好的学术天赋及管理才能；有些学生则在语文、英语或其他学科中展现出优势和天赋。为此，我们可以采取"学科轮值制"，让不同的学生在不同的学科课堂中扮演不同的身份。比如，A、B、C、D是同一小组的四个学生。A的强项在数学学习，那就可以让其担任数学学科的组长；B的优势在艺术，那就可以让其担任艺术学科的组长；C的强势学科是体育，那就可以让其在体育学科中担任组长；D拥有较强的道德威望和人际领导力，那就可以让其在道德与法治学科中担任组长。如此，不同的学生在不同的学科中都能找到自己的优势领域，也能够在相应学科中担任领导者，组长岗位固化的问题也能得到有效解决。

效果评估 实践表明，"学科轮值制"满足了让不同学生都有机会担任组长一职的需求，避免了组长岗位固化、学生阶层分化的问题。同时，这样的制度创新还能充分挖掘每一个学生身上的学科优势与管理才能，有效弱化学生的身份标签，提升了每一个学生的自我效能感和成就感。

🔗 链接 建设"共同体队伍"重要资源

链接1：组建"学习共同体"组长自荐信

自荐信

亲爱的刘老师，您好。

新的学期开始了，也迎来了学习小组的重新选拔、分配。组长是一个重要的职位，负责讨论主导、错题答疑、规则管理等多种责任。在新的学期，我希望能继续当组长，虽然每一天更加忙碌，但在一遍遍讲题、备课后，发现自己的一天变得越来越充实，收获成绩提高的喜悦，看着组员进步后的笑脸，感到一切都是有结果的。那份美好流露在我心间。上一学期，由于管理等原因，组员们下课很难一起讲题，这一学期，我会尽力弥补这一问题，与组员一同讨论，制定更详细的奖惩、规则、时间安排表，把握好讨论时间的每分每秒。还要动员大家勇敢讲题，执行费曼学习法，使每个人都能从中受益。除此之外，我还希望能用规则等方法改善作业情况，带领大家一同进步。

2023.8.31

殷梓琪

作者：南京市芳草园小学五（4）班殷梓琪同学

指导：南京市芳草园小学刘桂芹老师

链接2：组长领导力提升指导流程

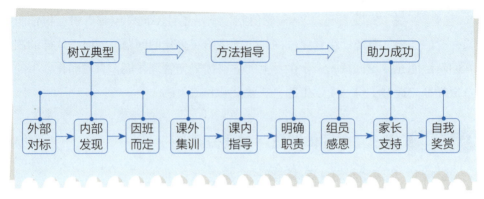

设计：德州市北园小学曹宁宁老师

复盘 建设"共同体队伍"要点回顾

互动 建设"共同体队伍"互动作业

你能为自己的班级组建"学习共同体"吗？试一试，并记录最终的结果。

第**3**节
如何建好共同体文化？

⊙ 内涵 "共同体文化" 基本含义

　　共同体文化，是指被共同体全体成员认可、存在于共同体具体行动之中、能够被传承和传播的共同体思维方式、价值观念、生活方式和行为规范等。如果没有共同体文化，共同体成员就如同一盘没有灵魂和凝聚力的散沙。共同体文化，正是共同体成员之所以能够凝聚成一个有机团体的有效黏合剂。

⊗ 价值 "共同体文化" 建设缘由

　　明确愿景　学习共同体不是几个成员的简单拼盘，他们需要有共同的、明确的发展愿景和目标，并愿意为这一共同目标展开行动，并实现最终理想。建设共同体文化，就是为了帮助大家一起发现、探寻符合共同体每一个成员理想的共同目标，并把它作为整个团队今后共同努力的方向。有了共同愿景和清晰目标，共同体内的每个成员才能在日复一日的共同学习和协作实践中不迷失方向，并朝着统一的方向坚定前行。

　　同步价值　在正式进入学习共同体之前，每一个成员都拥有不同的价值观和行动准则；而一旦进入学习共同体之中，面对共同体的集体行动，每一个成员都需要认同并践行共同体的价值观。建设共同体文化，就是为了帮助大家明晰共同体的价值设定，在大家普遍认可的价值观下，将自己未来的行为准则、价值观念等与之相协调、相匹配。从此，大家将在共同的价值引领、规范引导下展开共同行动。个体的价值选择、行动准则要服从于群体的价值设定。

学习共同体既是一个致力于共同学习和研究的共同体，更是一个价值共同体、命运共同体。

凝聚人心   文化是学习共同体柔性的黏合剂。如果说，外部的、刚性的制度如山，给所有的共同体成员划出了行动的边界，不可逾越；那内部的、柔性的文化则似水，给所有的共同体成员提供了向心的聚力，把大家紧紧团结在一起，不可分割。打造共同体文化，就是在一系列充满爱和鼓舞的行动和仪式中，为每个共同体成员播下情感的种子、互赖的种子、彼此担责又相互成就的种子，播下为了整个共同体的发展而牺牲小我、成就大我的种子。

🗺 路径 "共同体文化"建设流程

构建共同体文化，通常可以按照明确文化要素、设计文化名片、组织文化展示、引导文化实践四个基本步骤展开。

明确文化要素   构建共同体文化，需要先明确文化的一些基本要素。考虑到学校文化通常由校名、校徽、校训、校歌、校史、校景等要素组成，我们借鉴这些广为大家熟知的文化要素，初步拟定了学习共同体文化建设的核心要素，那就是组名、组徽、组训、组歌、组照等。

组名   是学习共同体最直接的符号，要求简洁有力、寓意丰富、彰显愿景。

组徽   以图像的方式展现学习共同体的文化主张，生动而不失深刻。

组训   以文字的方式，简明扼要地表达学习共同体的共同愿景与组规组训。

组歌   可以选择与学习共同体价值深度契合的歌曲，也可以自编和自创组歌。

组照   可以选定合适的背景、适切的造型拍摄共同体照片，努力彰显学习共同体的文化特质。

设计文化名片   上述共同体文化要素，可以通过一张特色鲜明、主题突出、彰显个性的共同体文化名片来集中进行展示。设计共同体文化名片，需要遵循如下三大原则。

学生主体   设计文化名片的主体只能是学生自己。教师可以通过要素解读、样例赏析等方式，对如何设计文化名片给出专业引导，但最终的文化名片设计应该由学习共同体合作完成。设计文化名片的过程，是学生再次体认团队文化的过程，是学生以独特的方式表达团队文化的过程，也是团队文化在表达过程中再一次内化为群体共同价值信念的过程。

团队协作　设计文化名片不应是组长一个人的事，而应成为整个学习共同体团队协作、共同创作的过程，需要大家集思广益、群策群力。在团队共创过程中，共同体既有对分歧的妥协与调节，更有对共识的发掘与建立。团队共创文化名片的过程，本身就是一次团队文化的生动实践。

激发创造　教师提供的样例可以成为团队设计文化名片的参照，但不能成为束缚团队成员想象力、创造力的绳索。教师要鼓励每一个学习共同体充分发挥自身的创造力，以独特的、别具一格的、求异创新的方式，从形式到内容，全面展现每一个学习共同体独特的文化设计。

组织文化展示　共同体文化不能仅停留于文本或名片层面，教师需要留出时间让每一个共同体展示他们精心设计的文化名片。这既是一次共同体文化的集中宣传，也是团队与团队之间相互学习、相互借鉴的重要契机。具体操作可以按如下五个步骤展开。

预留时间　教师可以将早读、晨会或班会时间，专门留给各学习共同体进行文化展示。

集中展示　每个团队可以选择合适的、独特的、有创造力的方式，展示各自的文化设计。

相互评价　通过互相观摩、互相学习，大家可以畅谈观摩体会、提出完善建议。

名片上墙　各学习共同体利用黑板报、文化墙等平台，展示各自的文化名片，让不同的学习共同体之间有更长时间、更多机会相互了解、相互学习。

资料留存　对于整个展示活动，教师可以通过拍照、拍摄视频等方式，为各团队留下宝贵资料。这些资料也可以共享给家长，让更多的人了解团队的文化设计，并在未来的各种场景下支持、促进他们的文化实践。

引导文化实践　只有转化为生动的实践的共同体文化，才是活的文化，才是有生命力的文化，这样的共同体文化才能真正对团队中的每一个个体产生文化的浸染力、转化力和影响力。

共学实践　教师要在课堂内外给学生创造更多的共同学习、共同研究、共同探索的机会，鼓励学生践行团队的文化主张，把文化要义落实在每一次生动的学习实践中。

生活实践　学习共同体文化不仅可以应用于学习场景，还可以从课堂学习延伸到课外活动、家庭生活。在更多样的生活场景中，我们鼓励学生同样遵守共同体文化的约定，做一个符合团队期望的人。

社会实践　我们鼓励学生走出校园、走进社区、步入社会，在更生动、更辽阔的社会实践活动中，展现团队文化的魅力，彰显在团队文化影响下每一个学生做事做人、与人相处时的精神品格，以及团队协作、责任担当的人格气质。

明确文化要素　→　设计文化名片　→　组织文化展示　→　引导文化实践

📖 案例 ▶ 建设"共同体文化"典型案例

案例1：共同体文化名片设计

南京市芳草园小学五（4）班"水滴石穿"小组名片

组名 水滴石穿	组训 金石可镂，水滴石穿！	组歌 《把未来点亮》	组舞 《天天向上》
分工	**成员**	**组徽**	
组长	殷梓琪		
导师	畅灵婕		
助教1	桑哲瀚		
助教2	刘亦歆	寓意：水滴石穿，携手共进	

设计：南京市芳草园小学五（4）班"水滴石穿"小组

指导：南京市芳草园小学刘桂芹老师

案例2：共同体文化展示掠影

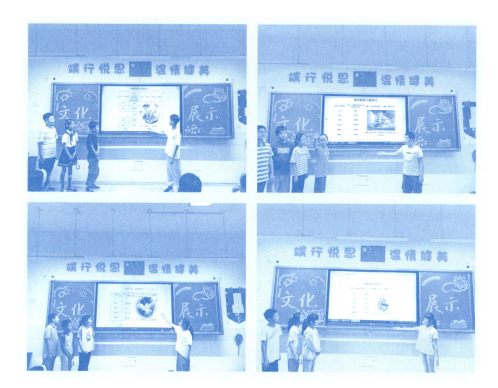

展示：南京市芳草园小学五（4）班

指导：南京市芳草园小学刘桂芹老师

问答　建设"共同体文化"困惑回应

No.1：共同体文化经常"形同虚设"怎么办？

深化文化理解　共同体文化形同虚设，在很大程度上是因为共同体中的个体对团队文化缺乏深度的理解。在建设共同体文化之初，部分成员只是边缘性参与文化的要素设计，缺乏对共同体文化的内涵、意义和价值的深度感知与认同。教师应定期组织共同体成员回顾温习共同体文化的每一个要素，引导所有成员不忘初心，回望当初的承诺与愿景畅想，让共同体文化时时烙在每一个成员的心间。

增加文化曝光   如果共同体文化只存在于文化名片里，只在文化展示时才能被大家看见，那么这样的共同体文化很快就会淡出共同体成员的视线，被大家遗忘，很难真正凝聚大家的共识，很难激励所有成员朝着预想的愿景努力奋进。教师应想办法增加共同体文化相关要素的曝光度，让文化要素以显性的、可视化的方式，出现在更多的应用场景里。比如，教师可以鼓励学生将组徽制作成徽章，每天别在胸前，时时提醒并激励自己；可以在团队评价表中的组名边上增加醒目的组照，时时激励大家抱团前行；可以在奖杯上刻上获奖团队的组训，让奖杯专为这个团队而设；等等。通过增加团队文化的曝光度，让文化的诸多要素从静态的名片中走出来，走进学生日常的共同学习与生活中。

优化评价思路   常规的团队评价中，不同的学习共同体往往基于全班统一设定的评分标准获得积分，并根据积分多少参与群体评价。为了充分发挥团队文化的价值，我们可以创新评价思路，在标准化积分的同时，加强各团队基于文化的差异化赋分。比如，对于"不离不弃"小组，教师可以根据他们是否充分关注、关怀每一个薄弱个体而进行评价奖励；对于"并驾齐驱"小组，教师可以重点考察成员之间的差距是否在逐步缩小而进行评价奖励。根据各共同体的文化设计，进行有针对性的、差异化的评价，可以最大限度地激励各共同体时时不忘团队文化的初衷，努力走在践行共同体文化的道路上。

No.2：共同体成员可不可以"定期流动"？

稳定为先   共同体文化从符号到落地，需要一个漫长的过程。在这一过程中，团队成员需要在组长带领下，不断确认文化愿景和文化目标，并在日复一日的团队学习与实践中，让文化慢慢沉淀下来，成为大家共同行动的规范准则和凝聚力量。频繁调整共同体成员，会对共同体文化的形成和落地带来冲击，阻碍或减缓文化的内化。我们建议共同体在文化建设初期尽量保持人员的相对稳定，以便更好地建设共同体文化。

适当流动   通过一段时间的文化运营与实践后，我们发现，有些成员确实不太能够融入特定的学习共同体，其自身的性格与人格特质和整个团队的文化格格不入。面对这种情况，在征求成员个体与整个团队意见的基础上，我们允许个别团队成员调整到别的共同体之中，让其有机会探索融入其他共同体的可能性。当然，这样的调整不能过于频繁，团队文化的整体稳定性仍然是重点考虑的因素。

鼓励迁徙　在各学习共同体文化趋于稳定后，我们鼓励共同体成员在共同体之间进行小范围的迁徙。事实上，每一个共同体稳定的文化固然能够给其中的成员带来积极影响，但单一的共同体文化也容易让成员丧失探索与接触不同文化、不同伙伴、不同团队的机会与可能性。对于在一个严谨型共同体中待惯的成员，我们可以鼓励其尝试去一个更开放、更具创造力的团队中进行体验；对于长期生活在竞争激烈的共同体中的成员，我们鼓励其大胆尝试去感受一下更具包容性、更具合作倾向的共同体。这样的成员迁徙，可以打破单一文化有可能给成员带来的局限性，从而让每一个学生都有可能感受不同的共同体文化带给自身的文化滋养，也更有利于学生探索自身的更多人格特质与无穷可能性。

💡 创意 ▶ 建设"共同体文化"创意应用

No.1：给组长（组员）写一封感谢信

存在问题　在奔向共同目标和愿景的道路上，共同体成员之间并非只有合作与支持，有时也不免会产生怨言与负面情绪。如何消解这样的负面情绪，让团队成员之间懂得相互感恩、相互包容，彼此释放更多的善意，是共同体建设过程中经常面临的挑战。

创意方法　教师可以鼓励组长定期给组员写感谢信，也可以鼓励组员定期给组长写感谢信。具体流程可以分为三步。

首先是撰写感谢信　定期让组长和组员回忆共同学习和生活过程中，对方曾经给予自己的帮助、支持和鼓励，并尝试用信件的方式向对方大胆表达感谢。

其次是传递谢意　引导学生在正式场合中，当着全体成员的面把感谢信读给对方听。有爱，就要大声说出来。这是中国学生在学校教育中被忽视的重要一课。当学生动情地把对共同体中其他成员的感谢当面说出来，你会发现，有一种深沉的情感会在团队内涌动，这是团队文化得以深化的绝佳契机。

最后是回馈感恩情　面对同伴的感谢和感恩，我们鼓励成员给予对方以积极回应。回应可以是一句真诚的感谢、一次和解的握手，或是一封简短的回信。积极的情感在回馈中激荡，共同学习与生活中有过的那些冲突、矛盾似乎不那么重要，成员之间的情感纽带会在那一刻变得更牢固、更坚韧。

效果评估　通过互写感谢信，我们欣喜地发现，团队成员渐渐懂得了感恩，学会了大胆向他人表达善意和感激；整个团队的凝聚力也在相互感谢和回馈中得到持续加强和巩固。

No.2：设立"组长（组员）体验日"

存在问题　实践过程中，我们发现组长经常难以理解组员的各种越轨行为，组员也常常不满于组长的各种约束与限制。相互的不理解，往往会给团队带来紧张感，消解整个团队的向心力和凝聚力。

创意方法　教师可以设立"组长（组员）体验日"，让组员和组长在这个特殊的日子里交换身份，相互体验对方一天的生活。具体分为以下三个步骤。

首先是定期体验　一般以每月一次为佳，鼓励双方互换身份，全程、全身心体验对方一日完整生活，扮演对方的角色、承担对方的责任、体验对方的处境。

其次是引导反思　经过一日互换角色体验后，鼓励组长和组员展开反思，记录一日体验后的真切感受和体会。

最后是互诉感受　鼓励学生将一日生活体验后对于对方角色、身份、职责的理解进行面对面交流。

效果评估　通过"组长（组员）体验日"行动，我们明显发现，组长对于组员的诸多行为有了更多的理解和包容，组员也对组长每日管理生活的不易有了更多的切身感受，进而对组长的各种要求少了一些排斥、多了一份接纳。互换生活的体验，增进了彼此间的理解，大大提升了成员的同理心与共情力，增进了团队的凝聚力。

🔗 链接 ▶ 建设"共同体文化"重要资源

链接1：写给组长的一封感谢信

作者：南京市芳草园小学五（4）班习一芸同学

指导：南京市芳草园小学刘桂芹老师

链接2：写给组员的一封感谢信

作者：南京市芳草园小学五（4）班居中同学

指导：南京市芳草园小学刘桂芹老师

📖 复盘 ▶ 建设"共同体文化"要点回顾

🔲 互动 ▶ 建设"共同体文化"互动作业

你能组织班上的学习共同体设计自己的"文化名片"吗?

第**4**节

如何用好共同体制度？

📀 内涵 "共同体制度"基本含义

如同学校、班级一样，学习共同体也是一个微型社会，需要遵循特定的社会章程、规范和管理制度。共同体制度，是指维持学习共同体正常运营的，带有约束性、规范性的各种章程、制度、条例和管理办法。它们多以文本形式存在，对于学习共同体中每一个成员具有强制性和约束力，保障整个学习共同体平稳、有序地运转。

🗇 价值 "共同体制度"施行缘由

团队运营的参照　学习共同体本质上就是一个小社会。作为小社会中的一员，每一个学生无论是参与学习、研究、讨论，还是参与对话、协作、沟通，都不是随心所欲的，而是需要参照一定的标准、遵循一定的规则。看起来，基于共同体的学习，因为教师的离场和隐退，要比传统课堂表现出更大的自由度；然而，这样的自由仍然要遵循特定的制度约束。设计共同体制度，就是为了给共同体中每一个成员的行动提供一种基本规范和约束，以保障共同体行动能够高效、有序地开展。

团队评价的基石　如前文所述，群体性评价是社会化学习得以有效运作的重要基石；而开展群体性评价，需要遵守特定的评价标准。共同体制度正是对组员展开评价的重要参照。共同体制度的设计，让群体性评价有章可循、有法可依。组长可以根据提前设计好的共同体制度，对全体组员的学习习惯、学习行为、学习结果等进行评价；而组员之所以能够理解并接纳组长给出的评价结果，恰恰是因为组长的评价也不是出于其个人的好恶和感觉，而是遵守了大家共同认可的共同体制度。共同体制度，让群体性评价有据可依，让评价结果能够在最大范围内获得共同体内每一个学生的认可。

路径 "共同体制度" 施行步骤

用好共同体制度，通常可以按照教师明确制度内容、团队共同设计制度、尝试运行调整完善、正式运行实施制度四个基本步骤展开。

教师明确制度内容   通常而言，一个共同体制度文本主要包含如下四个方面的内容。

成员分工   明确每一个团队成员的具体分工，做到人人有事做、个个有身份。

岗位职责   明确每一个成员在团队中需要承担哪些任务、履行哪些职责，做到人人心中有数、责任边界清晰。

管理办法   对于团队成员是否承担了相应任务、履行了相应职责，要有具体、可行、能落地、可评可测的管理办法。

奖惩机制   对于履行了相关职责的团队成员应给予什么奖励、对于未履行相关职责的团队成员应给予哪些惩罚，需要通过明确的奖惩机制予以评判。

以上四个部分，共同构成了相对完整的共同体管理制度。

团队共同设计制度   具体分为如下四个步骤。

组长起草   团队共同体制度设计的主体不是教师，而是学生，尤其是共同体的领头人——组长。组长可以根据整个团队的发展愿景和规划，起草共同体制度的初始文本。

组员讨论   初始文本拟定后，组长要组织全体组员对文本的内容，主要是成员分工、岗位职责、管理办法和奖惩机制等，进行充分讨论，给出各自的修改意见。

修改完善   组长根据大家提出的修改意见，从中选择合理的建议融入制度文本，使初始文本渐臻完善，着力体现全体成员的共同意见。

形成文本   通过如上三个步骤，一份由组长主要执笔、经组员充分讨论后修改完善的制度文本初稿设计完毕。

尝试运行调整完善 具体分为如下四个步骤。

尝试运行 教师可以利用一到两周时间，让每个学习共同体尝试根据制度初稿进行运营，并对团队中的每一个成员（包括组长）展开考核与评价。

发现问题 在运行过程中，各学习共同体一定会发现各种各样的问题，比如成员分工不够科学、岗位职责不够清晰、管理办法不够合理、奖惩机制不够公平等。运行过程中发现的这些问题，都将成为随后修改制度文本的重要依据和参照。

修改文本 根据之前发现和遇到的各种问题，大家再次进行集体讨论，并对制度文本初稿进行修订和完善，形成最终的制度定稿。

公示确认 定稿后的制度文本，还需要在学习共同体内进行充分公示，尤其是要让参与制度设计较少的成员对即将正式运行的共同体制度有一个全面的了解和审核，以保障每一个人都在这份制度下享有公平、公正的机会和权利。

正式运行实施制度 具体分为如下四个步骤。

正式运行 全体成员将依据定稿的共同体制度的相关要求和规范，参与共同体学习、实践等所有的具体行动。

展开评价 组长将结合日常的管理办法和评价表，对包括自己在内的所有成员在特定周期内的各方面表现展开评价，并在评价周期结束之前进行统计与汇总，以便了解每一位成员这一周期内的具体表现。

组织奖惩 组长将根据制度文本中的奖惩机制，结合之前的评价结果，对每一位成员（包括自己）进行奖励或惩罚。

集体反思 评价的目的不在于奖励和惩罚，而在于通过奖惩发现问题，并及时引导成员做出改进。奖惩之后，组长还要组织全体成员反思这一周期内的得与失，鼓励先进，并对未能遵守共同体制度、履行相关职责的成员提出批评和整改建议。

从教师明确制度内容到团队共同设计制度，再到尝试运行调整完善，最后到正式运行实施制度，四个步骤构成了整个共同体制度从设计到实施和评价的完整闭环。

🔲 案例　施行"共同体制度"典型案例

案例1：共同体"组内共学"公约

　　该公约为小组评价制度的重要组成部分，既包括小组成员完成学习单的基本要求，也包括"组内共学"环节的基本规范，以此督促大家共同遵守、共同进步。

设计：南京市北京东路小学阳光分校五（3）班"星辰"小组

指导：南京市北京东路小学阳光分校戴越老师

案例2：共同体制度评价结果

北京东路小学阳光分校五（3）班"社会化学习"第6小组组员评价表（第3周）					
项目		1号董思辰	2号韩子昂	3号宋雨铂	4号姜嘉浩
课前准备	认真预习学习单	+3+4+3	+3+3+3	+3+3+3	+3+4+4（问题提的好）被老师表扬+2
	带好学习单、红笔、学具	+2+2+2+2	-1（没带）+2+2+2+2	+2+2-1（没带）+2 -1（没带）	+2+2+2+2+2
组内共学	讨论时认真参与	+1+2-1（摸西）	+1+1-1（注意力散）	+2+1	+1+2+1
	讨论时积极发言	+2+1+2	+1+2+1	+1+2+1	+1+1+2
	讨论时高质量追问	+1+1+2	+1+1+1	+1+1+1	+2+1+1
	讨论时高质量补充	+1+1+2	+1+2+1	+1+2+1	+2+1+1
	及时订正、补充	+2+2+1	+1+2+1	+2+1+1	+1+1+1
质疑深化	全班交流不开小差	+1+1+1	+1+2+1	-1（玩东西）+1+2	+2+1
	积极举手回答问题	+1+1+1	+1+1+1+1 -1（摸西）+1+1	+1+1+1	+1+1
其他	作业完成情况好	+0.5+1+1+1	-1（忘反）+0.5+1	+0.5（忘）+0.5（忘）+1+1+0.5（忘反）	+0.5+1+1+0.5+1
	阶段练习完成情况好	+5（小组第一）	+3（优）	+1（加进）	+2加进
	特殊贡献	+2小组名片	+1认真组织	+1说老师表扬学精神	+2认真记录
总分		57.5	48.5	41.5	60

一周总结：本周小组同学表现都不错。①同学学习单完成非常好。②小组讨论非常激烈，但下个星期不要总上作业。③very nice 你的学习单和作业都很值得我们学习，希望举手发言再积极一点。下一周继续努力@组大 韩子昂 感谢英明的组长在本周的带领下，让我成为小组得分第一名，谢谢你总是在讨论偏题的时候及时把我们拉回来，也谢谢你给我发的奖励和帮助，下周我们会继续努力的。

评价：南京市北京东路小学阳光分校五（3）班第6小组组长韩子昂同学

指导：南京市北京东路小学阳光分校戴越老师

📧 问答 ▶ 施行"共同体制度"困惑回应

No.1：组长运行共同体制度时"徇私舞弊"怎么办？

透明运行　一切制度都应该公开透明地运作，学习共同体评价制度也是如此。针对组长对自己或者对与自己亲疏有别的不同组员在评价时可能存在"徇私舞弊"的情况，教师要引导所有组长将评价的每一个步骤、每一个环节都置于小组全体成员的共同视线之下。在评价过程中，为了彰显评价的公正和公平，组长要一碗水端平，无论是对自己还是同伴，无论是对自己的好朋友还是其他组员，都应该一视同仁地记录数据、汇总结果、组织奖惩。唯有如此，共同体制度才能真正发挥其应有的促进、督促和激励效用。

组员评议　面对组长可能存在的"徇私舞弊"现象，教师可以组织全体组员定期对组长的共同体制度运营和评价工作进行评议。评议内容包括组长对制度的理解、数据的收集和汇总、评价结果的科学性与公平性、奖惩的合理性等。通过让每一个受评者对评价者进行公开的评议，可以有效地监督评价者并杜绝"徇私舞弊"现象的存在，让基于共同体制度的评价成为一把透明公开的尺子，衡量并促进每一个共同体成员积极参与共同体的学习与行动。

教师督查　面对经常被组员非议的组长，教师可以不定期地对其某一周期的评价数据、评价过程、评价结果、奖惩措施等进行督查。一旦发现问题，教师须第一时间向相关组长进行反馈，向全班进行公示，并提醒其他小组引以为戒，有则改之，无则加勉。通过这样的督查制度，教师可以将"徇私舞弊"现象扼杀在摇篮里，还共同体评价制度以公正和公平。

No.2：组长运行共同体制度时"费时费力"怎么办？

在社会化学习课堂中，组长本身就要承担比其他组员更多的职责，而共同体制度运营与评价的主要负责人还是组长，这无形中给组长增加了大量工作。我们可以从如下三个方面解决这一问题。

简化细则　制定共同体制度时，相关的制度要求、管理办法、条目框架相对完善和齐全；但在真正展开制度评价时，组长不必贪多求全，可以从整个管理办法和评价细则中选择最关键、最重要、最核心的评比条目，开展相应的制度评价。相比于面面俱到的制度评价，简化后的评价细则与相应的评价任务要更简单，也大大缩减了组长可能面临的海量工作。

任务分摊　共同体制度评价原则上由组长组织，但组长也可以根据共同体实际情况，将相关的评价任务分解到全体组员手上。这里的分工既可以体现在横向层面上，比如让不同的人评价不同的维度；也可以体现在纵向层面上，比如让不同的人负责不同的评价阶段，从而真正实现评价制度评价人人、人人参与制度评价的局面。

评价轮值　如果说任务分摊体现的是把工作分配给大家来一起完成，那么评价轮值则是每一周期将评价工作整体打包给某一个共同体成员，由其来承包评价工作。比如，某共同体第一周由组长来整体完成全部的制度实施与评价工作，第二周则可以由导师来完成全部的评价工作，以此类推。这样的工作思路，既可以弥补共同体内其他成员身份边缘化的缺憾，让每一个人都有机会站在共同体的正中央，成为共同体中重要的一分子；还可以帮助组长锻炼自己的组员，从中发现组长候选人，为团队乃至班级发现、培养更多的后备干部。

💡 创意　施行"共同体制度"创意应用

No.1：为共同体建立"评价档案袋"

存在问题　不同的共同体，由于组长的领导和管理能力存在差异，其共同体制度的运行和评价也会存在差异。如何让薄弱小组能够更多地向优秀小组看齐，借鉴、参考优秀小组在制度运作、评价实施方面的经验，让不同小组之间不断缩小差距，实现齐头并进，是摆在教师面前的一个管理难题。

创意方法　教师可以通过为每个共同体建立"评价档案袋"解决上述问题。具体分为如下三个步骤。

首先是**建立制度**　教师设计规划"评价档案袋"制度，并面向所有共同体解读制度，提出相关建议和要求。

其次是**定期收集**　教师鼓励各共同体定期收集并整理每一周、每一月的过程性评价资料和最终的评价结果，包括最后的奖惩办法，做好资料的收集和整理工作。

最后是**期末展示**　利用期末总结时间，教师组织优秀小组将一学期来"评价档案袋"的所有内容面向全班进行展示，鼓励所有学习共同体参观、学习他们的过程性评价资料和总结性评价。通过观摩和学习，各小组总结经验、明确方向、优化思路，全面提升本小组下一学期的共同体制度评价相关工作。

效果评估　通过"评价档案袋"制度的设计与实施，一些优秀组长在组织共同体制度评价方面的隐性工作得以显性化，越来越多的组长通过观摩、学习，全面提升了制度运营和评价方面的工作思路和方法，实现了组际共同体建设的横向交流和均衡发展。

No.2：鼓励组际"精准扶贫"共建共同体制度

存在问题　鉴于不同组长自身的能力差异，各学习小组在共同体制度的设计、实施和评价方面都存在较大落差。随着时间推移，这样的组际落差会越来越大，这将给教师后期开展基于团队的群体性评价带来困扰。

创意方法　教师可以鼓励共同体与共同体间展开"精准扶贫"，即引导优秀的学习共同体与相对落后的学习共同体组成联盟，形成一个更大的"组际互助共同体"，由优秀小组的组长统一进行制度的运营、评价与管理工作。在整个组织与管理过程中，相对落后的共同体的组长可以在亲自参与、体验、经历优秀组长的管理的过程中，掌握先进的管理方法和经验，并将这些优秀方法和经验内化为自己未来的管理方法和策略。这样组际联动、协同管理、"合二为一"的管理实践，能快速实现组际基于共同体制度运营与评价领域的有效帮扶和经验辐射，加快薄弱小组的团队建设，促进组际之间的均衡发展。

效果评估　通过一段时间的组际联动与"精准扶贫"创新实践，薄弱小组从组长到组员都在观摩和学习过程中，开拓了自己的视野，打开了自己的格局；而优秀小组的组长也在带领更大团队的过程中，提升了自己的管理能力和协调能力。

🔗 链接 ▶ 施行"共同体制度"重要资源

链接1："××小组"组内评价表（空白版）

北京东路小学阳光分校五（3）班"社会化学习"第2小组组员评价表（第__周）

	学习单					提出问题					组内共学					质疑讨论					每日作业					课外学习					其他	一周总分
	一	二	三	四	五	一	二	三	四	五	一	二	三	四	五	一	二	三	四	五	一	二	三	四	五	一	二	三	四	五		
1号																																
2号																																
3号																																
4号																																
一周总结																																

评价说明：

（1）第1—5栏，组长根据组员的实际完成情况，分别给予5分、4分和3分的评价；打分时，要着重考虑每位组员的原有水平。

（2）第6栏，组长可根据组员放学后、傍晚、周末、寒暑假等其他学习过程中的实际表现，分别给予5分、4分和3分的评价。

（3）第7栏，组长可结合平时的阶段练习成绩，根据各同学的进步退步情况予以评分，进步得5分，持平得4分，退步得3分。

（4）根据一周总分，组长需要带领组员进行总结反思，可以给予组员适当的奖励和提醒。

设计：南京市北京东路小学阳光分校五（3）班第2小组

指导：南京市北京东路小学阳光分校戴越老师

链接2："××小组"组内评价表（考核版）

北京东路小学阳光分校五（3）班"社会化学习"第 2 小组组员评价表（第 2 周）

评价说明：

（1）第1—5栏，组长根据组员的实际完成情况，分别给予5分、4分和3分的评价，打分时，要着重考虑每位组员的原有水平。

（2）第6栏，组长可根据组员放学后、傍晚、周末、寒暑假等其他学习过程中的实际表现，分别给予5分、4分和3分的评价。

（3）第7栏，组长可结合平时的阶段练习成绩，根据各同学的进步退步情况予以评分，进步得5分，持平得4分，退步得3分。

（4）根据一周总分，组长需要带领组员进行总结反思，可以给予组员适当的奖励和提醒。

设计：南京市北京东路小学阳光分校五（3）班第2小组

评价：南京市北京东路小学阳光分校五（3）班第2小组组长陈洛非

指导：南京市北京东路小学阳光分校戴越老师

复盘 施行"共同体制度"要点回顾

互动 ▶ 施行"共同体制度"互动作业

你能引导自己班级的学习小组设计"共同体制度"吗?

第二章

如何创新课堂评价？

第1节

如何设计群体性评价？

ⓖ 内涵 "群体性评价"基本含义

　　传统的课堂评价，无论是总结性评价、过程性评价、表现性评价或者增值性评价，多以个体为评价对象，我们将其统称为个体性评价。个体性评价具有评价对象明确、聚焦，能有效激发个体与个体之间展开竞争，有助于提升个体学业成就和能力等特点。群体性评价则将评价对象从学生个体转向学习共同体，通过对学习共同体展开评价，激发共同体成员产生团队协作与互惠利他行为，从而保证学习共同体在与其他共同体展开竞争时获得群体性优势。

ⓢ 价值 "群体性评价"设计缘由

　　激发群体动力　　群体动力学与社会助长理论指出，当个体置身于社会群体之中时，他们会为了满足同伴的社会期望而表现出更强的学习动力、更高的学习参与度和更优的学习效能。将原有的个体性评价转向群体性评价，旨在充分激发学习共同体中每一个学生的群体动力，让学生的心态从原来的我想学习、我要为自己学习转变为我既要为自己学习、我更要为团队学习，从而将来自团队和同伴的社会期望和学习压力转化为学生个体自我学习的强大动力，提升学生的学习自主性。

　　引发团队协作　　群体性评价指向的不再是某一个学生个体，而是将若干个学生个体看作一个评价单位展开评价。这样的制度转向意味着，团队内部成员之间将产生更多的责任互赖。每一个学生不仅要提升自己的学习效能，还要学会在学习过程中与成员相互协作、相互支持、相互成就。组长要为团队的每一个成员负责，带领大家共同进步、共同成长。在群体性评价中，每一个人都是整个学习共同体的重要组成部分，任何一个人的落后都将影响整个团队的群体性评价结果。

提升社会素养　群体性评价，在促进全体成员责任互赖、相互协作、共同学习的过程中，还会促进全方位、多时空、深层次的社会互动与交往，这样的改变本身就是促进学生社会性素养提升的重要契机。与此同时，面对共同的团队愿景和群体利益，每一个学生个体不得不将个体利益适当往后放。在与同伴合作、交往、互助的过程中，个体的倾听能力、对话能力、同理心、共情力、领导力、责任担当、利他性等素养都将在群体内频繁的社会交往、互动中得到有效提升。

🗺 路径　"群体性评价"设计步骤

设计群体性评价，可以按照明确制度内核、设计制度文本、广泛征求意见、公示确认制度四个基本步骤展开。

明确制度内核　群体性评价制度，有一个基本内核，就是群体之间的利益同步，也就是"利益捆绑"。一方面，群体利益高于个体利益，在群体利益面前，个体利益需要做出让步；另一方面，也是更关键的，在群体性评价制度框架内，个体与个体间的利益实现深度捆绑，所谓"一荣俱荣，一损俱损"。唯有让群体在利益竞争中获得优势，个体才能获得其期望的利益。明确了群体性评价的内核，我们就能够更好地理解其运行逻辑，并有效设计相关评价制度，开展有效的群体性评价。

设计制度文本　设计制度文本是开展群体性评价的重要前提。群体性评价制度文本的设计，需要全面考虑如下七个方面。它们相互关联、相互制约，共同构成了群体性评价的核心要素。

评价主体　这里的评价主体主要是指学科教师，尽管学生、家长、其他任课教师甚至社区志愿者等都可以部分参与到整个评价过程中来，为群体性评价提供证据和素材，但学科教师才是最重要、最核心的评价主体。

评价对象　如前所述，群体性评价的对象不再是学生个体，而是由学生个体有机组成的学习共同体，这是群体性评价相较个体性评价的重要转向，也是撬动所有学生学习动力、学习生态等发生转型的重要变量。

评价原则 尽管在组建学习共同体时，我们努力按组间同质进行均衡分组，但不同学习共同体在起步阶段仍然存在着各种各样的水平差异。实施群体性评价时，除了科学性原则、激励性原则外，我们还要坚持评价的公平性原则——在起点并不一致的情况下保证评价的公平与公正，进而衍生出评价的增值性原则——不以最终的绝对数据为唯一评价证据，而更多考量整个学习共同体在评价周期内的推进率与增值量。

评价内容 根据社会化学习的课堂要素，我们建议评价内容可以从学科素养与社会素养两个维度综合考量。学科素养可以从学习单的完成、提出问题的水平、组内共学的开展、质疑深化的参与、学业成就等方面进行考量，社会素养可以从团队的协作性、团队的凝聚力、团队的互惠性等多个方面进行考量。

评价标准 根据评价内容，教师可以设定具体、清晰的评价标准。以学习单完成为例，究竟完成到什么程度算优秀、良好、合格或不合格，需要有一个清晰的评判标准，以便教师对各学习共同体成员学习单完成情况展开精准评价。

评价细则 针对不同的评价标准，教师需要拟定详细的评价细则。比如，优秀等级如何赋分，良好、合格、不合格等级又该如何赋分，最后的总分又该如何划分等级，怎样的等级将予以奖励，怎样的等级将予以惩罚，等等，都需要做出明确的约定和说明。

评价奖惩 需要奖惩的学习共同体将在什么时间获得怎样的奖惩、以怎样的方式奖惩、以多长时间为奖惩周期等，都需要在评价制度文本中给出明确说明。

广泛征求意见 群体性评价制度的文本原则上由学科教师拟定，但文本拟定后，教师需要选择合适时机将制度创新的缘由、制度文本的每一个维度等面向全体学生、家长、其他任课教师等进行解读。一方面，群体性评价制度带来的转型涉及传统评价利益格局的微妙调整，面向全体学生、家长及任课教师进行解读，旨在取得大家的理解和支持；另一方面，通过制度文本的解读和阐述，学科教师可以充分听取来自学生、家长和其他任课教师等利益相关方的意见，并有效汲取他们的合理化建议，调整、优化、完善制度文本，从而让制度的科学性和合理性得到进一步确认。

公示确认制度　修订和完善后的制度文本，还需要在一段时间内面向全体学生、家长和任课教师进行公示，进一步接受他们的检阅，获得他们的确认。公示期结束后，相关制度文本才算正式定稿，并将正式投入后期的制度评价和实施。

案例▷设计"群体性评价"典型案例

案例1：××班级数学学习群体性评价制度

　　该制度文本包含评价机制、评价主体、评价对象、评价原则、评价内容、评价标准、评价细则、评价奖惩等八个维度的内容。两个学期的制度运营、评价考核显示，该制度设计整体科学合理、可操作性强，各学习共同体在该制度的评价与激励中，很好地实现了社会化学习课堂的预期成效。

设计：德州市北园小学曹宁宁老师

案例2：××班级群体性评价制度思维导图

设计：德州市北园小学曹宁宁老师

问答 设计"群体性评价"困惑回应

No.1："学优生"家长不支持群体性评价怎么办？

学优生在传统个体性评价中拥有绝对优势，也更容易获得成功；而群体性评价在某种意义上，打破了他们在原有评价体系中的利益垄断，并对他们的整个学习生态构成新的挑战。从这个意义上讲，我们可以理解部分学优生家长不理解、不支持这样的制度转变。

阐明道理 一方面，家长更在意孩子的学业成就会不会因为评价制度转型而受到冲击和影响。我们可以借助学习金字塔理论、费曼学习法等和家长阐明，个体教会他人的过程，不仅不会浪费时间，反而会促进其自身对知识、方法、原理等有比原先独立学习时更深刻的理解和把握。另一方面，学生未来固然需要用高学业成就敲开高等学府的大门，但在信息化、智能化的未来社会，人的社会性素养，比如同理心、共情力、利他性、责任心、领导力等越来越重要，甚至超越个体的智商与思维能力，成为个体能够适应未来社会的核心竞争力。通过以上两方面的阐述，我们可以帮助家长克服偏见，逐步理解人的全面发展的含义，并从内心深处理解并支持群体性评价对学生全方位的促进和积极影响。

事实说话　事实胜于雄辩。通过一段时间的制度运作，我们可以把学生在群体性评价制度激励下的学习动力、学习习惯、学习状态、学科素养、责任担当、同理共情等多个维度的真实情况和家长进行反馈。在真实的数据和证据面前，家长的顾虑更容易被打消。

退出机制　在群体性评价制度得到大多数学生和家长认可的前提下，面对个别担任组长的学优生的家长的不理解和不支持，我们要充分尊重并理解他们的顾虑和担心，允许这些学优生辞去组长职位，以一个普通组员的身份参与学习；甚至还允许这部分学优生选择以个体方式参与学科学习。我们期待在离开学习共同体一段时间后，更多学优生及其家长能够重新认识到这样的制度转型给他们带来的更大的积极影响和全方位的成长，从而回归学习共同体。

No.2：群体性评价制度对"特殊学生"真的管用吗?

"特殊学生"在组建学习共同体和实施群体性评价初期，出于种种原因还能保持良好的学习状态，其改变与进步让人欣喜；但随着时间的推移，最初的新鲜感渐渐消退，群体性制度好像对这些"特殊学生"不再有效。然而，我们始终坚信，从长远看来，这样的群体性评价制度，仍然对这些"特殊学生"有着独特的约束力与育人功能。

同伴压力　群体性评价制度的实施，让"特殊学生"从原本的自由状态进入一种全新的约束状态。来自同伴的期望和影响，将让"特殊学生"获得一种从未有过的学习压力。在个体性评价制度下，"特殊学生"是否努力取决于他自己的个人选择；但在群体性评价制度中，个体隶属于特定学习共同体，共同体中任何一个个体的努力或懈怠，都将直接影响整个学习共同体最终的评价结果。在这种情况下，"特殊学生"将面临来自更多同伴的督促、支持与鼓励，回归学习必将成为这些学生不得不面对的唯一选择。

群体归属　人是一种社会性动物。马斯洛在需求层次理论中明确指出，人在满足了基本的生理和安全需要后，渴望回归群体，获得社会归属感。随着群体性评价的不断推进，"特殊学生"不断感受着来自群体和同伴的各种压力。有时，他们会选择逃离，重新回归个体身份参与学习。然而，社会心理学研究表明，当一个人身边绝大多数同龄人都有属于自己的共同体，而唯独他自己孤身一人时，他会面临一种独特的"社会性疼痛"，这种"社会性疼痛"将召唤着他重新回归共同体。[1]换言之，面对人的社会属性时，尽管这些"特殊学生"不愿意承受来自同伴的更多压力，但事实上他们别无选择。

实践验证   在实践层面上，我们也发现越来越多的"特殊学生"，在不断逃离、回归的挣扎中，最终重新回归了学习共同体，在同伴的督促与指导下参与到学习活动中来。南京市逸仙小学施明艳老师执教的四（2）班上小蒋同学的故事（扫描二维码可阅读），就是其中千千万万个故事中的一个。这个典型的故事本身，已经向我们揭示了一个"特殊学生"是如何完成"自由—约束—逃离—回归"的自我重塑之旅的。

💡 创意 ▶ 设计"群体性评价"创意应用

No.1：在"班级管理"上运用群体性评价制度

存在问题   班级管理是学校诸多教育活动中头绪最繁杂、事情最琐碎的工作之一。多数科任教师不愿意承担班主任工作，是学校管理中面临的现实困境。如何找到班级管理工作的创新突破口，让班级管理工作不再令人畏惧，是摆在教育工作者面前的巨大挑战。

创意方法   我们鼓励班主任将社会化学习中的群体性评价制度应用到班级管理中，以期改变班级管理的现状，为班级管理工作找到新的突破口。具体分为如下四个步骤。

首先是**建设团队**   如果班级已经开展社会化学习，则可以沿用学科课堂上已经组建好的学习共同体；反之，则需要重新组建班级自治共同体，具体组建方法参照本书第一章的相关内容。

其次是**设计制度**   可以根据班级管理的具体内容、要求，量身定制具有班级管理鲜明特质的"群体性班级管理评价制度"。

再次是**组织评价** 根据"群体性班级管理评价制度"的相关内容、标准、细则、奖惩措施等，组织开展具体的评价活动。

最后是**实施奖励** 对照制度文本中的奖励方法与措施，定期利用班会课组织富有仪式感、具有激励性的奖励行动，完成整个群体性班级管理评价的闭环。

效果评估 基于群体性评价制度的班级管理实践开展一段时间后，班主任普遍反映，他们不再陷于繁杂的班级管理事务性工作。更多具体的常规管理，如打扫卫生、体育锻炼、放学站队等，都在各"班级自治共同体"内，在组长的组织和引领下有条不紊地展开。越来越多的学生在自我教育、同伴互育的过程中，获得了比在传统班级管理中更多元、更主动、更全面的发展。

No.2：在"课外阅读"上运用群体性评价制度

存在问题 传统观念中，课外阅读始终是学生个体的事情，对于学生是否完成了课外阅读、课外阅读的数量和质量究竟如何，教师往往很难给出一个准确、科学的判断；至于学生参与课外阅读的动力、兴趣，则更难激发。这些方面的问题，一直是广大语文教师持续面临的重大挑战。

创意方法 我们鼓励语文教师借用社会化学习运作模式，借助"群体性评价制度"，促进学生在学习共同体内展开有深度、有广度、有动力的群体性课外阅读。具体包括如下四个步骤。

首先是**组建团队** 结合语文社会化学习课堂中已经构建好的、已运营成熟的学习共同体，组建课外阅读共同体。

其次是**设计制度** 结合课外阅读的具体内容和评价标准，量身定制"社会化课外阅读群体性评价制度"，从各课外阅读共同体读什么、怎么读、如何评、怎样奖等维度，做出清晰阐述。

再次是**组织评价** 根据制度文本，有组织、有规划、系统地开展评价活动，以评价促进课外阅读共同体深度开展相关的阅读活动。

最后是**实施奖励** 可以根据评价结果，对各课外阅读共同体进行定期的、富有仪式感和激励性的奖励行动，鼓励优秀，激励后进，让每一个课外阅读共同体都能持续投入课外阅读行动之中。

效果评估 实践表明，课外阅读活动完全适用社会化学习的操作模式。群体性评价制度的运用，极大地调动了各课外阅读共同体的阅读主动性、积极性和创造性。他们充分挖掘课外阅读的时间和空间，充分调动阅读共同体共读、共享、共研、共创的主观能动性，大大提升了全体学生参与课外阅读的动力，促进了课外阅读活动的有效开展。

🔗 链接 ▶ 设计"群体性评价"重要资源

链接1："社会化"班级管理评价制度

　　社会化学习不仅适用于学科教学，还被广泛应用于班级管理、社区行动、社会实践等场景，并取得了令人欣喜的效果。由南京市锁金新村第一小学夏俊利老师设计的"社会化"班级管理评价制度（扫描二维码可以阅读），同样由评价机制、评价主体、评价对象、评价原则、评价内容、评价标准、评价细则、评价奖惩等八个维度构成，很好地展现了"群体性评价制度"是如何从学科学习向班级管理这一领域迁移的。

链接2："社会化"课外阅读管理制度

　　社会化学习不仅适用于语文学科的课堂教学，还被语文教师巧妙迁移到课外阅读领域。由南京市北京东路小学阳光分校曹莹老师设计的"社会化"课外阅读管理制度（扫描二维码可以阅读），在实施过程中取得了令人欣喜的成效。

📖 复盘　设计"群体性评价"要点回顾

🔲 互动　设计"群体性评价"互动作业

你能为本班的学科学习设计一份群体性评价制度吗？

【参考文献】

［1］舒敏，刘盼，吴艳红. 社会性疼痛的存在：来源于生理性疼痛的证据［J］. 北京大学学报（自然科学版），2010，46（6）：1025-1031.

—— 第 **2** 节 ——

如何开发群体性评价工具？

🎯 内涵 ▸ "群体性评价工具" 基本含义

群体性评价制度的实施，需要依托群体性评价工具的开发与应用。群体性评价工具，是指根据群体性评价制度而设计的，用以进行评价数据收集、汇总、记录的相关量规和量表等。它一般由评价内容、评价标准、评价细则等维度构成，通常以表格的方式呈现，是正式开展群体性评价的重要保障。

📚 价值 ▸ "群体性评价工具" 开发缘由

让评价制度可落地　群体性评价制度涉及评价的原则、主体、对象、标准、细则、奖励等方方面面，是一种纲领性制度。群体性评价工具，则是对群体性评价制度的一种具体化。有了相应的评价工具，抽象的评价制度就能转化成可落地、可操作、可记录的行动路径图。教师可以根据评价工具的相关评价内容、标准和细则，对每一个学习共同体在多个维度的具体表现进行数据采集和记录，从而让制度落地成为可能。

让评价结果可记录　群体性评价通常涉及多个维度，比如社会化学习课堂中的群体性评价，包含对学习单、组内共学、质疑深化、当堂检测、团队协作等多个维度的考量。如果对每一个维度都进行专门的统计与记录，既显得零散，也让评价工作难以整体化、系统化推进。依托群体性评价工具，教师可以对多元、复杂的评价维度进行有效整合，进而为评价数据的收集、整理和记录提供直观化载体。

让评价反馈有依据　评价本身不是目的。通过评价结果了解各学习共同体在各个维度的表现水平，进而横向上比较不同学习共同体之间的优势与不足，纵向上追踪某学习共同体在哪些维度上有进步与退步等，并基于相关数据给予各学习共同体以客观的、有说服力的反馈和奖惩，是评价工作的重要功能。群体性评价工具的设计，可以帮助我们实现上述目标，从而充分发挥评价的发现、诊断、反馈等核心价值。

📍 路径 "群体性评价工具" 开发步骤

开发群体性评价工具，可以按照确定评价内容、制定评价标准、确定评价细则、增加补充说明四个基本步骤展开。

确定评价内容　与常规的评价工具相比，社会化学习课堂中指向学习共同体的群体性评价工具，在评价内容维度表现出更多元、更全面的特征。

覆盖学习全域　社会化学习是对学生学习的全面赋能。学生依托学习共同体，在整个学习过程中表现出更多的主体性和能动性。因此，评价工具自然需要对多维度内容予以全方位的评价，比如学习单的完成、组内共学的开展、质疑深化的参与、当堂检测的表现等等。通过对学生一日学习生活的全流程、全领域、全方位的考查，教师可以有效兼顾学生学习的所有维度，做到评价内容无死角。

增设作业评价　社会化学习课堂，除了关注每一个学生是否获得公平的学习机会、生生之间是否形成丰富的学习联结之外，学生的作业完成情况、学业成就达成情况，同样是我们关注的焦点。群体性评价工具中，我们不仅对社会化学习完整流程中需要涉及的各个要素进行评价，还增加了对学生作业完成情况和学业水平的评价，旨在引导师生在关注学生学习方式、社会交往的同时，把常规的作业、学业、成绩等作为重要指标纳入评价工具之中，体现出评价维度的多样性和务实性。

融入社会交往　群体性评价工具与常规的课堂评价工具最大的不同是，我们在群体性评价工具中，创造性地将社会交往融入评价内容之中。通过这一栏目和内容的增设，我们希望引导师生在关注学生学科学习、学业成就之外，开始关注学生的社会交往行为，尤其是表现在社会交往行为中的社会素养，比如能否有效倾听、能否深度对话、能否表现出同理心与共情力、能否展现出领导力、能否彰显出责任担当、能否表现出责任利益互赖等。这些社会素养都是社会化学习中学习共同体深度开展学习的前提，也是学生在这样的学习场景、学习活动中应该展现出的综合素养。

制定评价标准　确定完相关评价内容后，我们将根据每一评价内容维度的具体特点，将该维度的学生表现分为不同水平层次，以此为评价的具体标准。以学习单的完成为例，我们需要相对明确地对学生的完成水平进行分层刻画，比如怎样的完成水平可以确定为优秀、怎样的完成水平可以确定为良好、怎样的完成水平可以确定为合格或不合格。有了明确的评价标准，我们才能确定更具体的评价细则，从而让评价工具真正成为教师容易操作、方便应用的评价载体。

确定评价细则　根据制定的评价标准，我们将根据学生在某一内容维度上的不同表现水平，赋予不同的分值，以便教师展开群体性评价时予以记录。仍以学习单的完成为例，我们可以明确，在哪些情况下可以进行加分、在哪些情况下需要进行扣分；而在加分时，以满分5分为例，我们还要明确，怎样的表现水平可以加5分、怎样的表现水平可以加1—4分。我们在设计评价工具时，将这些维度都提前进行清晰规划，等到真正结合评价工具展开评价时，就可以方便教师的操作，也可以避免教师因主观性而使评价流于随意，丧失了评价的客观性和公正性。

增加补充说明　完成以上三个步骤后，一种群体性评价工具初具雏形。在此基础上，我们还可以适当增加补充说明，将评价工具在实际应用时需要提醒教师注意的事项等予以特别标注，方便教师在使用评价工具的过程中，避免因理解不清、操作不当等步入误区。

🔲 案例 ▶ 开发"群体性评价工具"典型案例

案例1："社会化学习"小组评价表

	学习单					提出问题					组内共学					质疑讨论					每日作业					交往共处					阶段练习	一周总分
	一	二	三	四	五	一	二	三	四	五	一	二	三	四	五	一	二	三	四	五	一	二	三	四	五	一	二	三	四	五		
第1组																																
第2组																																
第3组																																
第4组																																
第5组																																
第6组																																
第7组																																
第8组																																
第9组																																

南京市××小学××班"社会化学习"小组评价表（第__周）

评价说明：

(1) 第1—5栏，如果各栏目完成情况列所有小组前1/3，则该栏目得5分；如果列中1/3或后1/3，则该栏目得4分或3分。

(2) 交往共处栏，基础分5分。如果本周出现各类冲突，则相应扣1—5分；如果本周出现各类互助互学，则相应相加1—5分。

(3) 阶段练习，根据各组学生的绝对水平和进退步综合表现，酌情给出5分、4分和3分。

(4) 一周总分前三名的小组，分别获得冠军、亚军和季军，予以相应奖励；一周总分最后一名，予以相应提醒。

设计：南京市玄武区教师发展中心张齐华老师

🔲 问答 ▶ 开发"群体性评价工具"困惑回应

No.1：小组评价表可以进行"班本化调整"吗？

鼓励调整　考虑到不同班级开展社会化学习实践的时间与深度不同，不同班级的学情与教情不同，不同实践进程中教师关注的评价点也可能不同，我们鼓励教师在借鉴、参考上述小组评价表的同时，对评价内容、评价标准、评价细则及奖惩方式等进行班本化改造与优化。只有根据具体班级的实际情况，设计出高度匹配班级现状的小组评价表，基于评价表的群体性评价才能真正发挥出其应有作用。

强化实效　调整本身不是目的。对小组评价表进行微调，其目标是进一步匹配本班学生和学情，设计出更具实效性的小组评价表。微调过程中，我们需要本着求真、务实的基本原则，一切以促进、提升群体性评价实效性为出发点和归宿，杜绝为了调整而调整的倾向。

相对稳定　对小组评价表进行班本化调整是必要的，也是可行的。但是，调整过程不宜持续进行。经过一段时间的考察期和磨合期，一旦进入群体性评价具体实施环节，我们建议尽量不要再对评价表进行调整，尤其是不宜进行频繁调整，以保证评价内容、标准、细则和奖惩措施等保持相对稳定，从而不至于让各学习共同体在"持续动荡"的评价标准中找不到稳定的评价锚点，让整个学习小组面对"流动不居"的标准和细则时无所适从。

No.2："小组评价表"和"组内评价表"一样吗？

小组评价表与组内评价表都是社会化学习中实施评价制度的重要工具，二者具有高度的关联性，同时也存在着多个维度的区别。

多重差异

首先是**评价主体不同**　组内评价表的评价主体是组长，而小组评价表的评价主体是教师。

其次是**评价对象不同**　组内评价表的评价对象是组员，是个体学生；而小组评价表的评价对象是学习共同体，是学习小组。

最后是**作用机制不同**　组内评价表的内在作用机制仍然是通过激发个体的主观能动性，提升其学习效能；而小组评价表的内在作用机制在于通过发挥群体中的社会期望效应，激发群体的凝聚力。

内在关联　一般而言，组内评价表从属并服务于小组评价表。组长为了应对来自其他学习共同体的竞争压力，设计组内评价表，旨在以类似的评价内容和相似的评价标准，激发每一个团队成员的主动性和积极性。因此，组内评价表与小组评价表在评价内容、评价标准、评价细则、评价奖惩等维度，均会保持高度一致。这样的关联性设计，可以让组内评价助力学习共同体在组际竞争中获得较大优势，从而实现群体性目标。

🔅 创意 ▶ 开发"群体性评价工具"创意应用

No.1：将"育人指标"纳入群体性评价表

存在问题　传统的评价工具多以个体为评价对象，以阶段性、总结性学业水平为重要评价内容，忽视评价整体育人的价值取向。

创意方法　我们鼓励教师在设计小组评价表时，将人际关系、社会情感、责任担当、领导力等维度纳入评价内容。通过评价内容的情感转向，教师引导各学习共同体包括学生个体在关注自身学科学习的同时，也关注这些重要的育人维度。尽管这些维度有时很难量化评价，更难以确定评价标准和评分细则，在实际评价时依赖教师的课堂观察、质性分析与主观评判等，然而将学生的视线从唯分数、唯个体、唯成绩引向更完整、更全面的人的视角，这本身就是一次重要的评价理念跃迁，也是一次评价实践的创造。

效果评估　将上述育人指标纳入评价内容，并在实际展开团队评价时真正开展相关评价，的确影响并改变了学生个体与学生群体的努力方向。评价就像一个杠杆，它撬动了学生的领导力、社会情感、责任担当等综合素养的提升，从而让学科育人、立德树人的理念有了切实可行的落地方案。

No.2：让学生参与"小组评价表"的设计

存在问题　教师是小组评价的主体，也是小组评价工具的主要设计者。然而，这样的逻辑设定让评价对象——学习共同体成为被动的待评价者，他们的需求没有在评价工具的设计中得到充分表达，他们的创造性思维也没能很好地融入评价工具的设计，这不能不说是一种重要缺憾。

创意方法　我们鼓励学生以不同方式深度参与"小组评价表"的设计。具体参与方式有三种。

首先是学生设计、教师完善　教师可以直接邀请学生个体或团队基于教师提供的评价理念和原则，设计"小组评价表"，在此基础上再由教师进行完善。

其次是教师设计、学生建议　教师仍然作为主要设计者，但在设计定稿前，将设计初稿发放给学生个体或群体，充分听取他们的意见，采纳他们的合理建议，在"小组评价表"中融入他们的独特创意和思考。

最后是师生共创、协同完成　教师从设计之初就与组长代表、学员代表共同进行讨论和协商，充分听取多方意见，再与他们共同起草"小组评价表"。这样的合作设计模式，可以让学生多方代表的意见充分融入整个设计之中，避免教师陷入设计思维的盲区。

效果评估　学生深度参与设计的"小组评价表"，一方面，评价内容更全面、更科学，评价标准、评价细则的设定也更加合理有效；另一方面，因为全面参与过评价表的整个设计流程，学生在参与基于"小组评价表"的评价活动时，抵触情绪更小，也更能接受最终的评价结果，从而有效避免了面对评价结果时部分小组心理失衡的局面。

🔗 链接　开发"群体性评价工具"重要资源

链接1："社会化班级管理"小组评价表

南京市锁金新村第一小学二（2）班"社会化班级管理"评价表　第＿周																								
组名	组长	组员	星期一				星期二				星期三				星期四				星期五				合计
			两操	午餐	卫生	学习	互助	两操	午餐	卫生	学习	互助	两操	午餐	卫生	学习	互助	两操	午餐	卫生	学习	互助	

设计：南京市锁金新村第一小学夏俊利老师

指导：南京市玄武区教师发展中心张齐华老师

链接2："社会化课外阅读"小组评价表

×学校×班"社会化课外阅读"评价表

共读主题：＿＿＿＿＿＿＿＿＿　　共读时间：＿＿＿＿＿＿＿＿＿

编号	阅读计划	组内共读活动	阅读进度				交流感悟				阅读测评	总评
			1	2	3	4	1	2	3	4		
第1组												
第2组												

评价说明：

（1）"阅读计划"根据完成情况，酌情给1—5分。

（2）"组内共读活动"参考小组共读活动完成情况记录次数，完成1次则得1分。

（3）"阅读进度"参考小组成员阅读情况，每一天小组成员均完成则得1分。

（4）"交流感悟"参考阅读汇报活动的表现，酌情给5分、4分和3分。

（5）一次阅读活动完成后，班级组织一次阅读测验，"阅读测评"根据学生测验的成绩酌情给1—5分。

（6）一个阅读活动完成总分前三名的小组，分别获得冠军、亚军和季军，予以相应奖励；总分最后一名的小组，予以相应提醒。

设计：南京市北京东路小学阳光分校曹莹老师

指导：南京市玄武区教师发展中心黄雅芸老师

📑 复盘　开发"群体性评价工具"要点回顾

互动 开发"群体性评价工具"互动作业

你能为自己所任教学科设计一份"群体性评价表"吗？

第**3**节

如何用评价工具展开评价？

⊙ 内涵 "用评价工具展开评价"基本含义

设计群体性评价工具是群体性评价制度落实的重要前提，运用评价工具展开评价则是群体性评价制度落实的关键所在。用评价工具展开评价，是指评价主体（教师）借助评价工具，对照评价工具中的评价内容，结合评价标准和评价细则，收集并记录各学习共同体的相关评价数据，初步形成评价结果的过程。

◈ 价值 "用评价工具展开评价"缘由

让评价结果有依据　用评价工具展开评价，是为了有依据地获得各学习共同体的评价结果，为后续评价奖惩的实施奠定基础。评价结果的获得，不能凭教师的主观臆断，而需要教师使用专业的评价工具，结合具体的评价内容和栏目，逐项收集、整理并汇总数据，基于数据形成评价结果。利用评价工具展开评价，可以让评价结果摆脱传统教学评价中的主观随意性，更有依据，也更有说服力。

让评价过程能留痕　获取评价结果固然是实施群体性评价的重要目的，但在获得评价结果的同时，若能保留大量鲜活的、即时性的过程性评价资料，让结果性评价和过程性评价相辅相成、相得益彰，则可以充分发挥评价的诊断、发现与激励功能，有利于评价主体（教师）从结果向过程溯源，帮助各评价对象发现自己存在的问题，为后续的改进和优化提供真实依据。运用评价工具展开评价，恰恰可以在评价工具中客观、翔实地记录教师对评价对象每一个维度的评价，让评价过程真正留下痕迹，为后期数据反馈、行为改进、经验提取等留下宝贵的资源和财富。

让增值评价有参照　评价本身不在于甄别与判定，而在于发现问题后通过有效行为干预促进评价对象朝着评价主体预期的方向改变与发展，这是增值性评价的核心理念。用评价工具展开评价，既可以帮助评价主体获得预期的评价数据和结果，也可以帮助评价对象留存每一评价周期的评价数据，并在不同周期评价数据的对比中，发现自己的变化与成长。因此，用评价工具评价并记录结果，为增值性评价提供了重要参照，让增值的部分看得见、摸得着，让每一个团队的成长可视化。

路径　"用评价工具展开评价"步骤

用评价工具展开评价，可以按照明确评价主体、适时组织评价、系统展开评价、公示评价结果四个基本步骤展开。

明确评价主体　群体性评价的评价主体主要是教师，可以采用教师为主、学生为辅的方式。

教师为主　教师要牢固确立评价主体第一责任人的意识，充分主导整个评价过程的组织、开展、推进，为合理获取有效评价数据，进而给出科学评价结果承担责任。

学生为辅　由于教师日常工作较为繁杂，且群体性评价涉及的评价内容较为丰富，教师可以邀请诸如班长、学习委员、课代表、组长等协助自己收集、录入、汇总数据，记录表现性、过程性资料，方便教师最终结合多元、多样数据，给各学习共同体以客观、全面、公正的评价。

适时组织评价　明确了评价主体后，什么时候用评价工具展开评价，是摆在评价者面前的现实问题。我们倡导因"时"施评，结合不同评价内容的现实场景和独特属性，有效展开评价活动。比如，对学习单完成情况、学生提问情况的评价，教师可以利用批改学习单的时间，分小组对各学习共同体的相关表现进行集中评价；也可以利用学生早读的时间，边巡视学生的学习情况边进行评价。再如，对组内共学情况的评价，教师可以在共学的10—12分钟内先整体观察共学状态，再深入各小组进行1分钟切片式巡视，及时展开评价；也可以每天轮流录制1—2个小组的完整共学视频，更全面、深入地评价各小组组内共学的情况。

系统展开评价　明确了评价主体、评价时间后，教师可以全面展开全流程、系统性的评价活动。具体分为如下三个基本步骤。

记录数据　教师浏览评价材料，结合评价标准和评价细则，对学习小组的相关材料和表现予以赋分。

简要备注　教师需要根据赋分情况，对加分、扣分原因予以简要的备注，既方便学生个体或其所处的学习共同体对评价进行溯源与询问，也方便教师后期对学生进行有针对性的引导和帮扶。

数据汇总　教师以学习共同体为单位，将每组的各类评价数据进行汇总，形成各小组的最后总分。当然，这一环节通常会在一个评价周期结束前统一进行。

公示评价结果　每一个评价周期结束前，教师需要将评价结果进行公示，以确保评价数据的公开性与准确性。具体分为如下三个基本步骤。

结果公示　评价主体应将评价结果通过PPT展示、公示栏张贴等多种方式，面向全班进行公示。

经受质询　评价主体要允许学生个体或学习共同体针对评价结果中不清楚、有质疑的地方进行质疑和询问；评价主体有义务向质询者提供基于证据的解答和回应。

数据完善　面对评价过程中有可能出现的数据误判、数据误录等，结合学生的质询，评价主体应及时进行数据的调整和完善，以保证最后的评价结果精准、科学、合理。

案例 "用评价工具展开评价" 典型案例

案例1："社会化学习"小组评价表（记录版）

评价：南京市锁金新村第一小学夏俊利老师

对象：南京市锁金新村第一小学二（2）班全体学习小组

问答 "用评价工具展开评价" 困惑回应

No.1：学生"过度关注"评价数据怎么办？

理解心态　对于这样的现象，教师首先要保持一种开放、理解的心态。小学生处于特定年龄阶段，有着争胜好强的心理特点。面对组内合作、组际竞争的群体性评价机制，他们争胜好强的心理特点表现得更为突出，从而表现出对评价数据的过度关注，有时甚至到了斤斤计较的程度。尽管这样的表现有可能会偏离群体性评价制度促进每一个团队增强内部凝聚力、提升团队协作力的本意，但却反映出学生具有强烈的集体荣誉感，关注、在意团队在评价过程中的得与失，这本身是一种积极向上的表现。

客观公正　解决上述问题，最核心的要义还在于公平、公正与公开。当评价标准公平、评价程序公正、评价结果公开，一切评价活动都在科学、合理的轨道上运作，学生对于评价数据的过度关注自然会得以弱化。教师可以邀请学生，尤其是那些对评价数据表现出过度关注的学生，参与到整个评价制度的设计、评价活动的监督中来。通过亲身参与，学生感受到所有标准、程序和结果的公平、公正、公开，最大程度地消解了他们的顾虑和不公平感，进而将注意力和精力从对分数的过度关注，转移到如何做好自己、提升自我，并协助自己团队取得更好的评价结果上来。

强化增值　部分学生过度关注评价数据，是因为设计的评价制度有可能过分关注了团队之间的横向比较，而弱化了团队自身的纵向比较。面对这种情况，我们在设计制度，或在制度完善过程中，要进一步弱化团队与团队之间的抗衡，引导学生将注意力转移到团队内部的纵向提升上来，将对团队内部的增值性评价纳入整个评价制度中，鼓励学生自己和自己比，鼓励团队将现在与过去比，有效弱化学生对团队间横向比较的关注，让学生以积极的成长型思维面对评价结果。

No.2：薄弱学生在评价中"屡遭嫌弃"怎么办？

理解心态　首先，教师要充分理解团队成员在面对评价结果屡屡不佳时的心理状态。其次，教师要明确区分，薄弱学生的薄弱点是能力与天赋还是态度与动力。如果是前者，显然我们应该对他们多一些包容与理解；如果是后者，我们则应该充分发挥"屡遭嫌弃"所带来的团队压迫感，这恰恰是群体动力学发挥作用的典型表现。

强化增值　如果单从参与的维度对薄弱学生进行评价，他们显然处于绝对的劣势地位，难免遭人"嫌弃"。然而，如果我们的评价制度设计中增加增值性评价，更关注每一个个体与自己之前相比的学习表现，以增值量为评价的主要依据，那么薄弱学生有可能会从"被嫌弃的人"转变为"最受欢迎的人"。毕竟，这样的学生获得增值的可能性是最大的，他们在新的增值性评价制度中，有可能成为整个团队获得成功的最重要筹码，其"社会地位"自然也就能得到提升。

榜样示范　并非所有学习小组都会"嫌弃"薄弱学生，是否"嫌弃"薄弱学生，往往取决于团队是否具有包容性，团队领导者是否具有同理心、共情力和领导力。面对个别小组中出现"嫌弃薄弱学生"的现象，我们不妨邀请更具包容性、同理心的优秀小组面向全班进行经验分享，和大家分享他们是如何接纳薄弱学生、助力薄弱学生成长的。通过放大榜样示范的力量，教师可以让更多的学习共同体学会珍视多样性、尊重薄弱学生，并把这一过程视为自身社会素养成长的重要契机。

制度创新　面对团队中的确存在的"特殊学生"，教师可以通过给这样的团队颁发"特别贡献奖"，让这样的团队在传统评价的屡屡挫败中重新找回自信和尊严。学业成就固然是重要的，但也不是万能的。能够在团队中宽容他人、理解他人、助力他人成长，是比学业成就更高层次的素养。教师要把这样的理念渗透给每一个学生。

💡 创意　"用评价工具展开评价"创意应用

No.1：借助班级管理在线应用程序进行即时积分

存在问题　运用评价表对各项评价内容进行评价并记录翔实的数据，对于科任教师而言是一种挑战。如何将复杂的问题简单化，如何利用便捷式、现代化的信息手段和工具助力教师的评价工作，是摆在评价者面前的全新挑战。

创意方法　教师可以借助班级管理在线应用程序的多重功能进行积分，让每个小组的每一个项目积分清晰明了，简单易操作；同时系统会对每个小组的积分进行实时统计，最后的统计结果也是一目了然。具体分为以下四个步骤。首先，教师将每个小组的姓名、组名等相关信息录入在线应用程序的系统内，根据评价内容设置点评项目和积分情况，为即时评价做好平台准备。然后，教师结合学习小组的具体表现，在平台上给出相应的积分。这个环节可以交给学生来完成，检查学习单或作业后、"组内共学"后、"质疑深化"后，学生都需要及时将积分情况汇总到平台上。最后，每到周末或者预定的公示时间，教师直接打开在线应用程序，每个小组的最终积分就直观地呈现在大家面前，优胜小组也直接产生。

效果评估　教师每次都是在学生的注视下利用在线应用程序进行即时积分，公开透明；对于借助数字化工具进行积分，学生也特别感兴趣。一段时间的实践后，这种做法大大增加了团队积极合作的动力，也节约了教师专项记录积分的时间。

No.2：为教室打造"群体性评价"专属空间

存在问题　通常情况下，教师都会使用纸质版评价表对学生展开评价。这样做的优势在于便捷省力，方便教师操作；而劣势在于，这样的评价方式，其评价的过程性资料、阶段性结果都很难被学生看见，也就很难让学生时时追踪自己所在团队的评价结果，从而难以发挥评价对于整个团队的激励效应和行为改进价值。

创意方法　我们可以通过为教师打造专属的"群体性评价空间"，将私下的、隐性的评价过程公开化、显性化，让一切评价活动都"在阳光下"公开透明地操作。具体分为以下四个步骤。

首先是设计展板　将小组评价表中的相关内容放到大型的评价展板上，让评价工具显性化。

其次是张贴上墙　在教室的合适区域选定一个空间，把评价展板张贴到墙上，方便大家随时能看到评价的内容、标准和即时性的评价结果。

然后是记录数据　可以把过程性评价数据，随时记录在评价展板上，让每一个学生、每一个团队有机会随时了解、追踪每一次过程性评价数据，以便及时调整、修正团队的学习表现，赢得下一阶段更好的评价结果。

最后是定期观摩　面对不同团队出现的差异化发展，有些甚至是两极分化的情况，可以定期组织所有学生观摩评价展板上的相关数据和备注，全面了解自己团队、其他团队的发展情况，做到心中有数；进而鼓励学生以共同体为单位，结合阶段性评价结果，定期召开小型碰头会、讨论会，寻找问题、商议对策，找到提升团队评价结果的改进方案，并付诸行动。

效果评估　通过打造"群体性评价"专属空间，评价工具、评价过程、评价数据和评价结果有机会被全体学生看见和关注。这样的方式极大地放大了群体性评价的价值，撬动了团队间的合理竞争与团队内的相互协作，让更多的学习共同体表现出了评价结果驱动下的团队协作学习行为，提升了他们的整体学习效能。

🔗 链接　"用评价工具展开评价"重要资源

链接1："社会化班级管理"小组评价表（记录版）

南京市锁金新村第一小学二（2）班"社会化班级管理"评价表　第_2_周

组名	组长	组员	星期一				星期二				星期三				星期四				星期五				合计
			两操	午餐	卫生	学习互助	两操	午餐	卫生	学习互助	两操	午餐	卫生	学习互助	两操	午餐	卫生	学习互助	两操	午餐	卫生	学习互助	
彩虹小组	元嘉楠	张悦	5	5	5	5	5	5	5	5	5	5	5	5	④	5	5	5	5	5	5	5	124
		张鑫宇	5	④	5	5	5	4	5	5	5	④	5	5	5	④	5	5	④	5	5	5	120
		田紫旭	5	5	5	5	5	5	5	5	5	5	5	5	5	5	5	5	5	5	5	5	124
		李浩天	5	5	5	④	5	5	5	5	5	5	5	5	5	5	5	5	5	5	5	5	124
火焰小组	张嘉柱	严雨辰	④	5	5	5	5	5	5	5	5	5	5	5	5	5	5	5	5	5	5	5	124
		蒋紫翔	5	5	5	5	5	5	5	5	5	5	5	5	5	5	5	5	5	5	5	5	125
		张半鑫	5	5	5	5	5	5	④	5	5	5	5	5	5	5	5	5	5	5	5	5	124
		陈嘉禾	5	5	5	5	5	5	5	5	5	④	5	5	5	④	5	5	5	5	5	5	123
扬帆远梦小组	凌子宸	万满齐	5	5	5	5	5	5	5	5	5	5	5	5	5	5	5	5	5	5	5	5	125
		俞文龙	5	④	5	5	5	④	5	5	5	5	5	5	5	5	5	5	5	5	5	5	123
		叶志玮	5	5	5	5	5	5	5	5	5	5	5	5	5	5	5	5	5	5	5	5	125
		唐示辰	5	5	5	5	5	5	5	5	5	5	5	④	5	5	④	5	5	5	5	5	123
雏鹰展翅小组	罗心颜	蔡宸燕	5	5	5	5	5	5	5	5	5	5	5	5	5	5	5	5	5	5	5	5	125
		单恒	5	5	5	5	5	5	5	5	5	5	5	5	5	5	5	5	5	5	5	5	125
		刘承伯	④	5	5	5	5	5	5	5	5	5	5	5	④	5	5	5	5	5	5	5	123
		江岳洋	5	5	5	5	5	5	5	5	5	5	5	5	5	④	5	5	5	5	5	5	123
阳光小组	杨睿雯	于恩懿	5	5	5	5	5	5	5	5	5	5	5	5	5	5	5	5	5	5	5	5	125
		朵嫒泽	5	5	5	5	5	5	5	5	5	5	5	5	5	5	5	5	5	5	5	5	125
		叶志鹏	5	5	5	5	5	5	5	5	5	5	5	5	5	5	5	5	5	5	5	5	125
		贾奕欣	5	5	④	5	5	④	5	5	5	④	5	5	5	5	5	5	5	5	5	5	121
朝阳小组	韩欣祺	于晨霎	5	5	5	5	5	5	5	5	5	5	5	5	5	5	5	5	5	5	5	5	125
		顾桐源	5	5	5	5	5	5	5	5	5	5	5	5	5	5	5	5	5	5	5	5	125
		贾时清	5	5	5	5	5	5	5	5	5	5	5	5	5	5	5	5	5	5	5	5	125
		马欣怡	5	5	5	5	5	5	5	5	5	5	5	5	5	5	5	5	5	5	5	5	125
奇思妙想小组	顾心怡	万瑞倬	5	5	5	5	5	5	5	5	5	5	5	5	5	5	5	5	5	5	5	5	125
		史来源	5	5	5	5	5	5	5	5	5	5	5	5	5	5	5	5	5	5	5	5	125
		周依悦	5	5	5	5	5	5	5	5	5	5	5	5	5	5	5	5	5	5	5	5	125
		王煜诚	④	5	5	5	④	5	5	5	④	5	5	5	5	5	5	5	5	5	5	5	122
乘风小组	张奕萱	周一诺	5	5	5	5	5	5	5	5	5	5	5	5	5	5	5	5	5	5	5	5	125
		周天阳	5	5	5	5	5	④	5	5	5	5	5	5	5	5	5	5	5	5	5	5	124
		黄沐遥	5	④	5	5	5	5	5	5	5	5	5	5	5	5	5	5	5	5	5	5	124
		刁梓睿	④	5	5	5	5	5	5	5	5	5	5	5	5	5	5	5	5	5	5	5	124

（合计栏右侧：彩虹小组492；火焰小组496；扬帆远梦小组496；雏鹰展翅小组496；阳光小组496；朝阳小组500 冠军小组；奇思妙想小组497 亚军小组；乘风小组497 季军小组）

①初建小组，5人为一组，其中小组长的评规行为表现由班主任老师和学科老师评价，让组长更加公正客观的记录组员积分情况。

②对扣积分较红，以鼓励为主，在即将行为规范评价时，提醒三次元效果，在加时积分。

③互助行为评价，利用临放学时，互相交流后打分，如"我帮助了×××，……""×××帮助了我，……"。

评价：南京市锁金新村第一小学夏俊利老师

对象：南京市锁金新村第一小学二（2）班全体学习小组

链接2："社会化课外阅读"小组评价表（记录版）

北分五3班"社会化课外阅读"评价表

共读主题：他乡的童年　　共读时间：9.15－9.28

编号	阅读计划	组内共读活动	阅读进度				交流感悟				阅读测评	总评
			1	2	3	4	1	2	3	4		
第1组	5	+1+1+1	12	12	11	10	5	5	5	5	+2+2+1+0	78 ②
第2组	5	+1+1	12	10	12	8	5	5	4	3	+2+2+2+1	75
第3组	5	+1+1+1	12	10	12	8	4	5	3	4	+2-2+2+0	68
第4组	5	+1+1+1	12	12	10	11	5	5	5	5	+2+1+1+1	78
第5组	4	+1+1	11	12	12	12	4	5	5	5	+2+2+1+0	77
第6组	5	+1	12	11	12	11	5	5	5	5	+2+2+2+2	81 ①
第7组	4	+1	12	12	11	11	5	5	5	5	+2+2+2+1	78 ②
第8组	4	+1+1+1	12	12	11	11	5	5	5	4	+2+2+1+0	78 ③
第9组	4	+1+1	12	10	12	9	5	5	5	3	+2+2+1-2	70

评价说明：

(1)"阅读计划"根据完成情况，酌情给1—5分。

(2)"组内共读活动"参考小组共读活动完成情况记录次数，完成1次则得1分。

(3)"阅读进度"参考小组成员阅读情况，每一天小组成员均完成则得1分。

(4)"交流感悟"参考阅读汇报活动的表现，酌情给5分、4分和3分。

(5)一次阅读活动完成后，班级组织一次阅读测验，"阅读测评"根据学生测验的成绩酌情给1—5分。

(6)一个阅读活动完成总分前三名的小组，分别获得冠军、亚军和季军，予以相应奖励；总分最后一名的小组，予以相应提醒。

评价：南京市北京东路小学阳光分校（简称"北分"）曹莹老师

对象：南京市北京东路小学阳光分校五（3）班全体学习小组

复盘 "用评价工具展开评价"要点回顾

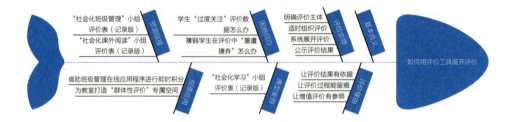

互动 "用评价工具展开评价"互动作业

你能运用"群体性评价表"对自己任教学科学习共同体一周内的表现进行评价吗?

第4节

如何基于评价结果进行奖励？

⊙ 内涵 "基于评价结果进行奖励"基本含义

　　群体性评价的对象是学习共同体，而非学生个体。因此，基于评价结果进行奖励，是指在一定的评价周期结束后，由评价主体（教师）组织的，面向整个学习共同体而进行的，基于物质、精神等层面的奖励。

⊛ 价值 "基于评价结果进行奖励"缘由

　　兑现制度　　根据评价结果对优胜小组进行奖励，是群体性评价制度中的最后一环，也是让整个评价活动构成完整闭环的重要组成部分。在群体性评价制度文本中，对基于结果展开奖励有明确表述，因此对于优胜的学习共同体，作为评价主体的教师有义务兑现制度的约定，让他们感受到共同努力和协作奋斗带来的成就。

　　激励团队　　基于评价结果进行奖励，不是为了奖励某一个优秀个体，而是为了激励整个团队。可以想见，在受奖励的团队中，一定有平时并不优秀或表现不够突出的个体，但由于整个团队的共同努力，这样的学生也有可能站在领奖台上，接受大家的掌声，感受学习生活的高光时刻。在受奖励的团队中，也一定有平时就表现非常优异的个体，而基于团队的整体奖励，带给他的不再只是个人意义上的成就感和自我实现，而是对他领导力、责任担当、带领整个团队协同进步的能力的认可。这样的认可是超越个体层面的，是对一个个体在社会层面的充分认可。它对个体的激励是强烈而深远的，甚至能够对个体的社会人格塑造产生积极影响。

感召全体　基于评价结果进行的奖励，在激励优秀团队的同时，也能够让别的团队受到鼓舞，并在对标找差的过程中，发现自身团队存在的问题与不足，明晰下一阶段努力的方向和路径。通过这样富有仪式感的奖励行动，教师可以让全体学生和每一个学习共同体都备受鼓舞，从而形成你追我赶、相互促进、相互激励的良好氛围。

🌐 路径 ▶ "基于评价结果进行奖励" 步骤

基于评价结果进行奖励，可以按照精心准备奖品、实施颁奖行动、教师回顾总结三个基本步骤展开。

精心准备奖品　精心选择学生喜爱，并能够给他们带来惊喜感的奖品，是基于评价结果进行奖励的第一步。具体操作时，教师要遵循如下三点原则。

学生视角　尽管奖品通常由教师来准备，但在准备奖品的过程中，教师要站在学生视角，基于学生的真实需要和心理特点来准备奖品。比如，对于低年级学生而言，将学习共同体的照片作为班级电脑的屏保就是不错的选择；但到了高年级，这样的奖品往往会让学生感到难堪。这里体现的正是不同年龄阶段的学生对于同一种奖品所表现出的不同感受和需求。

创造稀缺感　并非越贵重的奖品，越受学生欢迎。真正好的奖品能够在人群中创造稀缺感，从而让获奖者获得一种独特的成就体验。比如，有一位教师选择将自己心爱的宠物作为奖品，奖励机制是：第三名可以摸一摸它，第二名可以抱一抱它，而第一名则可以利用周末时间到教师家里陪宠物玩1小时。这样的独特设计，人为创造了一种稀缺感，让获奖的团队获得巨大的心理满足。

不唯物质　实践初期，教师往往习惯于以物质的方式进行奖励。然而，长期进行物质奖励，既给教师增加了经济负担，也会让学生产生成就体验的边际递减效应，时间久了就不再有满足感。我们倡导教师在适当进行物质奖励的基础上，多一些富有创意的精神奖励，比如上面提到的宠物奖品，教师没有任何的物质付出，但取得的效果却是令人难忘的。

实施颁奖行动　具体分为如下三个步骤。

确定颁奖时间　颁奖时间不能随意，更不能随机。较好的方式是，按一定的周期进行颁奖，比如每周或每月组织一次颁奖行动。周期太短容易产生"审美疲劳"，周期太长则会弱化奖励的基本效用。

邀请颁奖嘉宾　教师可以选择由自己给团队颁奖；当然，如果能够邀请一些神秘人物作为颁奖嘉宾，则会给获奖团队带来更强烈的获奖体验，起到意想不到的效果，比如邀请校长、幼儿园老师、孩子的父母、孩子们最崇拜的校园偶像等参与颁奖。

布置颁奖现场　精心设计好的颁奖现场，能够让颁奖活动更富有仪式感，也更容易给获奖团队留下深刻印象。比如，教师可以在黑板上写好颁奖主题，精心制作PPT以让颁奖环节更加丰富，适当配一些应景的音乐以增加颁奖的氛围感，为每个团队撰写颁奖词以提升颁奖的品位，等等。

现场组织颁奖　教师引导颁奖嘉宾给获奖团队依次颁发奖品；邀请获奖小组致获奖辞，并和其他小组分享获奖感言和成功经验。

教师回顾总结　具体分为如下三个步骤。

资料留存　整个颁奖过程中，教师要精心选择重要场景拍照留念；条件允许的情况下，还可以拍摄视频并进行剪辑。相关的照片、视频等资料，既可以即时分享给获奖学生家长或共享到班级家长群，也可以作为重要的礼物在学年结束或毕业时赠送给获奖团队的每一位成员。

回顾总结　奖励不只是为了让优胜小组获得奖品，而是更应该成为对全体学生、所有学习共同体的一次集体激励。因而，在颁奖结束时，组织所有学习共同体对这一评价周期中的学习表现进行回顾，对获奖的学习团队的经验进行提炼和分享，对其他学习团队存在的不足提出整改意见，是颁奖活动的重要组成部分。

未来展望　奖励意味着一个评价周期的结束，同时也意味着一个全新的评价周期的开始。在奖励结束前，教师可以对前一阶段的评价进行整体梳理与回顾，同时对下一阶段各学习共同体如何更好地开展工作提出期许与展望，以帮助更多的团队能够在下一评价周期中获得成功。

案例 "基于评价结果进行奖励"典型案例

案例1：社会化学习颁奖典礼活动流程

　　该流程由南京市北京东路小学阳光分校王江老师拟定。它由会前准备、现场开奖、颁奖典礼、获奖感言、活动总结等几部分构成，细致介绍了社会化学习颁奖的整个流程。

案例2：社会化学习颁奖典礼完整视频

　　南京市北京东路小学阳光分校王江老师根据其任教的四（3）班学生在2023年9月的小组评价结果，按照社会化学习颁奖典礼活动流程，对获奖小组进行了颁奖。扫描右图二维码，可以观看当时的月度颁奖典礼情况。

问答 "基于评价结果进行奖励"困惑回应

No.1："优秀团队"永远是那几个怎么办？

　　实践过程中，我们经常发现，有些班中的优秀团队始终是那几个，可谓是拿奖拿到手软；更多的团队则一次次名落孙山，无论如何努力都很难登上领奖台。面对这种情况，我们可以从如下几个方面进行尝试。

　　人员重组　尽管我们在组建学习共同体之初，努力以组内异质、组间同质的方式进行均衡分组，但随着整个社会化学习的推进和深化，有些团队在组长的带领下表现越来越优异，有些小组则渐渐沉沦。为此，在经过一段时间的实践后，在征得优秀小组组长同意的前提下，我们鼓励各学习共同体进行人员的均衡化流动，即让优秀团队和薄弱团队的组长或组员进行横向流动，从而在人员的重组和置换中，实现组际之间的再度均衡化，为更多团队能够在竞争中获奖提供新的可能。

　　制度重建　　以结果为标志的能力导向的评价，很容易让优秀的团队越来越优秀，而其他团队越来越安于现状。教师如果将重视结果的能力导向评价改为重视过程的动力导向评价，则可以让每一个团队都有获胜的可能。只要团队中的成员足够努力、足够团结、足够具有凝聚力、愿意为团队的成功承担责任，每一个团队都有可能登上领奖台，成为优秀的团队。此外，我们还可以弱化绝对意义上的结果评价，而倡导更具激励性的增值性评价，即将团队中每一个个体在评价周期内的进步空间作为最主要的评价依据。这样的制度设定和创新，可以最大限度地弱化个体能力差异的影响，从而让每一个上进的团队都有机会登上领奖台。

　　经验辐射　　不得不承认，虽然在组建团队之初，每一个共同体的成员禀赋都基本一致，我们也采取了更具成长性的增值性评价，但几个评价周期下来，仍然会有一些团队始终处于领先状态。这与团队组长的个人领导力与管理经验有着很大的关系。我们可以想办法通过各种途径，让这些优秀组长的成功管理经验向更多组长或团队进行辐射。比如，教师可以邀请优秀组长面向全班进行经验分享，把他们的管理经验以文本形式记录下来，并共享给所有小组；或者邀请优秀组长进入薄弱团队，进行手把手的指导和帮扶。通过这样的方式，教师让优秀团队的成功经验能够在不同的学习共同体中共享和流动，促进其他团队在先进经验的加持下快速实现提升。

No.2：能否对"优秀个体"进行单独奖励？

　　允许个体奖励　　尽管社会化学习倡导基于团队的群体性评价，但考虑到组长包括部分组员有可能会在整个团队的发展过程中，承担更大责任、面临更大挑战，因而在基于评价结果进行奖励时，教师可以根据实际需要，对于那些为整个学习共同体付出更多努力、承担更多任务的学生个体，比如优秀组长或优秀组员，给予单独的奖励。

　　避免重复奖励　　为了避免奖项都集中于几个人，在对优秀的学生个体进行奖励时，教师要尽量避免优秀团队和优秀个体重合，即原则上，被评为优秀团队后，该团队的组长和组员不再单独接受奖励，而将机会留给那些虽然整个团队未能获奖，但作为组长或组员仍然在整个社会化学习过程中做出卓越贡献的个体。

鼓励成果共享　在奖品的使用与分配上，我们鼓励那些获得优秀组长或优秀组员奖励的个体能够将奖品与所在团队的其他成员进行共享。这样的建议既彰显了社会化学习的核心特质——每一个个体成就的取得都离不开群体中其他伙伴的支持与帮助，也为下一阶段整个团队能够为争取获得优秀团队而通力协作奠定基础。

💡 创意 ▶ "基于评价结果进行奖励"创意应用

No.1："升旗台前"的颁奖典礼

存在问题　基于团队的群体性评价让很多薄弱学生有机会站在领奖台上，接受他们整个小学生涯中的第一次重要奖励。这样的制度设定本身就是一次重要的进步，让很多长期被边缘化的孩子能够被看见，能够有机会站在舞台的正中央。然而，这些薄弱学生若想在更大层面上被看见、被发现、被激励，显然还缺乏相应的契机和平台。

创意方法　教师可以尝试将班级每月一次的"社会化学习"颁奖典礼，搬到全校的国旗台前，让每周一次的升旗仪式的负责人员改为由某个班级获奖的学习共同体来担任。具体分为如下三个步骤。

首先是**公示规则**　利用学期初解读评价制度的契机，将这份独特的颁奖典礼创意，提前告知每一个团队，明晰要求和规则，明确说明符合怎样的条件才能够代表班级承担升旗仪式的光荣使命，比如连续三次获评优秀小组，或是学期结束时积分名列第一，等等。

其次是**组织遴选**　根据之前公布的具体规则，将符合要求的学习共同体遴选出来，宣布其获得承担升旗任务的资格。

最后是**实施颁奖**　通过与学校大队部协商沟通，利用本班实际承担的升旗仪式时间，由被选中的学习共同体代表全班学生在全校师生面前完成升旗仪式，完成这份具有特殊意义的"颁奖典礼"。

效果评估　这份独具创意的"颁奖典礼"让很多在原有评价规则中可能永远无法登上升旗台的学生，拥有了他们学习生涯中真正的高光时刻，也让团队中的每一个成员真正意识到团队的力量，体会到团队协作、抱团前行给个体带来的巨大荣誉。这样的创意，让更多普通而平凡的学生看到了未来的无限可能和希望，也真正点燃了他们团结协同前行的热情。

No.2：面向全体学生征集"创意奖品"

存在问题　随着社会化学习群体性评价制度的不断推进，教师的奖励方案总有"才思枯竭"的那一刻。如何拥有更多富有创意的新点子、新举措，让评价和奖励保持新鲜和活力，是摆在教师面前的新挑战。

创意方法　教师可以充分发挥学生个体或群体的创意，鼓励学生亲自参与到"创意奖品"的征集过程中来。具体可分为如下几个步骤。

首先是创意征集　面向全体学生或学习共同体，向他们征集"学生心目中最受欢迎的10种创意评价奖品"，鼓励学生打开想象力、放飞创造力，通过群策群力、集思广益，为教师提供更多有意思、有意义、有创意的奖品方案。

其次是创意评选　从学生个体或群体提交的创意奖品中，通过投票、海选、现场PK等方式，评选出最受学生欢迎的10种创意奖品，并给予相应的积分奖励。

最后是邀请颁奖　在今后的颁奖典礼中，凡是运用到了哪个学生或哪个学习共同体的颁奖创意，在具体颁奖过程中，可以邀请其作为神秘的颁奖嘉宾，参与到整个颁奖过程中来，让其亲眼见证自己的创意是如何给获奖学生带来惊喜、鼓舞和激励的。

效果评估　事实证明，学生的创意是无穷无尽的。通过这样的创意奖品方案征集，源源不断的优秀奖品由学生个体或群体创造出来。这样的"创意众筹"，既解决了教师创意枯竭的现实困境，又极大地激发了学生的创造性，为群体性评价制度的创意实施打开了新局面，提供了新思路。

🔗 **链接** **"基于评价结果进行奖励"重要资源**

链接1："社会化学习"创意奖励办法20例

"社会化学习"创意奖励办法20例

序号	创意奖励办法	序号	创意奖励办法
1	全组同学享受一次老师的做饭手艺	11	获得家长会上面向全体家长进行学习经验分享的机会一次
2	获得一张小组作业免写卡	12	获得老师手绘或特别定制的奖状
3	陪老师养的宠物玩10分钟	13	班会课上选择自己最喜欢的游戏带大家一起玩
4	听班上任意同学唱一首自己最喜欢的歌	14	在老师的微信朋友圈获得附照片表扬的机会一次
5	连续三次获得优秀小组奖励，可以保留一枚获奖奖牌	15	享受老师亲手制作的早餐三明治一个
6	接受班里任意5名同学的花式夸奖一次	16	获得看到老师小时候照片两张的机会一次
7	和老师一起批改一次作业	17	被老师在全班面前打电话给家长表扬一次
8	表扬原因张贴在板报上，保持一周	18	学校大屏幕配图滚动表扬一次
9	给家长发一封表扬信（寄到家长工作单位）	19	得到一张校长签名的表扬卡
10	拥有一张一日组长券	20	和校长一起清晨挂牌总护导巡视校园一次

创意：南京市小营小学六（2）班全体学生

整理：南京市小营小学宋洁老师

链接2："社会化学习"零成本奖励办法30例

	"社会化学习"零成本奖励办法30例		
序号	零成本奖励办法	序号	零成本奖励办法
1	小组合影成为班级电脑屏保（壁纸）一周	16	获得由老师代替写学习单的机会一次
2	获得和任课老师合影的机会一次	17	成为临时班长一日
3	获得晨会为同学们讲课的机会一次	18	在家长会上获得个人配图表扬的机会一次
4	和任课老师在走廊的阳光下共进午餐一次	19	午休时间向全班展示个人才艺一次
5	去学校的图书馆安静看书一整节课	20	获得代表班级于周一晨会领取奖励的机会一次
6	在班级群里获得配图表扬一次	21	获得周末给同学们出一道挑战题的机会一次
7	请老师亲自送自己回家一次	22	获得和老师一起周末户外散步的机会一次
8	获得为全班同学布置当天作业的机会一次	23	获得与最喜欢的老师拥抱的机会一次
9	成为任课教师的贴身小助手一天	24	在班级过一次生日，由全班一起庆祝
10	免除当日值日任务一次	25	获得测验前由老师单独"划重点"的机会一次
11	邀请全班同学午餐时间看电影20分钟	26	午休期间自由安排校园时光一次
12	获得早读时间担任全班领读员的机会一次	27	获得早上被老师接到学校的机会一次
13	获得晨练和放学路队举班牌的机会一次	28	小组合影照片成为班级群头像一周
14	与好朋友的合影成为班级电脑桌面一天	29	替老师选微信头像，要求至少使用一周
15	自由选择同桌的机会一次（限一周）	30	去体育馆自由活动一节课（保证安全）

创意：南京市小营小学六（2）班全体学生

整理：南京市小营小学宋洁老师

复盘 "基于评价结果进行奖励"要点回顾

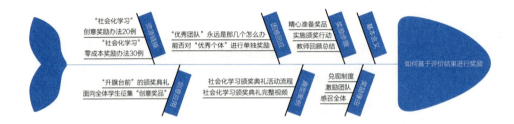

互动 "基于评价结果进行奖励"互动作业

你能为本班学生设计一次群体性评价的"月度颁奖典礼"吗?

第三章

如何设计社会化学习单？

第1节
为什么要设计社会化学习单？

ⓖ 内涵 "社会化学习单"基本含义

社会化学习单是为了满足社会化学习需要而设计的一种特殊的学习单，整合了符合学习目标的一系列相关学习任务，是一种根据学科知识的发生、发展逻辑和学生的心理、认知逻辑，由教师设计出的助力、支持学生完成学科学习任务、达成学科学习目标的学习路径图。

⧆ 价值 "社会化学习单"设计缘由

独立研究的载体　"独立研究"是社会化学习的重要组成部分，而社会化学习单则是学生展开独立研究的重要载体。"独立研究"环节，学生需要独自完成对本课几乎所有基础知识、基本技能、重要方法的认识、理解和完整建构，而现有教材因种种原因无法满足学生独立达成上述预期的需要。设计社会化学习单，就是为了弥补教材在"支持学生独立、完整、持续、高质量地展开学习"方面的不足，通过对学习内容、任务、素材的加工与整合，以符合逻辑的学习任务链，促进学生有效展开独立研究，为课堂中开展有深度的组内共学和质疑深化提供有力支持。

组内共学的路径　对于学习小组而言，在教师基本不介入的情况下，展开长达10—12分钟甚至更长时间的组内共学，显然充满巨大挑战。尤其是，面对由多个学习任务构成的"学习地图"，作为"小导游"的组长决定应该带领他的组员从哪个"大门"开启旅程、途经哪些"景点"着重游玩、在哪个地方结束旅程，都并非容易的事。社会化学习单恰恰为"组内共学"环节提供了清晰的路径规划，让原本充满挑战的"组内共学"变得"有方法可遵循"。

交往共学的资本 "组内共学"本质上是学习共同体中的每一位成员结合学习任务展开的社会交往过程。然而，在传统的课堂上，由于学生之间存在着经验、能力和方法方面的巨大差异，很多学习能力中等的学生或学困生很难和学优生展开真正的对话和交流。在某种意义上，他们并没有与学优生展开交往共学的知识基础。社会化学习单让每一个学生拥有了与他人平等对话的机会与可能。借助课前的独立思考与自我建构，加上必要的资料查询和家庭支持，每一个学生都是带着自己的理解和经验走进"共学场域"的。"组内共学"中，每个人都拥有属于自己的话语权。共学不再只是学优生们的独白或独舞，而是不同学生带着差异化理解展开的平等对话和交流。这恰恰是高品质"组内共学"得以实现的重要前提。

🧭 路径 ▶ "社会化学习单"基本模块

社会化学习单除了一些如姓名、班级等常规、基本的要素外，主要由"我的目标""我的研究""我的评价"三大模块组成。

我的目标 在传统学习单的基础上，社会化学习单增设了"我的目标"模块，将本课中学生需要掌握的学习目标以学生能够读懂、理解、掌握的方式呈现在学习单上。

导航标 它是学生完成社会化学习单的"导航标"，指引学生明确本课学习目标是什么、应该如何达成。

校准仪 它是学生完成社会化学习单的"校准仪"。在独立探索的过程中，学生可以时时以目标为灯塔，校准探索的方向、路径和进程，保证独立研究在正确的轨道上。

复盘器 它也是学生完成学习单后的"复盘器"。结合目标，学生可以更好地对整个学习历程进行回顾、复盘，对是否已经达成目标、还存在哪些问题进行有效反思。

我的研究 "我的研究"是社会化学习单最核心的模块，它承载了本课最基础、最重要、最关键的学习任务，并以一种合乎学科逻辑和学生认知逻辑的方式对任务进行有序编排。

任务群　它是支持学生独立研究的"任务群"，通常由2—3个核心的学习任务和1个提问任务组成。

路径图　它是助力学生有效探索的"路径图"。不同任务之间不是物理学意义上的"并联关系"，而是"串联关系"，任务和任务之间存在着内在的、不可随意更改顺序的逻辑关联。结合社会化学习单编排好的学习任务链，学生可以"按图索骥"，有序、有效展开对本课所有学习内容的探究。

思维场　它也是激发学生深度学习的"思维场"。完成任务只是外部表现，其实际承载着的，是学生对知识的掌握、技能的习得、规律的发现、问题的解决、经验的丰富、方法的总结、思想的沉淀，是学生思维的自由表达。

我的评价　为了体现"教—学—评"一致性，社会化学习单增设了"我的评价"模块，具体表现为1—2个具有评价属性、与本课学习目标和学习内容高度匹配的学习任务。该模块旨在帮助学生在"独立研究"和"组内共学"之后，对本课学习进行有效的自我评估。

质检仪　它是学生完成学习后的"质检仪"。通过对评价任务的完成与反馈，学生可以对自我学习效果进行有效检验和评估。

练习库　它是学生完成学习后的"练习库"，在实现测评目标的同时，帮助学生完成必要的练习巩固。

反思擎　它也是学生完成学习后的"反思擎"。评价任务的完成，可以帮助学生总结经验教训、梳理成败得失、反思问题原因，为后续学习探寻更好的路径。

案例　设计"社会化学习单"典型案例

案例1："平移的再认识"社会化学习单

> "平移的再认识"社会化学习单由南京市玄武区教师发展中心张齐华老师设计，匹配人教版小学数学教科书四年级下册"平移"的教学内容。设计时张老师充分利用了教材中例题、"做一做"、练习题等素材，并对学习任务、学习路径和评价任务等进行了微调。

案例2：《杨氏之子》社会化学习单

> 《杨氏之子》社会化学习单由南京市锁金新村第一小学陶金花老师设计，匹配部编版小学语文教科书五年级下册《杨氏之子》的教学内容。设计时陶老师充分利用了教材中课文、课后学习任务等素材，并对学习任务、学习路径和评价任务等进行了微调。

问答　设计"社会化学习单"困惑回应

No.1：社会化学习单与常规学习单"有什么不同"？

社会化学习单本质上就是一种学习单，只是与常规学习单相比，它具有某些独特的属性。

模块更加多元　常规的学习单，主要由1—2个学习任务构成；而社会化学习单在学习任务的基础之上，还新增了"我的目标"和"我的评价"两大模块，相比而言，学习模块更加多元、学习任务更加完整。

任务更加连续　常规的学习单中，任务与任务之间虽然也有逻辑关联，但任务间的相互衔接通常由教师来引导。但是在社会化学习单中，学生需要从"我的目标"一直贯通到提问环节，任务与任务之间需要由学生自己实现打通，因而在任务设计上教师既需要考虑知识自身的逻辑关系，更要考虑学生的实际认知水平，以帮助学生实现更连续的学习。

"教—学—评"更加一体化　常规的学习单更侧重于"学"本身；而社会化学习单，以"我的目标"为引领和内核，统摄"我的研究""我的评价"，真正实现"教—学—评"三者的一体化。

No.2："不同学科"的社会化学习单有什么联系和区别？

社会化学习理念下的课堂教学，有其相对清晰的课堂框架和操作逻辑，这就决定了语文、数学、英语、道德与法治等学科的社会化学习单，均有其内在的一致性。当然，考虑到学科自身的独特属性，在一些微观层面，社会化学习单也需要彰显学科的差异性。

相似的结构模块　实践研究证实，无论是哪一学科的社会化学习单，"我的目标""我的研究""我的评价"的基本模块构成应该是相对统一的；内含于"我的研究"之中的"我的提问"环节，也是基本一致的。"目标—任务—评价"三者的一致性和一体化的内生逻辑，也是需要明确呈现的。

独特的学科属性　例如，数学学科更侧重概念理解、规则探索、问题解决，其核心任务需要偏向探索类、发现类；而语文学科涉及语言表达、情感体验、文化理解，其核心任务需要偏向字词学习、课文朗读、人文感悟、情感体验等。不同学科的社会化学习单在保证结构相对统一的前提下，可以在局部彰显学科自身的独特属性，让社会化学习单也展现出学科应有的特点。

💡 创意　设计"社会化学习单"创意应用

No.1：学生"自主设计"社会化学习单

存在问题　社会化学习单通常由学科教师设计。学生通常只能根据教师设定好的学习目标、学习路径和评价任务展开独立探索与组内共学，而缺少了深度参与学习目标设定、学习任务选择和编排、评价任务设计的主观能动性和创造性。

创意方法　教师可以在学生完成过一定数量的社会化学习单,积累了大量关于学习单基本构成、学习目标表述、学习任务编排、评价任务设计的经验的基础上,引导学生尝试完成社会化学习单的设计与编制。这一过程可以循序渐进展开,比如可以先鼓励学生借鉴、模仿教师设计的社会化学习单,在借鉴、模仿的基础上再进行独立设计;可以先由学生和教师共同完成社会化学习单的设计,让学生只承担其中的一部分内容,等到时机成熟,再让学生完整参与整份社会化学习单的设计;可以让一小部分学有余力的学生先行尝试,在取得阶段成效的基础上,再引导更多学生参与其中;可以先让学生尝试设计一些学习路径清晰、逻辑链条清爽的社会化学习单,再慢慢过渡到较复杂的学习任务和主题的设计上来。

效果评估　一方面,学生参与设计的主观能动性得到了充分激发,能乐在其中,有时还能表现出超越教师惯性思维的创造性,为教师设计社会化学习单提供新的创意和启示;另一方面,参与设计社会化学习单,让学生对学习单的基本构成、每一模块的内涵和价值、学习任务的基本编排等有了更深层次的把握,更为学生后期高品质完成社会化学习单提供了重要启示。

No.2:把教材当作"替代版"社会化学习单

存在问题　设计一份高质量的社会化学习单,对教师而言本身就具有一定的挑战性,同时还需要投入一定的时间、精力和印刷成本。实际上,教材本身自带"学习单"属性,精心选择的学习任务、科学安排的学习路径都使其具备了某种替代社会化学习单的可能。教师如果不能挖掘教材的这一价值,某种意义上也是对教材资源的巨大浪费。

创意方法　教师可以尝试以教材为蓝本,设计"替代版"的学习单。具体分为如下四个步骤。

首先,增设学习目标　学习目标由教师统一提供,学生可以摘录于教材,也可以直接打印后贴在教材上(见下图)。

其次，**优化学习任务**   对于部分不能支持学生有效开展独立研究的学习任务，教师可以统一引导学生在教材中对相关任务进行调整、整合、修改和完善。

再次，**补充自主提问**   教师鼓励学生在教材适当的位置提出个性化的问题。

最后，**精选评价任务**   在例题后面配套的练习题中，教师引导学生统一圈出适量的学习任务作为"我的评价"。

通过以上四步，一份以教材为蓝本，基于少量增补、修改、完善的社会化学习单就初具雏形了。

效果评估   通过反复的实践检验，这种以教材为蓝本的"替代版"学习单不仅可以实现，而且设计成本较低。相较于专门设计的社会化学习单，它的使用效果也未出现巨大落差。更重要的是，教材中由专家团队科学设计好的学习任务和学习路径，某种意义上避免了教师设计社会化学习单时的盲目性和随意性，保障了学习任务的精准性和合理性。

🔗 链接 〉设计"社会化学习单"重要资源

链接1："小数除以小数"学生版社会化学习单

　　"小数除以小数"社会化学习单由南京市锁金新村第一小学五（2）班李佳宸学习小组共同设计，匹配苏教版小学数学教科书五年级上册第69—70页教学内容。设计时小组充分利用了教材中例题、"练一练"等素材，并对学习任务、学习路径和评价任务等进行了适当微调。

链接2："稍复杂的分数乘法实际问题"教材替代版社会化学习单

　　"稍复杂的分数乘法实际问题"社会化学习单由南京市锁金新村第一小学姚晶晶老师设计，匹配苏教版小学数学教科书六年级上册第78—80页教学内容。该学习单通过在教材文本中增设学习目标、优化学习路径、补充学生提问和精选评价任务等设计而成。

🗒 复盘 〉设计"社会化学习单"要点回顾

互动 设计"社会化学习单"互动作业

设计社会化学习单，教师面临的最大挑战是什么？

第2节

如何设计"我的目标"？

⊙ 内涵 "我的目标"基本含义

"我的目标"是社会化学习单的重要组成部分，是对学生完成学习单后应该达成的预期学习结果的描述。"我的目标"不同于通常意义上的教学目标，从文本表述上看，它更偏重于知识与技能目标，更能真正发挥对学生独立完成学习单、有效开展组内共学的清晰导向与有效引领作用。

⊗ 价值 "我的目标"设计缘由

让学习有方向　没有对目标的清晰认知，学生就不可能有真正意义上的自主学习。传统的课堂上，教学目标写在教师的备课本上，藏在教师的教学预设中，学生对此并不知情，他们只能在教师的带领下"亦步亦趋"完成学习指令，既不知道自己要达到什么目标、如何达到目标，也无法判断自己是否已经达到目标、离目标还有多远。社会化学习单将学生每一课的学习目标以他们能够读懂、理解的简要文字呈现出来。学生通过对"我的目标"的解读，可以清晰了解这节课需要达成的目标和达到目标的路径，学习自然就有了明晰的方向。

让反思有参照　无论是"独立研究"环节，还是"组内共学"环节，结束之后，学生都需要对之前的学习进行反思。清晰表述的"我的目标"，恰恰可以成为学生独自或学习共同体共同展开反思行动的重要参照。对照"我的目标"，学生可以清楚地知道，哪些学习目标自己已经达成或初步达成；哪些目标离达成还有一定的距离，需要自己在接下来的学习中进一步努力去实现。社会化学习单"我的目标"的设计，让原本不可观测、难以捉摸的反思性学习行为，有了清晰的参照。

让评价有标准   评价是学生学习的重要组成部分。无论是"独立研究"后学生对自我学习情况的评价，还是"组内共学"后同伴之间相互展开的评价，都需要一个清晰、明确的标准。好或者不好、成或者不成，不能只是一种主观的臆断，而应该是一种基于标准的客观评判。社会化学习单增设"我的目标"栏目，就是为了让学生在展开自评和他评时，有"标"可依、有"准"可对。清晰表述的"我的目标"，大大增强了学习评价的信度和说服力，让评价有力撬动学生的学习。

📍 路径 "我的目标"设计步骤

设计社会化学习单"我的目标"栏目，可以按照搬、选、改三个基本步骤展开。

搬   教师教学用书中，有对单元或课时目标的准确表述，这是设计"我的目标"的重要资源。我们可以直接将教师教学用书中的单元或课时目标"搬"到社会化学习单中来，作为"我的目标"的原始素材。比如，下表就是苏教版小学数学教科书五年级下册教师教学用书中"圆的认识"一课所在单元的单元目标，我们可以直接借用过来，为后面的目标优化奠定基础。

> 1. 使学生在观察、画图、测量和实验等活动中感知并发现圆的有关特征，知道什么是圆的圆心、半径和直径，能用圆规画指定大小的圆；初步认识扇形，知道什么是弧和圆心角，知道同一个圆里扇形的大小与圆心角有关；会应用圆和扇形的知识解释一些日常生活现象或解决一些简单的实际问题。
> 2. 使学生经历操作、猜想、测量、计算、验证、讨论和归纳等数学活动过程，了解圆周率的含义，熟记圆周率的近似值，掌握圆的周长和面积公式，能应用公式解决相关的实际问题。
> 3. 使学生在活动中进一步积累认识图形的学习经验，体会等积变形、转化等数学思想方法，增强空间观念，感受数学文化，发展数学思考。
> 4. 使学生进一步体验图形与生活的联系，感受平面图形的学习价值，提高数学学习的兴趣和学好数学的自信心。

选　教师教学用书中的教学目标，既包含知识技能目标，也包括过程方法目标、问题解决目标和情感态度目标；而社会化学习单中的"我的目标"通常只需要呈现相对显性的、学生容易理解和把握的知识技能目标，而暂时"战略性忽视"另外几个维度相对更内隐、更抽象的学习目标。因而，我们可以对"搬"过来的教学目标进行遴选，保留下具体的、学生容易把握的知识技能目标。比如，上述目标中，"使学生在活动中进一步积累认识图形的学习经验，体会等积变形、转化等数学思想方法，增强空间观念，感受数学文化，发展数学思考""使学生进一步体验图形与生活的联系，感受平面图形的学习价值，提高数学学习的兴趣和学好数学的自信心"显然属于过程方法、问题解决与情感态度目标；而"初步认识扇形，知道什么是弧和圆心角，知道同一个圆里扇形的大小与圆心角有关；会应用圆和扇形的知识解释一些日常生活现象或解决一些简单的实际问题""了解圆周率的含义，熟记圆周率的近似值，掌握圆的周长和面积公式，能应用公式解决相关的实际问题"虽然是知识技能目标，但并不属于本课需要达成的目标；我们只需要选择"搬"来的目标中的"使学生在观察、画图、测量和实验等活动中感知并发现圆的有关特征，知道什么是圆的圆心、半径和直径，能用圆规画指定大小的圆"，作为"我的目标"中的重要素材。

改　经过遴选的目标，尽管是学生相对容易理解和把握的，但毕竟属于教学目标，离学生所需要的"学习目标"还有相当大的距离。我们需要从如下三个方面对目标进行改造。

从教师视角转向学生视角　我们需要把以教师为主体的目标转换为以学生为主体的目标，将"引导……"的目标表述转换为"能够……"的目标表述。

从学术表达转向通俗表达　我们需要将基于专家视角、学术视角的目标表述，翻译成通俗易懂的、学生能够轻松理解的目标表述。

从描述性目标转向可测评目标　我们需要对选定的学习目标进行最后的"可测评"转换，让一些主观的、模糊的目标表述更加客观化、清晰化、精确化，为学生的自我评价、团队互评提供切实保障。

比如，上述经遴选后保留下来的目标，通过以上三个维度的改造，就可以变成如下页所示的学习目标。

1．在观察、画图等活动中初步认识圆，知道什么是圆的圆心、半径和直径，能用圆规画指定大小的圆。
2．知道同一个圆内半径和直径有多少条、它们之间有怎样的关系，知道圆有多少条对称轴。

这样的目标表述，通过"搬"自教师教学用书，保证了它的准确性和权威性；通过"选"保留了学生容易理解和把握的知识技能目标；又通过科学合理的"改"，让其以独特的学生视角、通俗易懂和可评可测的语言表达，满足了社会化学习单对"我的目标"的要求。

案例 设计"我的目标"典型案例

案例1："正数和负数"学习单"我的目标"设计

1．知道什么是具有相反意义的量，会用正数和负数表示具有相反意义的量。
2．能正确读、写正数和负数，知道正数前面的"+"号可以省略不写。

内容：苏教版小学数学教科书五年级上册第1—2页例题、"练一练"

设计：南京市玄武区教师发展中心张齐华老师

案例2："分数乘整数"学习单"我的目标"设计

> 1. 知道分数乘整数表示的含义，能正确计算分数乘整数。
> 2. 计算分数乘整数时，掌握先化简再计算的简便方法。
> 3. 能结合计数单位，沟通整数乘整数、小数乘整数和分数乘整数之间的联系。

内容：苏教版小学数学教科书六年级上册第28—29页例题、"练一练"

设计：南京市玄武区教师发展中心张齐华老师

问答 设计"我的目标"困惑回应

No.1：为什么"我的目标"要"弱化隐性目标"？

很多教师或许难以理解社会化学习单中对诸如过程方法、问题解决与情感态度等隐性教学目标的弱化，甚至觉得这是对育人导向下核心素养目标的一种偏离，是课堂教学过度知识化和技能化的一种倾向，是对新课程、新课标理念的一种背离。我们团队通过反复实践研究，最终做出这样的选择，主要是基于如下几点考量。

功能定位不同 教学目标服务于"教师的教"，它必然要兼顾学科教学需要达成的每一个维度的目标，力求全面、立体，体现素养导向。"我的目标"是社会化学习单中的组成部分，它主要侧重于引领、校准、评价学生的"独立研究"与"组内共学"，因而自然就更偏向于学生能够理解、把握的知识与技能目标。

体现务实原则 过程方法、问题解决和情感态度目标，相较于知识技能目标更加内隐、更加抽象，其内涵也较难为学生所理解和把握。即便我们将其写入"我的目标"之中，学生也可能无法真正读懂这些目标的内涵，致使相关目标无法真正引领、校准学生的独立或团队学习。本着务实求真的基本原则，我们选择将其暂时隐去，保证写入"我的目标"中的每一段文字学生都能够理解和把握，真正实现以目标引领学生有效学习的初衷。

No.2：那些被隐去的"重要目标"怎么办？

如前文所述，那些暂时被隐去的目标，并非被我们所忽视、所遗弃，它们仍旧在教师的教学预设里，依然是完整的学科学习所需要达成的刚性目标。我们可以通过如下几个渠道，让这些重要的目标回归课堂。

教师备课时"找回" 在学生的社会化学习单中，这些过程性、情感性目标或许临时缺席，但在教师对课堂教学的整体规划中、在教师的备课本上，这些目标不仅在，而且还置身于比知识技能目标更重要的位置。

学生学习时"感悟" 写在纸上的，未必能够走入学生的心里。我们鼓励学生通过深入的"独立研究"，在探索、发现、思考、表达的过程中，感受思维的乐趣和魅力，感悟学习的价值；我们引导学生在持续的"组内共学"中，通过与同伴之间的分享、对话、互动和交往，领悟相互支持、相互鼓舞的人文情怀。那些在纸上被我们"选择性丢掉"的隐性目标，都将在我们为学生规划的生动学科实践中，让学生有所经历、有所感悟、有所发现。

质疑深化时"夯实" 基于小组提问的"质疑深化"环节，是师生思维与情感共舞的大舞台。在提问质疑中，学生的批判性思维得以彰显；在生生互动中，学生的社会情感得以生发；在板书生成中，学生的结构化思维得以建构；在彼此的欣赏、认可、点赞和激励中，学生的必备品格和正确价值观得以确立。

💡 创意 ▶ 设计"我的目标"创意应用

No.1：在"我的目标"中增设"自评栏"

存在问题 尽管"我的目标"通过必要的"搬—选—改"，已经由原来的教师立场下的学术性表述，转换为学生视角下的通俗性表达，但是，为了让这些"学习目标"真的被学生看见，进而让"学生的看见"被同伴再看见，我们还需要对"我的目标"进行一些适当的加工与改造。

创意方法 教师可以在"我的目标"每一小点的表述旁增加一个"□"，作为学生的自评栏。小小的"□"进一步分割了每一条目标，使其"颗粒度"更细，更容易为学生所把握。同时，"□"的设定，又可以为学生"独立研究"

和"组内共学"后回扣、审核、对标目标，提供有力的"脚手架"。对于已经达成的学习目标，学生可以在"□"里画"√"；对于尚未达成的学习目标，学生可以在"□"里画"×"；对于充分达成的学习目标，学生还可以在"□"里画"☆"。这样处理后，目标达成情况一目了然。学生可以很好地在"独立研究"后自我审视目标达成情况；也可以在"组内共学"和"质疑深化"后，通过同伴之间的相互评价，让目标达成情况进一步"可视化"，支持并促进自己和团队的学习。

效果评估　通过一段时间的实践，因为"我的目标"中"□"的设定，更多学生明晰了学习目标的意义和价值，部分学生无视目标、忽视目标、形式化对待目标的情况得以有效改善。学习目标真正成为学生学习重要的、不可或缺的组成部分，成为驱动、引领学生有效开展学习的利器。

No.2：让"我的目标"进一步具象化

存在问题　尽管我们已经对教学目标进行了"搬—选—改"，将基于教师立场、学术化表达的教学目标转换为基于学生立场、通俗化表述的学习目标，然而对于中低年级的学生而言，目标表述仍然离他们的认知和经验有一定的距离。解读和理解目标带来的挑战，直接影响了学生接下来在目标引领下的学科学习。

创意方法　实践过程中，我们探索出一种将"我的目标"进一步具象化的策略。简单讲，该策略就是以更明确、更具象的学习任务来表述相对抽象、一般的学习目标。比如，我们可以将目标表述中"认识长方形和正方形的特点"进一步具象化为"能够从边、角的数量和特点两个方面深入认识长方形和正方形的特点"，将原本略显模糊的研究方向具象化为相对具体的行动路径，让学生学习起来目标更清晰、方向更明确。再比如，我们可以将"认识长方形和正方形的特点"具象化为"能够从一些平面图形中准确辨认出长方形和正方形，并能结合边和角的数量与特点说明理由"，将相对抽象的学习目标具体化为清晰、明了的评价任务，以任务的完成情况表征目标的达成水平。

效果评估　借助这样对目标表述的具象化转换，学生不仅更容易读懂和理解"我的目标"，而且对于从哪些具体的路径实现"我的目标"、以怎样的具体学习任务来评价"我的目标"的达成，也有了更加清晰的把握。

🔗 链接 ▶ 设计"我的目标"重要资源

链接1："百分数的意义"学习单增补版"我的目标"

社会化学习：让每一个学生在学习共同体中学会数学、学会学习、学会交往！

"百分数的意义"学习单

班级＿＿＿＿＿＿　姓名＿＿＿＿＿＿　组号＿＿＿＿

【我的目标】　　　　　　　　　　　　　　补：能在真实的情境中体会百分数产生的

1. 结合具体情境，理解百分数的含义，会读、写百分数。必要性，了解百分数与日常生活的密切联系。

2. 知道百分数可以表示两个量之间的倍数关系，感受百分数方便比较、利于决策等

统计意义。　　　　　在经历整理、分析数据并做出判断的过程中，初步感悟数据的

【我的研究】随机性，感悟百分数的统计意义，逐步形成数据意识，发展应用意识。

内容：人教版小学数学教科书六年级上册第80—81页例题、"做一做"

提供：德州市北园小学曹宁宁老师

链接2："圆的认识"学习单自评版"我的目标"

1. 在观察、画图等活动中初步认识圆，知道什么是圆的圆心、半径和直径□，能用圆规画指定大小的圆□。

2. 知道同一个圆内半径和直径有多少条□、它们之间有怎样的关系□，知道圆有多少条对称轴□。

内容：人教版小学数学教科书六年级上册第55—56页例题、"做一做"

设计：南京市玄武区教师发展中心张齐华老师

复盘　设计"我的目标"要点回顾

互动　设计"我的目标"互动作业

你能结合如下内容为"倍的认识"学习单设计"我的目标"吗？

1. 在操作活动中，获得"倍"概念的直观体验，结合具体情境理解"几倍"与"几个几"的联系，建立"倍"的概念。
2. 能解决"求一个数是另一个数的几倍""一个数的几倍是多少"的实际问题，在解决问题的过程中培养几何直观、渗透模型思想。
3. 培养分析问题和语言表达等能力，感受数学与实际生活的联系。

第3节

如何设计"我的研究"？

ⓖ 内涵 "我的研究"基本含义

"我的研究"是社会化学习单的核心组成部分，是由与教学目标相匹配的若干学习任务按一定的学科知识逻辑和学生认知逻辑构建起的学习任务群。通过完成"我的研究"，学生既可以初步达成本课所有的基础性学习目标，为课堂上的"组内共学"环节奠定基础；还可以在"我的研究"部分提出自己独立研究后产生的新问题，为课堂上的"质疑深化"环节提供全班共同研讨的话题。

ⓢ 价值 "我的研究"设计缘由

实现学习目标的有效载体   学习目标的有效达成，需要通过完成特定的学习任务来实现。设计"我的研究"环节，可以把教材中相关的学习素材和任务以学生能够独立、连续、深度展开探索的方式和路径呈现出来。每一个学习任务的完成，都指向某一学习目标的达成。较好地完成序列化、结构化的学习任务群，可以促进学生完整、有效地达成本课所有的学习目标。

促进独立思考的有效支架   独立思考是学生重要的学习方式，也是关键的学习素养。然而，并非所有的学习材料都可以促进学生有深度、高品质的独立思考。设计"我的研究"，可以将教材中相关的学习材料以更符合学生认知逻辑、更贴近学生经验背景、更有利于学生独立展开探索和思考的方式呈现给学生。结合"我的研究"中所提供的学习任务和相关支架，学生可以对学科材料和任务进行更有效的感知、更深入的分析和更全面的洞察,从而保障有效的独立学习得以发生。

保障连续探索的有力工具　在传统的课堂中,学习任务之间的连续性需要教师维持。教师需要通过必要的观察、评估、引导,在保证学生已经顺利完成前一个学习任务的基础上,引导出下一个学习任务,进而保证学生能够在一个又一个学习任务之间畅通无阻,最终实现全课的教学目标。在社会化学习的课堂中,无论是学生课前的"独立研究",抑或是课堂中的"组内共学",学生均需要在教师弱干预、无支持的前提下,完成对各个任务的连续性探索,这使学生面临巨大挑战。"我的研究"的设计,恰恰充分考虑了每一个学习任务中学生可能面临的挑战,减缓了学生的认知坡度,提供了必要的学习支架,保障学生能够连续地独立完成相关的学习任务链,并共同完成"组内共学"。

🗺 路径 ▶ "我的研究"设计步骤

设计社会化学习单"我的研究"栏目,可以按照搬、改、增、验四个基本步骤展开。

搬　教材是学生学习最重要的载体,为学生学习提供了重要的、经典的学习素材。传统意义上的课堂如此,社会化学习的课堂亦然。设计"我的研究"中的学习任务时,我们应该充分认识到教材作为最重要学习材料、学习资源的战略价值。比如,扫描右图的二维码,我们就能看到苏教版小学数学教科书五年级下册"圆的认识"一课的相关素材;直接把它们整体"搬迁"到社会化学习单上,我们就实现了"我的研究"栏目编制的关键第一步。

改　教材中的学习材料虽然经典,但未必适合学生开展持续性的学习探索。如果学生在某个关键任务上"卡壳",那他们就很难继续完成下面的学习任务,独立研究的过程必然受阻。为此,我们需要分三步走。

教师试做体验　教师把自己还原成一个相应年级的学生,以教材中的任务为载体,尝试完成对系统任务群的持续探究。

寻找研究痛点　在"下水试做"的过程中,教师不可避免会触碰到那些有可能会阻碍学生顺利完成任务探究的痛点和阻点,这些都将成为后面教师改造学习任务的依据。

改造学习任务   根据发现的痛点和阻点，教师可以结合具体的任务属性与阻点特质，有针对性地通过调整任务顺序、优化探究空间、增补任务支架等方式，帮助学生打通任务的阻点和痛点，促进学生连续地完成相关任务的探究。

比如，教材中的任务1要求学生在白纸上画一个圆。考虑到学生有可能仅仅满足于用某一特定方法画出一个圆，而不再主动探索其他的画圆方法，我们通过提供如下表所示的任务支架和要求，鼓励学生至少用三种不同的工具和方法尝试画圆，帮助学生积累更丰富的画圆经验，为后续学习奠定基础。

想办法画一个圆，并写下画圆的方法。		
我用____画的圆：	我用____画的圆：	我用 圆规 画的圆：
我的方法：	我的方法：	我的方法：

再比如，教材中的任务1还指向圆的各部分名称及其字母表示。考虑到这部分内容属于数学中的规定性内容，适合以"告知"的方法展开，因而我们直接沿用了教材中的原素材，未做任何的加工与调整，让学生通过读一读、圈一圈，自学相关的学习内容。

教材中的任务2则指向圆的半径、直径的特征，这是本课的核心学习任务，也是整合了大量知识点的综合性学习任务。如果直接搬用教材中的任务表述，学生很难有序、有效地完成对每一个知识点的深度探索与思维表征。

因而，我们对这一综合性学习任务进行了拆解，并为每一个拆解后的子任务提供了如下图所示的具体任务支架。通过这样的学习任务改造，原本封闭的学习任务变开放了，原本复杂的学习任务变清晰了，原来结论导向的学习任务也更容易引导出学生的思维表征了。这些都是"改造"教材中的学习任务给学生带来的研究便利，也为学生持续性的任务探究提供了可能。

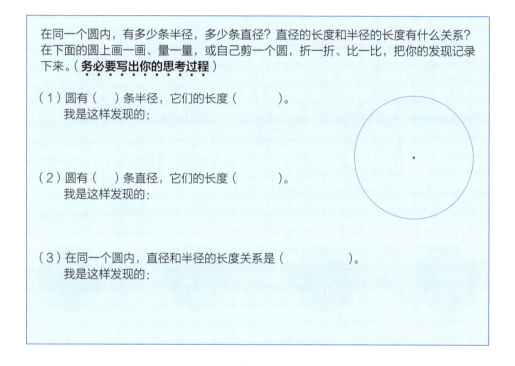

在同一个圆内，有多少条半径，多少条直径？直径的长度和半径的长度有什么关系？在下面的圆上画一画、量一量，或自己剪一个圆，折一折、比一比，把你的发现记录下来。（**务必要写出你的思考过程**）

（1）圆有（　　）条半径，它们的长度（　　　　）。
　　 我是这样发现的：

（2）圆有（　　）条直径，它们的长度（　　　　）。
　　 我是这样发现的：

（3）在同一个圆内，直径和半径的长度关系是（　　　　　　）。
　　 我是这样发现的：

增　教材中既定的学习任务和素材，更关注学习中知识技能目标与过程方法目标的达成。社会化学习的课堂教学显然不能止步于此。为此，我们可以通过新增学习任务，帮助学生深挖学科本质，体会学科深层的思维与思想；帮助学生建立知识结构关联，在新知与旧知、此知与彼知之间构建完整的认知框架；帮助学生夯实核心素养，结合适切的学习任务将学科关键能力落到实处。比如，对于数学学科"百分数的意义"一课，我们在整体搬迁教材学习任务的基础上，增设了如下页表所示的学习任务。通过对总数、平均数和百分数进行横向比较与勾连，学生能真正将百分数作为一种重要的统计量，纳入统计的范畴，落实了《义务教育数学课程标准（2022年版）》对百分数这一内容所提出的新要求。

解决下面三个问题,哪一个要用到平均数?哪一个要用到百分数?哪一个要用到总数?先在"(   )"里填一填,再写出你的理由。

(1)六(1)班和六(2)班,哪个班在"保卫紫金山"活动中捡的塑料瓶更多?	(2)六(1)班和六(2)班,哪个班100米跑步的优秀率更高?	(3)六(1)班和六(2)班,哪个班的男生整体身高更高?
( )	( )	( )

验　根据前面"搬—改—增"的步骤,我们基本完成了对"我的研究"学习任务的设计。然而,设计后的学习任务是否与之前设计的"我的目标"高度匹配?改造、调整、创新与拓展学习任务的同时,我们有没有偏离本课预设的"学习目标"?我们需要把"搬—改—增"后确定的学习任务与"我的目标"进行比对。一旦发现"我的研究"中的相关任务与"我的目标"出现失调与不匹配的问题,我们就需要对相关学习任务进行调整,直到任务与目标完全匹配,真正实现"教—学—评"的内在一致。

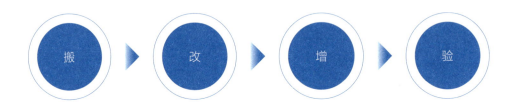

案例　"我的研究"典型案例

案例1:"正数和负数"学习单"我的研究"设计

【我的研究】(课前完成)
1. 下页图中,海口最低气温是零上(   )℃,哈尔滨最低气温是零下(   )℃。零上温度和零下温度是一对具有**相反意义的量**。(℃读作摄氏度)

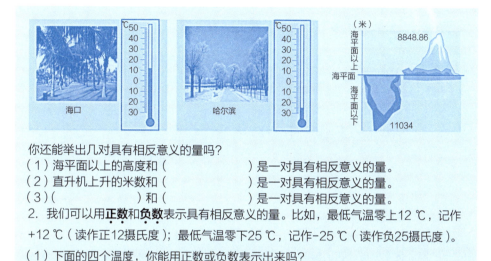

你还能举出几对具有相反意义的量吗？

（1）海平面以上的高度和（　　　　　　　　　）是一对具有相反意义的量。

（2）直升机上升的米数和（　　　　　　　　　）是一对具有相反意义的量。

（3）（　　　　　　　　）和（　　　　　　　　）是一对具有相反意义的量。

2. 我们可以用**正数**和**负数**表示具有相反意义的量。比如，最低气温零上12℃，记作 +12℃（读作正12摄氏度）；最低气温零下25℃，记作-25℃（读作负25摄氏度）。

（1）下面的四个温度，你能用正数或负数表示出来吗？

零上12℃　　　　零下5.5℃　　　　零上16.5℃　　　　零下42℃

（2）珠穆朗玛峰比海平面高8848.86米，马里亚纳海沟比海平面低11034米。你能用正数和负数表示这两个海拔高度吗？写一写，并写下你的思考过程。

（3）像+12，+20，…这样前面有"+"（正号）的数都是正数，像-25，-5.5，… 这样前面有"-"（负号）的数都是负数。正号可以省略，比如+20可以写作20，但负号不可以省略。你还能写出一些正数和负数吗？在下面的圈里写一写。

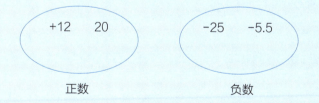

正数　　　　　　　　　　　　　　负数

3. 对于今天的学习内容，你还能提出什么问题？

内容：沪教版小学数学教科书五年级下册第10—12页教学内容

设计：南京市玄武区教师发展中心张齐华老师

案例2："分数乘整数"学习单"我的研究"设计

【我的研究】（课前完成）

1. 小雅、爸爸、妈妈一起吃蛋糕，每人吃 $\frac{2}{9}$ 个，3人一共吃多少个？

$$\underline{\hspace{2em}} \times \underline{\hspace{2em}} = \underline{\hspace{2em}}（个）$$

（1）先列出乘法算式，再用不同的方法来计算。

方法1：	方法2：	方法3：

（2）计算分数乘整数，有时能够先约分再计算（见下图）。先计算出结果后再约分，和先约分再计算，你更喜欢哪一种方法？为什么？

$$\frac{2}{9} \times 3 = \frac{\overset{1}{2 \times 3}}{\underset{3}{9}} = \frac{2}{3}（个）$$

（3）你能结合**计数单位**，找一找整数乘整数、小数乘整数和分数乘整数之间的联系吗？先想一想，再写一写。

300×4：表示3个百乘4等于12个百，所以是1200。

0.6×4：表示6个0.1乘4等于24个0.1，所以是2.4。

$\frac{2}{11} \times 4$：

它们的联系是：

2. 算一算。（能约分的，记得先约分）

$$\frac{2}{15} \times 4 = \underline{\hspace{2em}} = \qquad \frac{5}{12} \times 8 = \underline{\hspace{2em}} = \qquad 2 \times \frac{3}{4} = \underline{\hspace{2em}} =$$

3. 分数与整数相乘，是怎样计算的？把计算方法写下来。（可以用文字，也可以用字母）

4. 对于今天的学习内容，你还能提出什么问题？

内容：人教版小学数学教科书六年级上册第2页例题、"做一做"

设计：南京市玄武区教师发展中心张齐华老师

问答 "我的研究"困惑回应

No.1：学习支架的提供会不会"限制学生思维"？

社会化学习单中"我的研究"环节，与常规学习单中的"研究任务"相比，表现出更多元、更频繁的支架支持。这常常会引发老师的担忧——大量支架的提供，会不会限制学生的思维？我们的观点是，只要操作得当，支架并不会限制学生的思维，有时甚至还会支持和促进学生思维的高阶发展。

满足绝大多数学生的独立学习 课堂教学不应该是少部分学习成绩优秀生的独唱，每一个学生，尤其是班级中大量的学习成绩中等的学生与学困生同样需要有参与、发声的机会。学习支架的及时介入，可以帮助中等生和学困生有机会在独立探索的过程中不至于因为经验和能力的限制，而丧失对学习任务有效探索的机会，进而影响其对新知意义的建构。支架，让每一个学生都拥有"通关"学习任务、抵达知识高峰的机会和可能。

连续性学习需要提供足够支架 "我的研究"中的任务与任务之间存在逻辑关联，前一个任务的受阻有可能会让后一个任务难以展开。为此，在关键的学习任务处提供足够的支架，恰恰可以有效帮助学生扫清学习障碍，为学生连续性的学习探索打通痛点和阻点。

鼓励学优生超越支架自由探索 不得不承认，在兼顾中等生与学困生的学习体验时，高频度的支架支持，的确会让学优生的学习空间被窄化，无形之中影响了这些学生的学习品质。为此，我们鼓励学优生要善用支架，但又不能局限于支架，而要敢于打破支架的束缚，在更广阔的舞台和空间里思考与探索，拓展他们的思维。

不断减少支架以逐渐打开学习空间 当然，为"我的研究"中的学习任务提供学习支架，是社会化学习实践过程中的阶段性现象。随着学生探索经验的不断丰富，以往"我的研究"中提供的学习支架，会慢慢沉淀为学生探索挑战性问题的宝贵经验。当学生的经验积累到一定程度，他们的学力也发展到一定程度时，相应的学习支架会逐步减少，并慢慢不再被提供给学生。到那个阶段，除了学优生外，中等生与学困生也有可能凭借其丰富的学习阅历与强大的学习能力，在面对挑战性学习任务时，自主建构学习方法和策略，实现问题的解决。随着支架的逐步减少，"我的研究"的学习空间将不断被打开，每一个学生都将获得更开放、更富挑战性、更自由的学习机会和体验。

No.2：同样的"我的研究"如何满足不同学生的需求？

在社会化学习的课堂上，我们会为每一个学生设计几乎一样的学习单，其中最核心的"我的研究"学习任务也基本保持一致。这样的设定会不会无法满足不同层次学生的差异化需要？这是很多教师在开展这项教学活动时，都会遭遇的困惑。对此，我们给出如下解释。

完成标准可以有差异　尽管是同样的学习单，我们完全可以鼓励不同水平的学生按不同的标准来完成。比如，我们鼓励学困生能够认真完成每一项学习任务；鼓励学习成绩中等的学生既给出结论，更要给出思考的过程；至于成绩优秀的学生，则鼓励其就同一个问题要给出多样化的、创造性的、独特的方法。差异化的完成标准，可以让同样的"我的研究"任务满足不同层次学生的差异需求。

目标定位可以有差异　即便是按同样的标准完成"我的研究"，不同水平的学生也可以有不同的目标定位。学困生可以定位于成功完成任务的探索，中等生可以定位于准确表达自己的观点，而成绩优秀的学生可以定位于助力同伴完成知识的理解和建构。从"做"到"说"再到"教"，差异化的目标定位，同样可以满足不同学生的学习需求。

💡 创意 ▶ "我的研究"创意应用

No.1：以"结论先行"打通学习障碍

存在问题　以数学学科为例，对于有些学习任务，如果按照教材的编排逻辑，学生很难在教师不及时支持、介入、引导的情况下，流畅地完成对整个任务链的连续性建构。

创意方法　面对这种情况，我们通常会选择以"结论先行"的策略，助力学生打通学习障碍。比如，人教版小学数学教科书四年级上册"平行与垂直"一课，呈现的是"画线—分类—概括"的学习路径（扫描二维码可阅读相关内容），这样的学习逻辑建立在全班学生共同讨论的基础之上。同一个班级，总有一些学生会给出符合教材预设的分类标准，教师只要准确找到这些学生，以他们的答案为例，就可以引导全班学生的学习顺利开展。然而，当学生独自一人开展"我的研究"时，就不可避免存在部分学生的分类标准无法导向最后的"平行"或"垂直"概念。此时，教师选择"结论先行"的思路，将原本学习中后段才会呈现的结论提前呈现给学生（见下图），将原来"材料—建构—结论"的学习逻辑转换为"结论—材料—辨析"的学习逻辑，显然就能够很好地解决上述问题，为学生的持续性独立研究打开新局面。

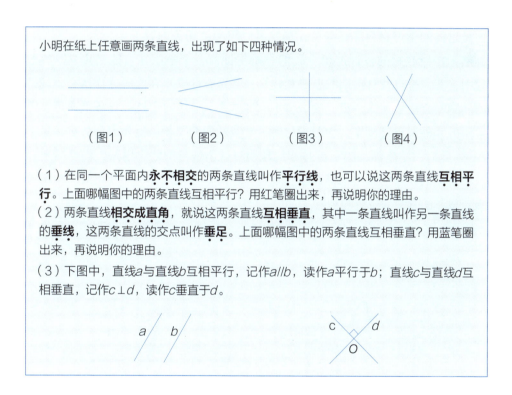

效果评估　实践证明，在必要时运用"结论先行"策略重构学习任务，原本容易受阻的学习路径一下就顺畅起来。无论是学生课前的"独立研究"，还是课内的"组内共学"，"结论先行"的策略都给社会化学习课堂中一些特殊的学习任务提供了全新的设计路径，也取得了显著的实践效果。

No.2：将"学生观点"融入学习路径

存在问题   在传统的课堂中，有些学习内容需要通过学生的个性化表征，并结合学生多样的观点，在互动、交流和对话中实现知识的建构。但这样的学习逻辑，在社会化学习的课堂上，尤其是在课前的"独立研究"和课内的"组内共学"中，都将面临巨大挑战。

创意方法   面对这种情况，我们通常会选择将"学生观点"融入学习路径的方式，助力学生打通学习障碍。比如，苏教版小学数学教科书五年级上册"用字母表示数"一课，提供的是这样的学习材料和任务（扫描二维码可阅读相关内容）。

显然，按照教材的设计逻辑，我们很难保证每一个学生在"独立研究"的过程中，获得符合教材预期的思考和建构；甚至有些学生在面对这样富有挑战性的问题时会茫然无措。我们尝试将平时课堂中，学生对于这一任务最典型、最常用的几种观点直接作为学习素材融入"我的研究"相关的学习任务中（见下图），此时，学生面临的不再是如何建构对这个任务的解决思路，而是需要在这些常见的观点中做出选择并阐述观点，进而在比较与分析中获得对"用字母表示数"的意义的理解与把握。

小明用同样的小棒摆三角形。摆1个三角形用3根小棒，摆2个三角形用6根小棒，照这个样子一直摆下去。

思考：三角形的个数和小棒的根数有什么关系？如果用一句话来概括它们的关系，你觉得下面的哪一句话最合适？为什么另外几句不合适？把你的想法写下来。

（1）摆3个三角形用了9根小棒。
（2）摆很多个三角形用了很多根小棒。
（3）摆n个三角形用了$n \times 3$根小棒。
（4）摆a个三角形用了b根小棒。

效果评估   实践证明，在必要时运用将"学生观点"融入学习路径的策略，也可以将原本容易受阻的学习路径轻松打通，让学生从"开放情境—多元

表征—建构认知"的学习逻辑转向"多元观点—辨析比较—建构认知"的全新学习逻辑。学生并没有因为"他人观点"的提前"剧透"而弱化了思维；相反，在比较、辨析、阐述的过程中，学生依然需要运用深度思维，并借此建构起对新知意义的深度理解。

🔗 链接▶"我的研究"重要资源

链接1："分数的基本性质"学习单"我的研究"设计（组长专属版）

"分数的基本性质"社会化学习单"我的研究"（组长专属版）由南京市南站小学满斌老师设计，匹配苏教版小学数学教科书五年级下册第66—67页和第69页教学内容。设计时满老师充分利用了教材内容，以"搬—改—增—验"为基本路径，并在设计过程中为组长量身定制了"组内共学"的支架。

链接2："分数的基本性质"学习单"我的研究"设计（组员专属版）

"分数的基本性质"社会化学习单"我的研究"（组员专属版）由南京市南站小学满斌老师设计，匹配苏教版小学数学教科书五年级下册第66—67页和第69页教学内容。设计时满老师充分利用了教材内容，以"搬—改—增—验"为基本路径，并在设计过程中为组员量身定制了"组内共学"的支架。

复盘 "我的研究"要点回顾

互动 "我的研究"互动作业

你能结合如下内容为"图形的旋转"学习单设计"我的研究"吗?

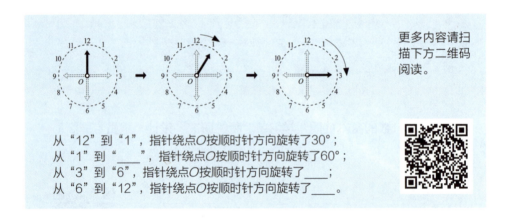

从"12"到"1",指针绕点 O 按顺时针方向旋转了30°;
从"1"到"____",指针绕点 O 按顺时针方向旋转了60°;
从"3"到"6",指针绕点 O 按顺时针方向旋转了____;
从"6"到"12",指针绕点 O 按顺时针方向旋转了____。

更多内容请扫描下方二维码阅读。

第4节

如何设计"我的评价"？

🎯 内涵 "我的评价"基本含义

　　"我的评价"是社会化学习单的重要组成部分，是"当堂检测"环节的重要学习载体。它是基于"教—学—评"一致性原理，结合学习单中"我的目标"所设计的评价性学习任务，也是社会化学习课堂中学生需要完成的基本巩固练习。"我的评价"栏目在设计时，要求学习任务在难度系数上与"我的研究"基本持平，在内容上与"我的目标"保持一致。"我的评价"学习任务的设计，还要做到易测易评，以便"当堂检测"环节教师能够对每一个学生的任务完成情况做出清晰、准确的反馈。

📚 价值 "我的评价"设计缘由

　　了解学习目标整体达成情况　课堂学习结束前，教师需要以适切的学习任务对学生的学习情况进行评价，以便了解学生在本课学习中的目标达成情况，并据此对"学生的学"与"教师的教"做出精准反馈，从而对后续的教学做出改进和优化。在社会化学习的课堂中，无论是学生的"独立研究"还是"组内共学"，教师均处于弱介入、弱干预状态。因此，教师更需要通过最后的评价任务，对学生学习目标的整体达成情况进行测评，以精准把握学生的学习进展。

　　为个体或团队反思提供依据　社会化学习课堂结束前，学生尤其是学习共同体需要对本课学习情况做出反思。"我的评价"的设计，恰恰可以成为学生个体或学习共同体进行反思的有效载体。如果评价任务的整体完成情况良好，大家可以回顾学习历程、总结学习经验，并把相关的成功经验迁移、应用到后面的学习活动中；如果个体或共同体在完成评价时出现了问题，大家则可以寻找问题根源、及时总结教训，以便在后面的学习中予以精准调整与有效优化。

提供适量的当堂巩固练习   根据艾宾浩斯遗忘曲线的规律，学习新知后，学生需要及时进行练习与巩固，以便更好地记忆、掌握新知。在"质疑深化"环节结束后，以"我的评价"的形式为学生提供适量的评价性学习任务，既可以满足教师了解、监测、反馈学生学习情况的需求，也可以提供适量的当堂巩固练习，为学生巩固新知、熟练技能等提供必要的支持。

路径 "我的评价"设计步骤

设计社会化学习单"我的评价"栏目，可以按照搬、改、编、验四个基本步骤展开。

搬   教材是学生最重要的学习资源。教材在例题后编排的相关练习，比如"试一试""练一练""想想做做"等，都是设计"我的评价"栏目的重要资源。具体设计时，我们可以从如下三个维度展开。

精心选择   教师可以结合学习单中的"我的目标"，从教材中精心挑选与"我的研究"相匹配的习题，作为设计"我的评价"的重要素材。题量不宜过大，以2—3题为宜，以学生能够在2—3分钟内完成为佳。

试做分析   在决定是否正式选用之前，教师不妨先对相关习题进行试做，既了解习题的难度系数，看看是否与本课学习任务高度匹配；也看看相关的学习任务是否属于"易测易评"的类型，避免出现选用后学生难做、教师难评的情况。

选择搬迁   通过上述两个维度的考量后，教师可以把相关习题的素材，整体搬迁到学习单中"我的评价"栏目备用。

改   "搬"来的习题如果能直接照用，则可以直接作为"我的评价"的学习任务。但在实际操作的过程中，我们发现有些习题并不能直接引用过来，而是需要进行适当的改造和优化。通常，我们会从如下三个维度进行改造。

更改题量   比如，教材中的某道习题整体上非常适合编入"我的评价"栏目，但题量偏大，如涉及6道列竖式计算，此时我们可以根据本课学习的重点和难点，从这6道计算题中精心选择2—3题编入。

更改题型　教材中有很多引导学生发现规律、分析原因、阐明思路的习题，题目本身非常棒，但编入"我的评价"栏目会给评价任务的完成，尤其是教师的统一反馈、学生的自我评定、组内的反思交流等带来困扰。因而，我们通常建议大家在设计"我的评价"任务时，以填空、选择、判断、计算和解决边界相对清晰的问题为主；遇到发现规律、分析原因、阐明思路等类型的习题，我们尽量在保证测评目标基本不变的情况下，将题型进行适当的改造，再编入相关栏目。

更改数据　有些教材习题中的数据相对比较复杂，学生完成起来比较费时费力。面对这类情况，考虑到练习与巩固的价值，我们通常建议大家将问题中的数据适当调简单些，主要侧重于对学生算理是否理解、算法是否掌握、数量关系是否清晰、解题思路是否准确等维度的考查；而必要的基于较复杂数据的习题练习，可以在课后作业中进行弥补和实践。

比如，人教版小学数学教科书五年级上册第一单元的"小数乘整数"一课中，有这样一道习题（见下图）。

计算下面各题。

12.4	2.3	2.05	3.13
× 7	× 12	× 6	× 53

考虑到其题量较大、数据相对复杂，题型也不能聚焦对学生运算能力的测评，我们对原题进行了适当的改造（见下图），既减少了题量、简化了数据，又有效测评了学生是否真正理解了算法和算理。

填一填，算一算。

（1）0.18×5=　　　　　　　　　　　　　　（2）2.05×6=

$$0.18 \times 5 \quad \cdots\cdots （\quad）个（\quad）$$

$$2.05 \times 6$$

（　　）……（　　）个（　　）

编   素养导向下的课堂教学，既要关注学生对基础知识、基本技能的掌握，也要关注学生对活动经验、学科思想方法和关键能力的积累和建构；既要关注学生对知识结论的掌握情况，也要关注学生对过程方法的理解情况。如果教材中的相关习题不能满足上述要求，我们则可以适当进行评价任务的创编。比如，小学数学"小数的意义"一课中，为了更好地测评学生的数感、逻辑推理等素养，以及学生对小数计数单位的理解情况，我们在"我的评价"中创编了这样一个任务（见下图）。该任务以选择题的形式组织，既便于学生的完成与教师的评价反馈，又能很好地将《义务教育数学课程标准（2022年版）》中关于认识数的新理念、新目标、新要求有机融入评价任务之中，体现了社会化学习课堂对新课标理念的有效落地。

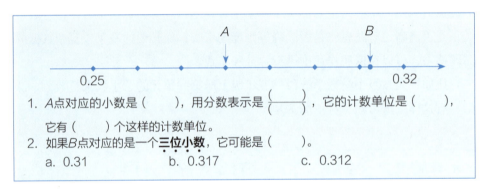

1. A点对应的小数是（   ），用分数表示是 $\frac{(\quad)}{(\quad)}$，它的计数单位是（   ），它有（   ）个这样的计数单位。
2. 如果B点对应的是一个**三位小数**，它可能是（   ）。
   a. 0.31   b. 0.317   c. 0.312

验   通过以上一系列的"搬—改—编"操作，"我的评价"中的学习任务在保留了教材中部分素材和要素的同时，有了一定的调整和创新。为了保障"教—学—评"一致性，避免出现改编和创新后的评价任务与"我的目标"之间出现偏离，我们需要最后对拟选用的评价任务与"我的目标"之间是否高度匹配进行检验。如果完全匹配，我们则可以最终确定评价任务；如果出现任务与目标之间的不完全匹配，我们则需要最后对评价任务进行适度调整，以最终实现"我的评价"与"我的目标"之间的高度一致与深度匹配，真正彰显"我的目标—我的评价—我的研究"的内在关联。

🔲 案例 ▶ "我的评价" 典型案例

案例1："比例的意义"学习单"我的评价"设计

【我的评价】(课内完成)

1. 下面哪组中的四个数可以组成比例？把组成的比例写出来。

　(1) 4，5，12和15　　　(2) 1.6，6.4，2和5

2. 写出比值是5的两个比，并组成比例。

"比例的意义"学习单"我的评价"由南京市玄武区教师发展中心张齐华老师设计，匹配人教版小学数学教科书六年级下册"比例的意义和基本性质"的教学内容（具体内容可扫码查看）。设计评价任务时，张老师以"搬—改—编—验"为基本路径，主要借鉴了教材中的两道习题，并对习题中的数据和题量进行了适当调整。

案例2："百分数的意义"学习单"我的评价"设计

【我的评价】(课内完成)

1. 下面每个大正方形都表示"1"，涂色部分和空白部分各占"1"的百分之几？在"(　　)"里写上合适的百分数。

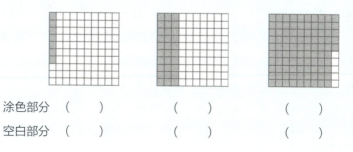

涂色部分　(　　)　　　(　　)　　　(　　)

空白部分　(　　)　　　(　　)　　　(　　)

2. 下面这些分数中，哪几个分数表示**两个量之间的关系**？圈出这些分数，并把它们改
   写成**百分数**。

   （1）一堆煤 $\frac{97}{100}$ 吨，运走了它的 $\frac{75}{100}$。

   （2）$\frac{23}{100}$ 米相当于 $\frac{46}{100}$ 米的 $\frac{50}{100}$。

"百分数的意义"学习单"我的评价"由南京市玄武区教师发展中心张齐华老师设计，匹配苏教版小学数学教科书六年级上册"百分数"的教学内容（具体内容可扫码查看）。设计评价任务时，张老师以"搬—改—编—验"为基本路径，借鉴了教材中的一道习题，并自主创编了一个新的评价任务，以便对学生是否掌握了百分数与分数之间的区别与联系进行评价。

问答 "我的评价"困惑回应

No.1：为什么"我的评价"难度不能太高？

社会化学习单"我的评价"中的评价任务，与"我的研究"中的任务相比，通常会保持同样或相似的难度系数。这与传统课堂中，最后的练习巩固题会比新授例题要适当拔高难度不太一致。这样的处理，是基于如下两点思考。

符合"教—学—评"一致性原则 设计怎样的评价任务，不能基于教师的主观判断与喜好，而应由本课的教学目标所内在规定。"我的研究"模块是"教师的教"与"学生的学"的重要载体，其设计是基于教学目标展开的。如果"我的评价"难度明显超越了"我的目标"的规定，在难度系数上过分拔高，那么最终呈现出来的"我的评价"任务，无法与"教师的教""学生的学"保持高度一致，这显然违背了课程标准中对于"教—学—评"一致性的具体要求。长此以往，教学的随意性会被充分放大，实现更科学的"教—学—评"一致的目标很难达成。

便于组长开展组内评价与反馈　评价的目的在于发现问题、做出论断，并基于问题对"学生的学"给予反馈。如果"我的评价"中的评价任务与"我的目标"和"我的研究"在难度上保持一致，那么，一旦学生在"当堂检测"环节中暴露出问题，组长就可以以此为证据，对其之前的学习提出质疑，帮助其反思过往学习中存在的问题和不足，并对其今后的学习提出改进建议。反之，即便学生在"当堂检测"环节中出现问题，组长也很难以此为证据对其进行质疑并提出整改的建议。保持"教—学—评"基于教学目标的高度一致，能够让组长在组内开展有效的评价，并基于证据对组员的学习给出反馈与建议。

No.2：为什么"我的评价"不建议教师讲评？

学生完成作业并由教师批改后，教师通常都需要结合学生的作业完成情况进行讲评，以帮助所有学生更好地发现问题、做出改进。然而，社会化学习的课堂中，我们通常并不建议教师在学生完成"我的评价"并得到批改后，对该部分进行讲评。这主要是基于以下两点思考。

促进群体反思　当学生完成"当堂检测"的作业并得到批改后，由教师做出讲评，或由学生自己或其所处的学习共同体做出反思，都是一种有效的手段。不过，前者侧重的是教师的外部判定与指导，后者关注的是学生个体或群体的自省。毫无疑问，对外部力量的过度依赖，会使学生的主体性得不到充分彰显；而经常鼓励学生个体或群体结合作业的完成情况展开反思，有利于学生形成自觉反思的意识，学生的元认知能力在这一过程中也会不断得到提升和加强。

强化责任边界　学生完成评价任务，教师负责批改并做出讲解，这样的分工不利于强化师生之间教与学的责任边界。一旦教师尝试着从"讲评"的责任主体中抽身而出，将这一责任主体身份移交给学生个体或群体，并在持续的教学实践中不断明确这样的主体边界，学生会渐渐意识到，教师的主要责任是评价任务的设计与评判，而面对可能存在的各种问题，学生自己才是发现问题根源、寻找解决之道、完成今后学习的责任主体。当这样的责任边界意识渐渐成为师生之间的共识，学生的责任意识就会得到持续增强，其学习的主体性也会得到进一步的彰显。

💡 创意 "我的评价"创意应用

No.1：对照"我的目标"设计"我的评价"

存在问题 实践过程中，我们发现，有些教师在设计"我的评价"任务时，为了彰显评价任务的素养导向与创造性，而致使评价任务与教学目标之间出现"位移"，影响了"教—学—评"的一致性。

创意方法 在设计"我的评价"时，教师首要的任务不是急于去寻找、改编、设计评价任务，而是需要再一次认真解读、钻研教学目标，并在充分理解、领悟和内化了教学目标的前提下，再去寻找、改编、设计相关的评价任务。此外，在初步完成评价任务的设计后，教师还需要再一次对照教学目标，对评价任务与教学目标之间是否存在高度的匹配性和一致性做出评估。如果评价任务与教学目标之间存在脱钩现象，教师则需要调整评价任务的难度，或调整评价任务的目标焦点，以保证最后的评价任务与教学目标之间保持高度一致。

效果评估 通过教师这样先解读目标，再设计评价任务，最后回扣目标评估、调整评价任务，社会化学习单中的"我的评价"栏目的准确性、科学性尤其是与"我的目标"之间的一致性得到了充分保障，其整体质量得到巨大提升。

No.2：结合真实学情"现场设计""我的评价"

存在问题 通常情况下，社会化学习单中"我的评价"栏目都是在课堂教学展开之前就已经设计完毕。然而，在具体展开课堂教学的过程中，我们经常发现，随着"独立研究""组内共学"的不断推进，尤其是随着"质疑深化"板块的展开，学生的真实学情会不断发生变化，即原有"我的评价"栏目的评价任务与学生现有的学习水平之间不再高度匹配，"我的评价"中相关任务的评价信度与效度无法得到保障。

创意方法 倘若出现上述情形，我们建议教师可以果断放弃学习单中提前设计好的"我的评价"，而根据学生当下的、真实的、动态生成的学习水平，"现场设计"与其相匹配的评价任务。这里的"现场设计"包括"改"与"编"两个维度。如果原有的评价任务通过数据和问题的适度调整可以实现"学—评"之间的匹配，教师则可以直接在原有评价任务的基础上进行改动与调整。

如果原有的评价任务无法通过调整实现"学—评"之间的匹配,教师则需要放弃原有的评价任务,而根据学生的现有学习水平,重新设计相匹配的评价任务。虽然这样的"现场设计"对教师而言存在巨大挑战,但它展现出教师对学生学情的精准把握,以及根据学生学情灵活调整评价任务的临场智慧,对于提升教师的课堂应变能力具有重要价值。

效果评估 上述调整既大大优化了社会化学习单"我的评价"栏目的科学性和匹配性,也让教师的临场应变能力和实践智慧在这样的过程中得到持续的锻炼与提升,真正实现了师生之间的双赢。

链接 "我的评价"重要资源

链接1:"我的评价"错误设计案例一

"和与积的奇偶性"社会化学习单"我的评价"由南京市南站小学满斌老师设计,匹配苏教版小学数学教科书五年级下册第50—51页教学内容,以"搬—改—编—验"为基本路径设计而成,但题太多、难度太大。

链接2:"我的评价"错误设计案例二

"解决问题的策略"社会化学习单"我的评价"由南京市南站小学满斌老师设计,匹配苏教版小学数学教科书五年级上册第94—95页教学内容,以"搬—改—编—验"为基本路径设计而成,但不容易进行组内反馈。

复盘 "我的评价"要点回顾

互动 "我的评价"互动作业

你能结合如下教材内容（人教版小学数学教科书六年级上册第6页）为"分数乘整数"学习单设计"我的评价"吗？

1. 填空。

（1）$\frac{3}{4}+\frac{3}{4}+\frac{3}{4}+\frac{3}{4}$ = ＿＿ × ＿＿ = ＿＿　　（2）$\frac{5}{8}+\frac{5}{8}+\frac{5}{8}$ = ＿＿ × ＿＿ = ＿＿

2. 用洗衣机洗衣物，洗1 kg衣物要用$\frac{1}{2}$勺洗衣粉。洗衣机里大约有5 kg衣物，一共需要放几勺洗衣粉？

3. 大约在一万年前，青藏高原平均每年上升约$\frac{7}{100}$ m。按照这个速度，在那个时期，青藏高原50年能上升多少米？100年呢？

更多内容请扫描下方二维码阅读。

第四章

如何完成社会化学习单？

— 第**1**节 —

如何解读"我的目标"？

🎯 内涵 ▶ 解读"我的目标"基本含义

社会化学习单中的"我的目标"不是一种摆设，它既是教师设计"我的研究""我的评价"的校准器，可保证"教—学—评"的一致性；也是学生独立完成"我的研究"、提出"我的问题"、展开学习反思时的对标仪。因此，在学生独立完成学习单时，我们需要引导学生对学习单中"我的目标"栏目的内涵进行充分的梳理和解读，读懂目标的具体所指，找准目标中的关键词所在，并能将"我的目标"与"我的研究"中的任务进行一一匹配与关联。

📑 价值 ▶ "我的目标"解读缘由

让研究有方向　"我的研究"并不仅仅是几个学习任务的简单堆砌，它还是"我的目标"得以实现的关键载体。通过对"我的目标"栏目进行深度解读，学生可以对接下来要展开的"我的研究"有更清晰、更准确的方向定位。否则，学生在"我的研究"中，只是一味完成教师提供的学习任务，至于为什么要完成这样的任务、这样的任务与本课的教学目标之间具有怎样的关联，则知之甚少，学习的目标感、方向感大大削弱，所谓的自主学习只能沦落为一种虚假的自主、被动的自主、浅层的自主。

让研究不跑偏　尽管"我的研究"中的每一个学习任务，原则上都有清晰的目标所指，但考虑到不同学生的理解可能会存在细微的偏差，在具体完成"我的研究"的过程中，不排除有些学生有可能会渐渐偏离既定的轨道，"误入歧途"。比如，"我的目标"明明把"理解算理"置于重要的地位，而学生在开展"我的研究"时有可能止步于"掌握算法"，这种情况恰恰是因为学生未能在解读目标时把握住目标的重点和精髓，从而出现了"研究跑偏"的现象。

为反思定依据　　反思的本质，是对学习结果与学习目标之间是否匹配做出判定，并在二者不匹配时对导致不匹配的原因做出分析与思辨。离开对"我的目标"的精准把握与细致解读，学生的反思就有可能成为无源之水、无本之木。鼓励学生在完成学习单时，先对"我的目标"进行精准解读，就是为了让学生在后期的个体或群体反思中，能够清晰地知道当初究竟要去哪里、目前离要去的地方究竟还存在怎样的距离、是什么原因导致这样的距离产生、下一阶段该如何调整学习方式和路径以保证学习结果和目标之间尽可能高度一致等。总体来说，精准解读"我的目标"，可以为学生后期的反思提供更准确、更科学的依据。

路径 "我的目标"解读步骤

解读社会化学习单"我的目标"栏目，可以按照圈画、勾连、批注、自评四个基本步骤展开。

圈画　　与"我的研究"不同的是，"我的目标"并不是由具体的学习任务构成的，它只是一些对需要达成的学习结果的具体表述。为了让学生留下解读目标的痕迹，我们要求学生在整体浏览"我的目标"之后，圈画出目标中的一些关键字词和短句，例如概念与定义、算法与算理、组成与特征、区别与联系等。圈的符号可以是圆圈、横线、波浪线、着重号、三角形等，学生可以根据相关内容的实际情况，灵活选择恰当的符号来圈画"我的目标"。

勾连　　"我的目标"与"我的研究"之间具有关联性，有时是一条学习目标对应一个学习任务，此谓一对一；有时也存在一对多和多对一的情况。在学生对"我的目标"中的关键字词完成圈画后，我们要求学生能够仔细阅读"我的目标"和"我的研究"，将每一条学习目标与对应的一个或几个学习任务进行勾连。例如，如果"我的目标"第1条与"我的研究"任务1正好对应，学生可以在"我的目标"第1条旁边标注数字"1"；如果"我的目标"第1条与"我的研究"任务1中的第1小题相对应，学生则可以在"我的目标"第1条旁边标注"1-1"；如果"我的目标"第1条与"我的研究"的任务1和任务2相匹配，学生则可以在"我的目标"

第1条旁边标注"1、2"。

批注　如果说"圈画"完成的是对"我的目标"关键内容的凸显，"勾连"完成的是对"我的目标"与"我的研究"之间的匹配，那么"批注"将是学生对"我的目标"展开的个性化解读。尤其是针对"我的目标"中的一些关键字词或短句，教师可以鼓励学生结合自己的个性化理解，用通俗易懂、浅显通达、有利于自己和同伴理解的文字对其内涵进行阐释，并在原有"我的目标"的文字边上进行批注。

自评　前面三个步骤通常在学生完成"我的研究"之前完成，"自评"则应该由学生在完成"我的研究"之后完成。我们鼓励学生在完成"我的研究"后，重新审核和回扣"我的目标"，结合"我的研究"的完成情况，对"我的目标"是否达成、达成到什么程度进行自我评价。例如，如果学生自认为某一条目标达成度很高，可以在对应目标旁标上"☆☆☆"；如果自评达成度一般或几乎没有达成，则可以在对应目标旁标上"☆☆"或"☆"。通过这样的方式，教师可以鼓励学生从"圈画目标"开始，到"自评目标"结束，形成一个基于目标解读的完整闭环。

案例　解读"我的目标"典型案例

案例1："认识长方形和正方形"学习单"我的目标"解读

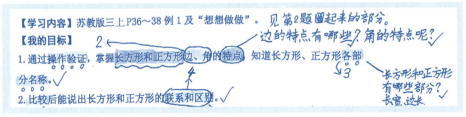

解读：南京市长江路小学三（4）班严熠珩同学

指导：南京市长江路小学谈莹老师

问答 ▶ 解读"我的目标"困惑回应

No.1：解读目标的四步骤是否需要"人人达成"？

不难发现，上述解读"我的目标"的四步骤对学生而言还是具有相当大的挑战的。我们并不需要每一个学生都能按这样的高标准完成对"我的目标"的解读，不同学生可以根据自身的实际情况差异化完成。

允许不同学生差异化完成　对于绝大多数学生而言，他们应该至少完成"圈画"和"勾连"两个步骤。能够对目标中的关键字词和表述有所关注，并对目标与任务之间的相关性有一个基本的把握，是一个基础性的、保底性的要求，原则上要求人人掌握并落实在目标解读的环节中。至于对于"批注"的要求，如果部分学生学有余力，也确实能在教师的示范和引领下完成这一步，我们则鼓励这部分学生尝试完成。"自评"这一步骤对学生的要求更高，需要学生有良好的自我反思和元认知能力，并能对自我的目标达成情况有一个客观的评估，所以我们通常只要求组长完成这一步骤，其他学生可以量力而行，不做统一的要求。

引导学生不断从低标准向高标准跃升　尽管在具体解读"我的目标"时，针对不同的学生，我们提出差异化的学习要求，但随着社会化学习实践的不断推进，学生会不断积累和丰富相关的学习活动经验，此时我们会鼓励每一层次的学生都能够在达到对应学习要求的基础之上，不断地从低标准向更高的标准跃升。在这一过程中，教师要经常给学生做好示范，组长也应该在学习共同体内发挥引领和指导的作用，鼓励组员不断提高对自我的要求，在尝试、纠偏、调整、完善的过程中，由步骤一、步骤二不断向步骤三、步骤四迈进，最终实现人人都能在力所能及的范围内，实现对"我的目标"的完整解读。

创意 ▶ 解读"我的目标"创意应用

No.1：提炼"我的目标"解读规范供参考

存在问题　对于学生而言，解读"我的目标"是一种新技能，在传统课堂上较少涉及；与此同时，其涉及的要素比较丰富，流程也相对复杂，学生要在短时间内较好地把握相关步骤，需要面对相当大的挑战。

创意方法　教师可以将解读"我的目标"的基本规范系统梳理，打印后发给学生。具体分为如下两个步骤。

第一步，**梳理规范**　教师可以把解读"我的目标"的四个步骤及相关要点进行系统梳理，并以文字、思维导图、流程图等形式整理出来（见下图）。

"我的目标"部分

1. **"圈画"**关键词（黑笔：内容、方法、含义、区别、联系、应用）
2. **"勾连"**任务群（黑笔：将目标与任务进行勾连，在目标旁标注对应题号）
3. **"批注"**重难点（蓝笔：对目标进行解读，以简要文字在目标旁做标注）
4. **"自评"**达成度（红笔：任务完成后回扣目标，对目标达成情况进行自评）

第二步，**打印张贴**　教师可以把相关内容统一打印后发给全体学生，引导学生将相关材料张贴在教科书的扉页上。这样的创意可以帮助学生在今后的学习中，随时查阅相关解读规范，并指导当下的目标解读任务。当然，学生还可以对打印后的解读规范进行二次完善，通过添加色块、文字、箭头、方框等方式进行二次加工，以更好地凸显相关规范的重点，促进自己的学习活动。

效果评估　经历把解读规范梳理、打印、张贴等操作，学生拥有了一份随时可以查阅、借鉴、参考的"目标解读"宝典，这极大地提升了学生解读"我的目标"的水平和效果。尤其是平时学有困难的学生，在这份宝典的帮助之下，解读"我的目标"的能力得以快速提升，有些学生甚至很快超越了"圈画"和"勾连"的水平，达到了"批注"和"自评"的水平。

No.2：师生解读"我的目标"大PK

存在问题　在传统的课堂中，学生很少有机会接触到文字表述的学习目标，更谈不上对学习目标进行解读与分析；而教师解读教学目标的经验则相对丰富。如何将教师的丰富经验向学生进行渗透和辐射，是教师指导学生高质量解读"我的目标"所面临的重要挑战。

创意方法

首先，共同解读　教师可以和学生开展解读"我的目标"的"同标异读"活动，即教师和学生代表共同围绕同一份学习单中的"我的目标"，利用相同的时间展开解读（见下图）。

解读：南京市长江路小学谈莹老师和四（6）班王芊诺同学

其次，比较异同　教师可以组织全班学生对师、生共同解读后的学习目标进行比较，引导学生对比两份不同的"我的目标"解读中有哪些相同和相似之处，又有哪些差异化的方法，让学生在比较异同中深化对目标解读步骤、策略和方法的把握。

最后，提炼方法　结合师生共同完成的目标解读，教师可以组织全体学生从中提炼出通用的目标解读方法和策略，以此作为大家今后解读"我的目标"的基本要求。

效果评估　通过这样的"同标异读"活动，一方面，学生更好地了解了教师是如何专业而精深地解读"我的目标"的，并在这样的对比中向教师借智慧；另一方面，我们也惊喜地发现，有些学生在解读"我的目标"时，展现出了与教师不一样但又非常具有创造性的方法和策略，教师也能够从学生身上借智慧。这样的过程，是教学相长的过程，也充分展现出了学生强大的学习潜能，更为今后进一步丰富、完善学生解读"我的目标"的路径、步骤和方法提供了源源不断的新思路和新可能。

🔗 链接 ▶ 解读"我的目标"重要资源

链接1："用方向和距离确定位置"学习单"我的目标"解读（教师版）

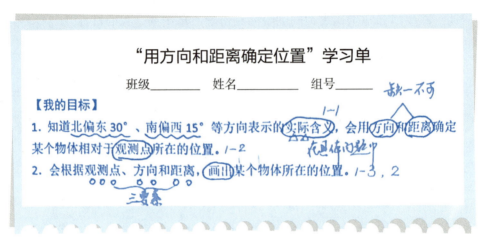

解读：南京市玄武区教师发展中心张齐华老师

链接2："我的目标"解读规范（思维导图版）

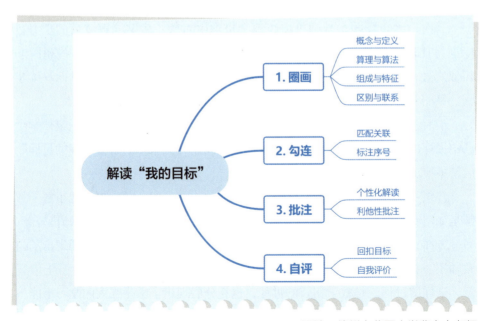

设计：德州市北园小学曹宁宁老师

复盘 解读"我的目标"要点回顾

互动 解读"我的目标"互动作业

你能用"四步骤法"解读下面这份社会化学习单中的"我的目标"吗？

"图形的旋转"学习单

班级_____　　姓名_____　　组号_____

【我的目标】

1. 能从"绕哪个点""向什么方向""旋转多少度"三个要素来观察和描述图形的旋转现象。

2. 能在方格纸上画出绕线段的一个端点旋转 90° 后的线段，画出一个简单图形绕图形的某个顶点旋转 90° 后的图形。

第2节

如何完成"我的研究"？

🎯 内涵　完成"我的研究"基本含义

　　"我的研究"是社会化学习单最核心的组成部分，也是达成学习目标最重要的载体。完成"我的研究"是指学生根据"我的目标"所指引的方向，通过理解学习任务、尝试完成任务、表征思维过程、提出新的问题等路径，最终实现知识理解、技能形成、思维建构、问题提出的完整过程。完成"我的研究"是学生独立展开的学习活动，是学生对相关学习内容的首次探索，也是课堂中"组内共学"的重要基础和前提。

📚 价值　"我的研究"完成缘由

　　初步建构新知　独立完成"我的研究"的过程，是学生初步建构新知的过程。传统课堂中，学生通常在上课后才能了解本课需要学习的内容。这样的逻辑假定往往对学有困难的学生很不友好。通常情况下，面对教师布置的统一的学习任务，当学优生已经获得对所学内容多元、深度的理解时，很多学困生甚至还没能完全理解任务的基本内涵，这样的落差在课堂上是客观存在的。通过设计社会化学习单，教师引导学生在进入课堂前独立完成"我的研究"，则可以让每一个学生都能按照自身的经验、起点和节奏，提前完成对相关新知的建构，从而有效避免不同水平的学生在课堂中出现巨大的认知落差，为人人深度参与学习提供了逻辑可能。

　　提供共学基础　在社会化学习课堂中，想有效参与"组内共学"，学生需要一定的知识基础。引导每一个学生课前独立完成学习单，尤其是完成"我的研究"板块，则可以让每一个学生都有机会用自己的方式、资源、路径和节奏，完成对相关新知的建构。带着建构好的新知识、新认识、新理解，每一个学生都将拥有有效参与"组内共学"的"入场券"。因此，独立完成"我的研究"为每一个学生参与课堂中的"组内共学"提供了重要基础。

提出问题契机　提出问题是"我的研究"中重要的组成部分。传统的课堂中，学生只负责解决教师提出的问题，而鲜有机会自己发现并提出问题。社会化学习课堂中，我们鼓励学生在深度研究和探索后，提出属于自己的新困惑、新问题。看起来，这只是"我的研究"环节中新增的一个小任务，但在我们看来，这是一场关于课堂教学的"供给侧改革"。在这样的逻辑假定中，学生学习不再是因为教师觉得这个内容很重要——这是典型的供给思维；而是因为在独立研究后自己又发现、产生、提出了新的困惑和问题，随后的学习将围绕自己提出的问题而展开——这是典型的需求思维。从供给侧转向需求侧，课堂的底层逻辑发生变化，学生的学习困惑、学习需要、学习痛点被充分关注和解决，真实的学习才有可能发生。所有这一切，都源自"我的研究"板块学生所提的问题。所以，让学生独立完成"我的研究"，还可以为学生提出有价值、高相关的问题提供空间和可能。

路径　"我的研究"完成步骤

完成社会化学习单"我的研究"栏目，可以按照梳理信息、完成任务、回顾总结三个基本步骤展开。

梳理信息　"我的研究"原则上是由一个个学习任务串联而成的。完成"我的研究"的第一步，就是要对学习任务进行深入理解。

读懂任务内涵　学生要知道这个任务由哪些问题和相关条件组成，明确问题和条件的基本内涵。

排除无关条件　学生将无效的信息、条件进行筛除，将思维聚焦于那些与问题解决高度相关的有效条件和关键信息。

凸显关键信息　通过圈画、标注等方式，学生将这些有效条件与关键信息进行放大与凸显，为随后有效完成任务、解决问题、建构新知做好充分的铺垫。

完成任务　完成"我的研究"的第二步，是要对学习任务进行深入探索，并最终成功解决问题，完成相关的学习任务。这一步又需要从两个维度展开。

实征任务信息　学生可以通过摘录、画图、列表等方式，将与任务有关的关键信息进行直观化、可视化、结构化的整理与表征。整理与表征的过程，是学生对相关任务的核心信息进行初步加工的过程，有效的信息表征将大大促进后面的问题解决与任务完成。

实现任务解决　结合之前的信息表征，学生可以根据任务的实际情况，选择合适的方式，比如列式计算或列方程解答等，完成对问题的解决。当然，如果问题比较复杂、任务比较有挑战性，学生还需要调用诸多分析问题、解决问题的策略，比如符号化、枚举、假设、转化、特殊化、一般化等，以更好地解决问题。

回顾总结　获得结论不是问题解决的终点，也并不代表任务已经彻底完成。我们还需要让学生对问题解决的结论进行合理的检验，以确认答案是否准确、全面、可靠、符合逻辑。此外，如果问题得以顺利解决、任务得以顺利完成，我们还需要让学生通过回顾与复盘，对问题解决的过程与方法进行梳理、总结、提炼与概括，从而抽取出成功解决这一类问题的一般化方法和经验。这样的方法提炼、经验推广对于今后学生解决类似的学习任务，具有举足轻重的作用。

案例 完成"我的研究"典型案例

案例1："分数乘整数"学习单"我的研究"（学生完成版）

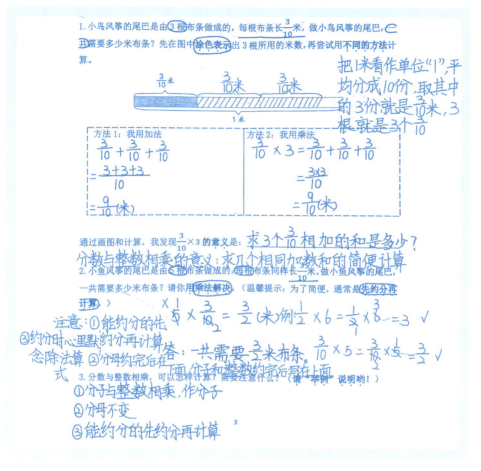

设计：南京市玄武区教师发展中心张齐华老师

完成：德州市北园小学六（2）班徐一涵同学

指导：德州市北园小学曹宁宁老师

案例2："从前面、右面和上面观察物体"学习单"我的研究"（学生完成版）

> "从前面、右面和上面观察物体"社会化学习单由南京市长江路小学谈莹老师设计，匹配苏教版小学数学教科书四年级上册"观察物体"的教学内容。其中"我的研究"部分由南京市长江路小学四（6）班王芊诺同学按照"梳理信息—完成任务—回顾总结"的基本步骤完成，指导教师为南京市长江路小学谈莹老师。

问答 　完成"我的研究"困惑回应

No.1：完成"我的研究"能不能"寻求外援"？

鼓励寻求　尽管从学理上看，"我的研究"需要学生独立完成，然而考虑到查阅资料、寻求帮助等在当下乃至未来都是重要的学习方式，所以，我们不仅不反对学生在独立完成"我的研究"的过程中寻找外援，甚至还鼓励学生在遇到困难时，向一切可以提供支持的人、物等资源寻求帮助。外部资源的介入和支持，能够助力学生高质量完成"我的研究"，为课堂中高品质的"组内共学"奠定基础。

不能照搬　在鼓励学生寻求外援的同时，我们必须明确一个基本的态度，那就是学生在求助的过程中，不能直接照搬现成的结论和答案，而忽视对问题、任务本身的理解和思考。即便教材、资料、网络等媒介有时并不能提供解决问题的过程，而只呈现了问题的答案，我们仍然要鼓励学生从答案中探寻问题解决的过程和基本方法，并对只照搬答案的学生采取零容忍的态度。事实上，照搬答案的学生尽管在完成"我的研究"时会很轻松，但只要进入"组内共学"环节，在同伴的连续追问和质疑下，他们很快就会原形毕露。这样的情形也是学习小组所不允许的。

强化理解　寻求外援是手段，真正的目的还在于通过外援的支持和帮助，助力学生更好地理解问题、探索解决问题的方法和策略。教师需要不断强化这一基本原则，并引导学习小组的组长通过"组内共学"中的持续追问，了解所有同伴是真正获得了对问题的理解，还是只照搬了一个现成的答案。

No.2："我的研究"栏目"写得越多越好"吗？

鼓励深入思考 毋庸置疑，我们鼓励学生在独立完成"我的研究"时，能够对任务和问题有深入的理解和把握，并通过任务表征、信息整理、问题解决等，深度展现分析问题、解决问题的过程。

拒绝繁杂呈现 实践过程中，我们发现不少学生为了让自己的学习单呈现出"深度思考的痕迹"，在"我的研究"板块进行了多元的、丰富的甚至复杂的表达。在他们的学习单上，我们能够看到翔实细致的问题解决过程记录。为了体现算法和解决问题方法的多元化，有些学生在"我的研究"中呈现了10种以上的方法，直到学习单中已经再无空白处可以记录；有些组长甚至把"组内共学"时需要讲的话、需要追问的问题都一字一句地记录在"我的研究"中，从而让整份学习单显得密密麻麻。事实上，这样的思路是不可取的，而且还会无谓增加学生的负担。

倡导简洁表达 我们鼓励学生既能有深入的思考，还能用简洁的符号和学科语言来清晰表达自己的方法和观点。能用符号的，尽量不用文字；能用表格的，尽量用表格结构化呈现；能用箭头、连线来阐述的，尽量不用复杂的语言来表达。我们鼓励学生完成"简约而不简单"的学习单，用最简洁的符号和语言，表达最丰富的思维和问题解决过程。

💡 创意 完成"我的研究"创意应用

No.1：完成学习单"师生大PK"

存在问题 对学生而言，高质量完成"我的研究"，既需要解决动力不足的问题，也需要解决方法贫瘠的问题。如何激发学生的动力，又能够教会学生高质量完成"我的研究"的方法，是摆在实践初期每一个教师面前的巨大挑战。

创意方法 我们鼓励教师和学生进行"我的研究"完成的"师生大PK"。具体分为以下三个步骤。

首先是师生共做 面对同一份学习单，利用同样的时间，让教师和学生代表开展一次大比拼，看看谁才是完成"我的研究"的真正高手，如下面两页图所示。

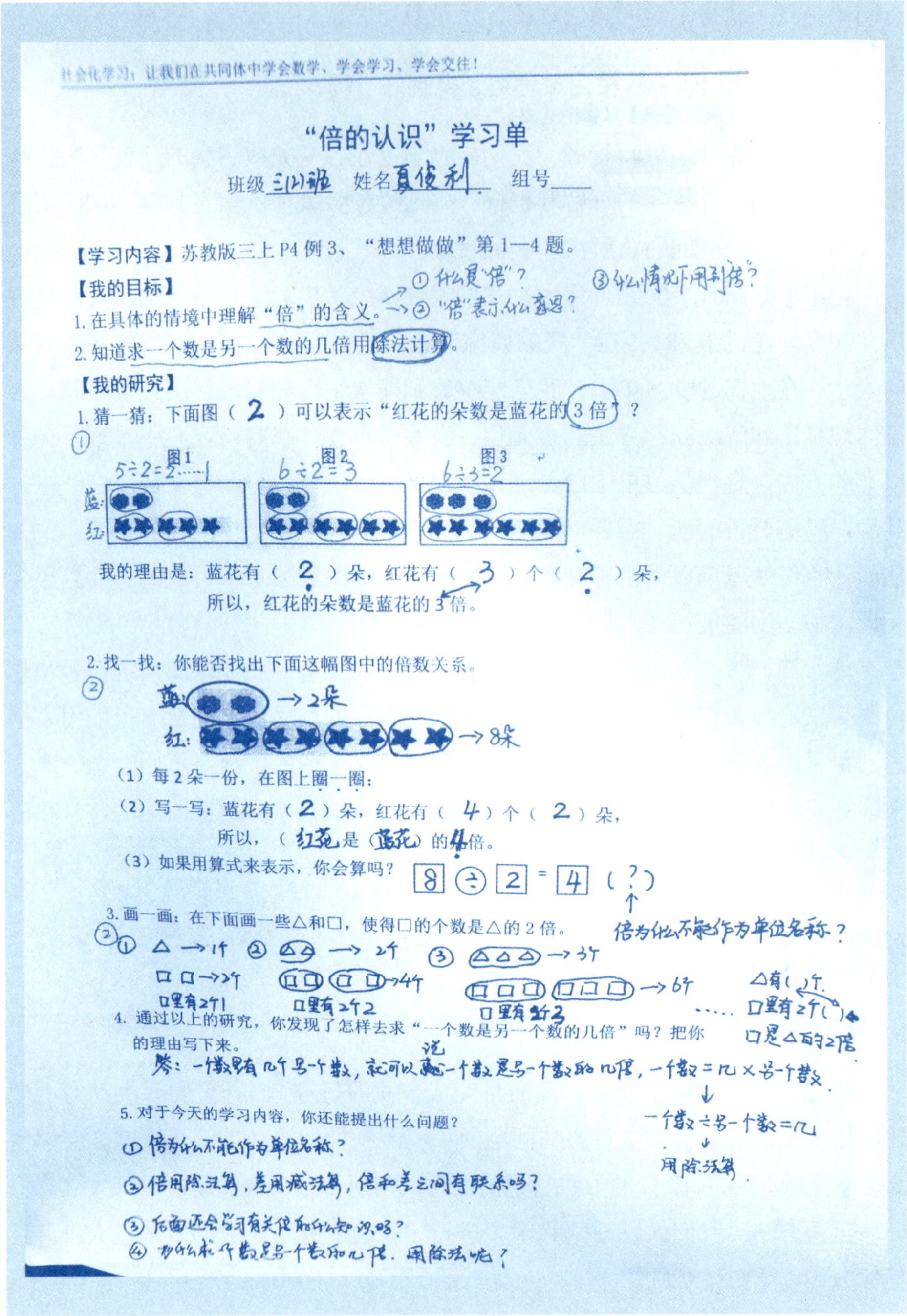

社会化学习：让我们在共同体中学会数学、学会学习、学会交往！

"倍的认识"学习单

班级 三(1)班　姓名 夏俊利　组号____

【学习内容】苏教版三上P4例3、"想想做做"第1—4题。

【我的目标】　①什么是"倍"？　③什么情况下用到倍？

1.在具体的情境中理解"倍"的含义。　②"倍"表示什么意思？

2.知道求一个数是另一个数的几倍用除法计算。

【我的研究】

1.猜一猜：下面图（ 2 ）可以表示"红花的朵数是蓝花的 3倍 "？

①

图1 5÷2=2……1　图2 6÷2=3　图3 6÷2=2

蓝／红

我的理由是：蓝花有（ 2 ）朵，红花有 3 个（ 2 ）朵，

所以，红花的朵数是蓝花的3倍。

2.找一找：你能否找出下面这幅图中的倍数关系。

②

蓝 →2朵
红 →8朵

（1）每2朵一份，在图上圈一圈。

（2）写一写：蓝花有（ 2 ）朵，红花有（ 4 ）个（ 2 ）朵，

所以，红花 是 蓝花 的 4 倍。

（3）如果用算式来表示，你会算吗？　⑧ ÷ ② = ④ （？）

倍为什么不能作为单位名称？

3.画一画：在下面画一些△和□，使得□的个数是△的2倍。

②① △→1个　② △△→2个　③ △△△→3个

□□→2个　□□□□→4个　□□□□□□→6个

□里有2个1　□里有2个2　□里有2个3 …… □里有2个（1）

△有（2）个
□是△的2倍

4.通过以上的研究，你发现了怎样去求"一个数是另一个数的几倍"吗？把你的理由写下来。

答：一个数里有几个另一个数，就可以说一个数是另一个数的几倍，一个数=几×另一个数。

一个数÷另一个数=几　用除法算

5.对于今天的学习内容，你还能提出什么问题？

① 倍为什么不能作为单位名称？

② 倍用除法算，差用减法算，倍和差之间有联系吗？

③ 后面还会学习有关倍的知识吗？

④ 为什么求一个数是另一个数的几倍，用除法呢？

完成：南京市锁金新村第一小学夏俊利老师

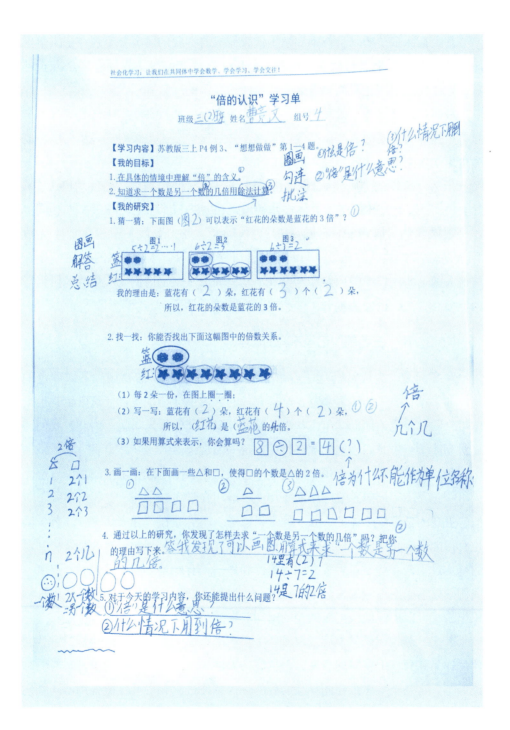

完成：南京市锁金新村第一小学夏俊利老师和三（2）班曹竞文同学

　　其次是比较分析　将教师和学生代表完成的"我的研究"呈现在全班学生面前，由全体学生进行欣赏、比较、分析、点评和判断，求同存异、取长补短，在比较之中深化对高质量完成"我的研究"的理解和认识。

　　最后是方法提炼　鼓励学生，通过比较和分析从教师和学生代表完成的学习单中提炼出有用的方法、高效的策略，并将这些方法与策略进一步提炼，成为全班学生完成"我的研究"的核心经验。

　　当然，这样的"师生大PK"还可以进一步延伸拓展为"组际大PK""班际大PK""亲子大PK"等，具体操作的思路和方法与"师生大PK"基本相同。

　　效果评估　多个轮次、多种形式的大PK，极大地激发了学生独立完成"我的研究"的热情和动力。与此同时，通过与不同个体、群体的PK，学生在与他人的不断比较中汲取经验、发现不足，大大丰富了他们完成"我的研究"的经验和方法，也快速提升了他们完成学习单的品质。

No.2：用"三色笔"记录不同的思考

　　存在问题　完成社会化学习单"我的研究"部分，需要用到不同颜色的笔。如果没有统一的用笔规范，学生完成的学习单会杂乱无章。这既给学生个体带来困扰，也给他们"组内共学"时的分享和交流带来干扰。为此，我们需要对完成学习单时的用笔问题进行相对统一的规范。

　　创意方法　我们提出用"三色笔"记录三个不同时段中学生的思维痕迹。

　　首先，黑笔记录独立思考痕迹　主要运用在学生独立完成"我的研究"阶段，展现的是学生个体的、独立的学科思考。当然，在"独立研究"环节，学生有可能也会在"我的研究"中呈现不同层次的认识和理解，有些是解决问题的基本过程，有些是对思维方法的提炼和概括，有些是对同伴的追问和提醒。我们建议学生用不同的符号来予以区分。比如，学生可以用方框把方法提炼标识出来，可以用波浪线把对同伴的追问和提醒凸显出来，等等。

　　其次，蓝笔记录共学启发痕迹　主要运用在学生参与"组内共学"后从同伴的作品和分享中获得的启发，包括新的方法、新的见解、新的思考、新的结论等等。这是学生思维在同伴互助后的一次重要进阶和提升，值得用不同颜色的笔予以记录和标识。

最后，红笔记录深化提升痕迹　主要运用在教师组织的"质疑深化"环节之后。随着教师的深度介入和引导，学生的思维从模糊走向清晰、从单一走向多元、从肤浅走向深刻、从零散走向结构。这些深化通常都会通过教师显性化、结构化的板书予以表达。我们鼓励学生能够用红笔将"质疑深化"环节后自己获得的新理解、新认识、新洞察、新观念记录下来。

至此，三种不同颜色的笔，记录了学生在独学、共学、互学过程中的不同思考。这样的"三色笔"记录也能够让教师在批阅学生的学习单时，清楚地看到学生独立思考的水平、组内共学的启发和质疑深化的进阶程度，看到学生的思维如何一步一步实现迈进和超越。

效果评估　经过一段时间的实践，学生从一开始的不适应到后来的轻车熟路，最后逐渐喜欢上了这样的"三色笔"记录。尤其是，"三色笔"的规范化运用，既让同一个学生的学习单有了纵向思维追踪的可能，也让不同学生的学习单有了横向水平比较的可能。谁通过一堂课的学习，思维在快速提升；谁又通过"三色笔"的应用，展现出比同伴更强的学习能力、吸收能力、借鉴能力和创造能力，都在"三色笔"的记录中一目了然。

🔗 链接 ▶ 完成"我的研究"重要资源

链接1：用"三色笔"完成的学习单

"长方体和正方体的表面积"社会化学习单由南京市玄武区教师发展中心张齐华老师设计，"我的研究"部分由南京市锁金新村第一小学六（2）班李佳宸同学用"三色笔"完成，指导教师是南京市锁金新村第一小学姚晶晶老师。

链接2：用"简洁符号"完成的学习单

"平移的再认识"学习单

班级 四(3)班　姓名 孔心悦　　小组 4-1

【我的目标】

1. 会判断一个简单图形在方格纸上沿水平方向、竖直方向平移了多少格。→对应任务1:(1)
2. 会在方格纸上画出一个简单图形沿水平方向、竖直方向平移后的图形。对应任务1:(2). (3)

【我的研究】（课前完成）

1. 看一看、数一数、画一画。

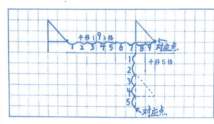

@虞:你有没有第二种方法呢?(她经常不说第二种方法)

@虞:（1）小旗先向右平移了几格？把你判断的方法，在图中表示出来。

@孙:（2）你能把向右平移后的小旗，再向下平移5格吗？画出平移后的图形。（记得留下画图的痕迹）

@孔:（3）判断或画出一个图形在方格纸中平移了多少格，你有什么好方法？把你的方法写下来。我的方法:①在图形上找一点②在后面画出的图形上找到这点③数数它们中间有多少格

@全体:鼓掌!(我们组老是不主动鼓掌)

@全体:2. 对于今天的学习内容，你还能提出什么问题？
怎么最快判断或画出一个图形在方格纸中平移了多少格?

【我的评价】（课内完成）

1. 分别画出将梯形向上平移3格、向左平移8格后得到的图形。

内容：人教版小学数学教科书四年级下册"平移的再认识"教学内容

完成：南京市锁金新村第一小学四（3）班孔心悦同学

指导：南京市锁金新村第一小学朱晨老师

复盘 完成"我的研究"要点回顾

互动 完成"我的研究"互动作业

你能用"梳理信息—完成任务—回顾总结"的步骤完成如下"我的研究"吗？

1. 下图中，左侧的车子通过前，车杆要绕点 O_1 按顺时针方向旋转90°。

（1）左侧的车子通过后，车杆要绕点_____按_____方向旋转_____。

（2）右侧的车子通过前，车杆要绕点_____按_____方向旋转_____。

2. 先画一画，再写一写你是怎样画的。（若有困难，可以剪一段牙签或剪一个三角形，先在方格纸上转一转，再画一画。记得把牙签和三角形带到课堂上来！）

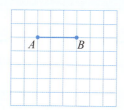

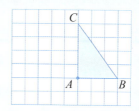

（1）画出线段 AB 绕点 A 顺时针旋转90°后的线段。

（2）画出三角形 ABC 绕点 A 逆时针旋转90°后的图形。

第**3**节
如何提出"我的问题"？

内涵 提出"我的问题"基本含义

学问学问，"学"然后有"问"。只有学，而没有问，则谈不上真正的学问。学生在独立完成学习单的过程中，会产生各种各样的问题：这些问题或因新情境与旧经验之间存在失衡而形成，或因知其然而欲知其所以然而产生，又或因由此及彼、由点及面的类比联想而出现，再或因思维的批判性而涌现。把这些在研究、探索过程中产生的新问题、新困惑表达出来，就是我们通常所说的"提出问题"。

尽管提出"我的问题"只是社会化学习单"我的研究"板块的最后一个小任务，但它在整个社会化学习课堂中发挥着举足轻重的作用，是学生的学习由"供给侧"向"需求侧"的一次重要转型。

价值 "我的问题"提出缘由

质疑深化需要　社会化学习的课堂，打破了学生"组内共学"后进行"展示汇报"的常规路径，以基于学生提问而展开的"质疑深化"环节取而代之。只有鼓励并引导学生在"独立研究"环节提出与课堂学习目标高度关联，且具有一定的挑战性、开放性和启发性的问题，在"组内共学"环节，小组才可能在充分交流、对话、协商的基础上，提出本组的高品质问题；在随后的"质疑深化"环节，教师才有可能基于各小组的提问，组织大家展开更深层次的讨论、交流和思辨，学生的思维才有可能在原有水平上，实现由模糊到清晰、单一到多元、肤浅到深刻、零散到结构的跃升。

课标"四能"要求　　在2001年版、2011年版、2022年版课程标准中，多个学科都把学生提出问题的能力作为一种关键素养纳入课程的目标之中。数学课程标准更是在原有"两能"，即"能分析问题""能解决问题"的基础上，增加了"能发现问题""能提出问题"，形成了"四能"的全新要求。作为国家顶层设计的课程标准，将学生发现与提出问题的能力置于如此重要的位置，足见提问对于学生思维的发展、能力的养成等具有举足轻重的作用。

培养创新意识　　爱因斯坦说过："提出一个问题往往比解决一个问题更重要。因为解决问题也许仅是一个数学上或实验上的技能而已，而提出新的问题，却需要有创造性的想象力，而且标志着科学的真正进步。"培养学生的创新素养早就被写入每一个学科的课程标准，而提问更是学生创造力、创新思维得以生发的动力源泉。学生从小就是一个个"十万个为什么"，满脑子都是对这个陌生世界的好奇，装着一个个充满想象力和创造力的好问题。然而，随着学校教育的不断推进，学生的问题意识和提问能力却在逐步消解，这对培养学生的批判性思维和创新素养显然是极其不利的。社会化学习课堂中，无论是学生个体的"独立研究"环节、群体的"组内共学"环节，还是面向全班的"质疑深化"环节，我们都鼓励学生提出真实的、直指知识和方法本质的、有创见的问题。由此，教师既可以深化学生对学习内容的认知，又可以有效发展学生的创新意识和创造性思维。

促进有效学习　　真正有效的学习，应该发生在学生的"最近发展区"。如果教师精心设计的学习内容完全落在学生已有的知识经验圈内，这样的学习显然是无意义的，它无法激发学生的求知欲与好奇心。同样，如果教师设计的学习内容落在学生全然未知的盲区，那么学生将因为新情境与旧经验之间完全缺乏联结而陷入困顿，有效学习同样无法形成。唯有将学习内容置于学生原有经验与新情境、新任务的联结地带，也就是学生的"最近发展区"，学生才有可能充分调动原有经验与新情境、新任务进行充分的对话、互动，并通过知识的同化与顺应，实现有效的学习。多年实践研究表明，真实的提问，既不会发生在学生完全熟知的经验圈内，也无法发生在学生完全陌生的未知领域，它们只会发生在学生原有经验与新问题、新情境的交叉地带。从这个意义上讲，鼓励学生提出真实的、有价值的、有思维含量的问题，恰恰就是以学生的提问为触点，不断暴露他们真实的"最近发展区"，让"教师的教"做到有的放矢，让有效的学习真实发生。

路径　"我的问题"提出路径

如何引导学生提出高质量的问题，是很多教师在课堂教学中面临的巨大挑战。我们对国内外大量学术文献进行了搜集，在整理相关研究成果的基础上，结合小学生的年龄特点、思维水平及相应的学科学习特质，梳理总结出了以困惑之问、溯源之问、类比之问、关联之问、批判之问为主线的提问的五大基本路径。

困惑之问　因疑而生问，这是学生提出问题最基本、最重要、最核心的路径。学生在解读"我的目标"、完成"我的研究"的过程中，面对全新的学习目标、学习情境、学习内容、学习任务时，如果已有的旧知识、旧经验能够与新目标、新情境、新内容、新任务之间产生有效联结，其认知就不会处于失衡状态，新知就会基于同化与顺应的认知逻辑而被有效纳入学生原有的认知结构之中。反之，如果新目标、新情境、新内容、新任务无法与学生原有的知识经验之间产生有效关联，原有的认知结构既无法顺利同化新知，也无法通过对原有认知结构的升级和改造将新知纳入其中，学生自然就会因认知的失衡而产生疑问。比如，完成"三角形的内角和"社会化学习单时，学生经常会提出这样的问题：什么是三角形的内角和？三角形的内角和是多少度？不同大小和形状的三角形，它们的内角和都一样吗？这些问题，显然都是因为新情境与旧经验之间存在认知失衡而产生的，它们就是典型的"困惑之问"。

溯源之问　知其然，还要知其所以然。教学过程中，我们要鼓励学生不能满足于得出结论，还要对结论是如何形成的展开追溯，对结论背后的过程与方法、学理与缘由、逻辑与推导进行深究，由此而产生的问题，则为"溯源之问"。同样以"三角形的内角和"一课为例，面对关键性结论"三角形的内角和是180°"，我们可以鼓励学生对这一结论的发生、发展、形成的过程展开提问。比如，三角形的内角和为什么是180°？用哪些方法可以证明三角形的内角和是180°？为什么要研究三角形的内角和？为什么研究平面图形的内角和要从三角形开始？通过"溯源之问"，学生的思维会通过结论向过程与方法追溯，对学科本质的把握也会随着提问而不断向纵深迈进。

类比之问   如果说，"困惑之问"和"溯源之问"，多少还是源于新的知识、情境与学生旧的经验之间的失衡，是源于一种求知的好奇，属于自然之问；那么，"类比之问"则更像是一种构造之问。当学生已经理解和把握了某一个知识点时，我们鼓励学生对与此知识相近的、相关的、相似的知识发问，看看这些知识中是否也存在类似的现象、规律等，这样的提问即为"类比之问"。同样以"三角形的内角和"一课为例，当学生已经获得"三角形的内角和是180°"这一关键结论，并理解了相关知识的来龙去脉后，我们还可以鼓励学生这样提问：四边形的内角和是多少度？五边形、六边形呢？圆的内角和是多少度？三角形有没有外角和？三角形的外角和是多少度？纵观这些问题，我们不难发现，从三角形的内角和到四边形、五边形、圆的内角和，这是一种类比的维度；从内角和到外角和，这又是一种类比的维度。通过这样的类比，学生的问题由此及彼、举一反三，一大批新任务、新情境、新挑战将不断涌现，学生的思维也在这样的类比过程中不断向深处开掘。

关联之问   知识不是孤立地存在的。任何新的知识，总是和与其相关的其他知识存在着千丝万缕的联系。学习的目的不是在学生的大脑里塞满零散的知识，而是希望通过分析、比较，帮助学生在这些相关联的知识之间建立实质性联系，从而将零散的知识构建成知识的网络，逐渐生成并完善认知结构。因此，当学生完成对新知的学习后，我们要鼓励学生主动思考：和新知相关的旧知有哪些？新知和旧知之间有哪些联系和区别？它们之间还存在哪些错综复杂的关系？通过这样的视角，学生往往能够提出指向"关联"的问题。仍以"三角形的内角和"一课为例，当学生已经对本课内容形成深度理解后，我们可以鼓励学生从关联的视角提出问题。比如，三角形的内角和与三角形的三边关系有什么联系？三角形的内角和与三角形的分类有什么联系？两个同样的三角形可以拼成一个平行四边形，平行四边形的内角和是不是三角形内角和的两倍？通过这样的"关联之问"，学生有机会将新旧知识进行比较式研究，从而在新旧知识之间建立关联，促进知识结构的形成和拓展。

批判之问   提问是批判性思维得以形成的重要一环。通过批判性思维的视角，我们可以对很多习以为常的知识、经验和结论进行审视和发问。比如，我们可以对知识发生的逻辑进行提问、对结论的适用范围进行考量、对知识成立的潜在约定进行审视等，这些问题都属于"批判之问"。"批判之问"，可以帮助我们打破思维的惯性，以一种充满怀疑、充满理性精神的视角审视一切的知识，并在审辨式追问的过程中，获得对知识更深刻、更通透的把握。仍以"三角形的内角和"一课为例，带上审辨的视角，我们可以鼓励学生从如下角度发问。比如，三角形的内角和真的只能是180°吗？（事实上这一结论的确只成立于欧式几何的框架内。）会不会存在一些我们并未观察到的三角形，它们的内角和不是180°？（这是对不完全归纳法的一种质疑。）无论是通过量一量还是折一折的方法，我们得到的结论都是三角形内角和接近180°，会不会三角形的内角和本来就是179.9°而非180°？（这是对实验研究法的一种质疑。）不断鼓励学生展开"批判之问"，学生的思维就会突破常规、习惯的约束，向更理性、更批判、更自由的境界漫溯。

案例▷提出"我的问题"典型案例

案例1："体积单位间的进率"学习单五种经典提问汇总

"体积单位间的进率"学习单五种经典提问汇总

困惑之问

1. 为什么面积单位是平方，而体积单位是立方？

2. 为什么体积单位无法直接和长度、面积单位互相转换，而可以和容积单位相互转换？

溯源之问

1. 体积单位与容积单位可以互相转换的原因是什么？

2. 体积单位之间的进率是怎样的？

类比之问

1. 除了长度单位、面积单位、体积单位和容积单位，还有什么单位？

相邻的进率是多少？

　　2. 学习了二维、三维图形的单位及进率，四维图形有没有单位？进率又是多少？

　　关联之问

　　1. 有立方厘米、立方分米和立方米，有没有立方公顷？立方公顷又可以换算为几立方米呢？

　　2. 体积单位之间的进率与面积单位之间的进率有什么关联？

　　批判之问

　　1. 一个长方形等不等于一个与它长和宽相等、高为0的长方体？

　　2. 立方厘米、立方分米、立方米这些体积单位之间的进率是借助正方体推导出来的，为什么不借助长方体推导呢？

提问：南京市南站小学六（1）班全体学生

汇总：南京市南站小学满斌老师

案例2："解决问题的策略"学习单全班学生提问汇总

　　南京市南站小学五（1）班全体学生根据提问策略，在完成苏教版小学数学教科书五年级上册"解决问题的策略"学习单时提出了不同的问题，满斌老师对所有问题进行了梳理汇总。

提问：南京市南站小学五（1）班全体学生

汇总：南京市南站小学满斌老师

问答 ▶ 提出"我的问题"困惑回应

No.1：最常用的"提问小妙招"有哪些？

　　锦囊清单　　除了前文所提出的提问的五大基本路径外，关于如何提出高质量的问题，南京市北京东路小学数学团队在大量阅读文献的基础上，结合团队自身的丰富实践，梳理出了19个助力学生提问的小妙招（见下图）。

提问第1招：你会用"为什么"开启提问之旅吗？（吴贤）

提问第2招：你会用"替换法"来一场提问的头脑风暴吗？（宗理）

提问第3招：你会用"是什么"提一个探究性问题吗？（李静）

提问第4招：你会用"怎么办"提出拓展性问题吗？（宗理）

提问第5招：你会用"从哪儿来"提问吗？（李静）

提问第6招：你能用"有什么用"提问吗？（吴晶晶）

提问第7招：你能用"比较法"进行提问吗？（刘金鑫）

提问第8招：你会用"反向提问法"提问吗？（焦梦月）

提问第9招：你会用"还可以怎样"开放性提问吗？（吴晶晶）

提问第10招：你会用"如果不……"进行"否定式"提问吗？（张秋雯）

提问第11招：你会在"教材目录"上提问吗？（胡启梦）

提问第12招：你能结合"统计图表"提问吗？（徐芳芳）

提问第13招：你能根据"条件"提出新的问题吗？（刘金鑫）

提问第14招：你会对"过程的合理性"提问吗？（房静）

提问第15招：你能对"小卡通想法"提问吗？（张秋雯）

提问第16招：你会对"限定性条件"提问吗？（胡启梦）

提问第17招：你会观察"情境图"并提问吗？（徐芳芳）

提问第18招：你会在"作业"中提问吗？（房静）

提问第19招：你能尝试"杠精式"提问吗？（焦梦月）

视频观摩　针对每一个提问小妙招，南京市北京东路小学数学团队还专门录制了配套的19个小视频，每一个视频都按照"我的烦恼—妙招来啦—实战演练—我来试试"的路径，为我们详细拆解了每一个提问小妙招的内涵、应用场景和使用指南，并给学生布置了相应的操练作业。教师可引导学生观摩这些小视频，并通过讲解、点评、梳理、总结等多种方法，帮助学生更好地认识、理解这些小妙招。

尝试运用　当学生初步认识和把握这些提问小妙招后，教师可鼓励学生在完成社会化学习单"我的研究"板块时，借鉴相应的小妙招，尝试用类似的方法和视角提出问题。教师在批改学生的学习单时，要有意识地对学生提出的问题进行点评，对于借鉴小妙招后提出高质量问题的学生予以表扬，并对仍然存在提问困难的学生进一步予以方法指导，以保证每一个学生都能提出不同层次、不同水平的问题。

No.2：学困生怎么都"提不出问题"怎么办？

首先，教师要充分意识到，学生提问能力的发展不是一蹴而就的，而是需要一个漫长的过程。其次，教师还要充分意识到，学困生不仅在完成学习任务上存在困难，在提出问题上同样存在困难，这是正常现象。在此基础上，我们可以通过深入访谈、个别指导、制度激励等多种方法，帮助学困生实现提问能力的自我超越。

深入访谈   在学困生遇到学习困难时，教师需要通过深入访谈了解其问题所在，并给出有针对性的指导意见。对于提不出好问题的学困生而言，深入的个别访谈同样需要。教师可以通过查看学困生的学习单，了解其目前的提问现状；可以通过和学困生深入沟通，了解他们在提问过程中到底存在哪些困难。很显然，学困生是不可能没有问题的，至少在"困惑之问"上，学困生才是提问的主力军。只不过，他们可能缺乏对自己真实困惑的识别能力，或者缺乏用自己的语言将学习中遇到的困惑表达出来的能力。

个别指导   找到问题的根源后，教师可以个别化地对学困生的提问进行定向指导。比如，教师可以结合学困生已经完成好的某份学习单，一一分析其目前在哪些知识点上还存在认知的模糊、思维的混沌、方法的单一、理解的肤浅，从而精准助力其找到自身的困惑所在，并尝试用上面提到的19种提问小妙招，帮助其将学习中的困惑表达出来。当然，教师也可以借助"出声思维"的方式，亲自给学困生示范自己是如何在完成"我的研究"的过程中，一步一步提出自己的问题的；在此基础上，教师再引导学生模拟自己提问的基本过程，让学生尝试边研究、边思考、边提问，并对学生的提问过程进行指导和点拨，直到学生能够提出适合学困生思维水平的问题。对于学困生，教师不应该以学优生的标准去衡量和评判其提问的数量和质量，而应循序渐进，先让学困生提出问题，实现从无到有的突破；再不断引导他们提更多数量、更高质量的问题，实现从有到优的提升。

制度激励   有些时候，学困生提不出问题，并非完全是因为能力问题，也可能是因为动力问题。教师可以在小组评价制度的设计中，通过多倍积分奖励的方式，激励学困生提出高质量的问题，激发他们提问的积极性和成就感。此外，教师要充分发挥学习共同体的群体动力作用，调动组长和组员指导学困生提问的主观能动性，通过"兵教兵"的方式，加强对学困生提问能力的关注与指导，从而在组内如一对一、三对一的精准帮扶中，快速帮助学困生找到提问的动力和方法，助力其提出更多数量、更高质量的问题。

💡 创意 ▶ 提出"我的问题"创意应用

No.1：结合"我的目标"来提问

存在问题　提问本身既是目的，也是手段。说其是手段，是因为无论是个体基于学习单的提问，还是小组基于比较、协商的精选提问，都是社会化学习课堂"质疑深化"环节的重要载体。其实，"质疑深化"环节并不只是一个纯粹的答疑解惑的环节，它还承载着以小组提问为契机，助力全体学生的思维由模糊到清晰、由单一到多元、由肤浅到深刻、由零散到结构，进而深度达成学习目标的功能。实践过程中，我们发现学生提出的很多问题虽然本身质量并不低，但由于和本课的学习目标之间关联度不高，故而很难被教师采纳，也无法助力全体学生的深度学习。

创意方法　好的问题不仅自身质量要高，还要能助力学生深度达成课堂学习目标。所以，教师可以刻意引导学生结合社会化学习单"我的目标"栏目来提问。学生通过细致解读"我的目标"，在充分了解本课的学习目标所指后，结合学习目标中的关键字词、核心内容展开提问。比如，在"用方向和距离确定位置"一课中，有教师围绕学习目标中的第一条，提出了如下图所示的问题作为示范。

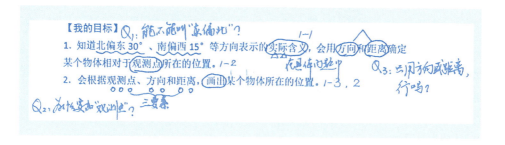

显然，这三个问题都与本课的学习目标深度关联。实践也证明，这样的问题往往更容易被教师采纳，并引领全体学生的思维在"独立研究"和"组内共学"后，真正朝向更本质、更关键、更核心的地方深化。

效果评估　教师坚持引导学生结合"我的目标"提问后，学生的提问能力，以及提出问题的数量和质量都会在短期内得到快速提升；同时，学生提问的聚焦度也较以往有了明显提升。他们提出的问题不再漫无边际，而是基本都能与本课的学习重点和难点紧密相关，这些问题多数也会被教师采纳，成为课堂学习的重要话题。

No.2：教师提问"示范秀"

存在问题　提问的技巧和方法可以梳理，但一个真正的好问题究竟是如何在学习的过程中涌现出来的，其背后的思维机制并没有得到充分的揭示。这就给教师探寻如何真正有效地教会学生提出高质量的问题带来了困扰。

创意方法　教师可以尝试借助"出声思维"的方法，帮助学生展现一个成年人、一个专业的教学专家是如何在学习的过程中提出高质量的问题的。教师可以结合某份空白学习单，一边尝试完成学习单，一边将自己的思维过程用语言表达出来，尤其要把自己在面对新知时的认知困惑、面对结论时的原因追溯、面对已有结论时的关联之问等问题产生的过程原原本本呈现在学生面前，让学生看到教师的问题是在哪里生发出来的。然后，教师组织学生进行观察，把教师提出问题的契机、方法、触点等进行梳理、概括和提炼，从而在教师示范、学生观摩、梳理概括的过程中，帮助学生了解专家是如何提出高质量的问题的，为其今后模仿专家提问奠定基础。

效果评估　通过对教师"出声思维"式的提问示范的观摩学习，学生对于一个专家是如何提出问题的，以及其背后的提问机制、问题触点、提问技巧、提问视角等，有了更深入的感知和了解。这样的观摩大大提升了学生对提问原理的认知和把握。同时，"出声思维"让教师有机会对原本缄默的提问心理过程有更清晰的感知和体察，对于自己今后更好地指导学生提问，甚至提升自我提问能力，也有巨大的帮助。

🔗 **链接** 提出"我的问题"重要资源

链接1："提问小妙招"系列视频之一

妙招：你会在"教材目录"上提问吗？

制作：南京市北京东路小学胡启梦老师

指导：南京市北京东路小学吴贤老师

链接2："提问小妙招"系列视频之二

妙招：你会对"过程的合理性"提问吗？

制作：南京市北京东路小学房静老师

指导：南京市北京东路小学吴贤老师

复盘 提出"我的问题"要点回顾

互动 提出"我的问题"互动作业

你能结合下图学习单中的"我的目标"，提出2—3个问题吗？

【我的目标】

1.能判断日常生活中的对称现象，通过折一折、剪一剪、比一比等活动，认识轴对称图形，认识对称轴。

2.能通过看一看、折一折、比一比、想一想，判断一个图形是不是轴对称图形。

第五章

如何组织组内共学？

第**1**节

如何制定 "组内共学规范"？

⊚ 内涵 ▶ "组内共学规范" 基本含义

　　"组内共学"是社会化学习课堂三大重要环节之一，也是社会化学习最典型的课堂特征。"组内共学"环节通常需要持续10—12分钟，教师一般不介入，主要由组长带领整个学习共同体通过有效协作共同完成。这样的学习方式无论对学生个体还是对整个学习共同体而言，都意味着巨大挑战。组内共学规范，是指学习共同体在开展持续10—12分钟、教师弱干预的共同学习时需要遵循的基本规范和准则，它是学习共同体开展组内共学时的行动指南。

⊜ 价值 ▶ "组内共学规范" 制定缘由

　　解决共学之困　　由于"组内共学"通常需要持续10—12分钟，这与传统课堂中通常持续3—5分钟的小组合作学习存在着本质区别，对学生共同学习的能力构成巨大挑战。教师在这个环节中又基本处于不参与或弱参与状态，学生只能在组长的精心组织与组员的深度配合下完成整个"组内共学"环节，这对学生的共学策略、方法等提出了全新的要求。制定组内共学规范就是为了能够给学生提供一整套开展高品质组内共学的工具和方法，助力整个学习共同体有效应对上述挑战。

　　提升共学之质　　"组内共学"环节除了学生绝对主导、持续时间长、教师弱干预等特征外，还承担了一个重要的使命，即"组内共学"环节还需要团队成员在组长的带领下、在大家的齐心协力下，基本掌握学习单所涉及的本课内容。事实上，"组内共学"结束后，教师不再组织全班学生进行小组学习成果的展示和汇报，也不再依托展示汇报环节帮助学生弥补共学时的知识漏洞和认知盲区。这样的独特逻辑设定，自然对"组内共学"的品质提出了更高的要求。制定组内共学规范，就是为了能够以工具的交付、方法的赋能，助力学生全面提升"组内共学"的品质，有效落实"组内共学"需要达成的重要学习目标，为整个社会化学习课堂质量的提升奠定坚实的基础。

发展共学之能　独立探索、合作交流既是课程标准所倡导的重要学习方式，也是学生通过持续学习形成的重要学习能力和学习素养。从某种意义上讲，在学习共同体内学会提问、表达、沟通、交流、对话、质疑等，都是学生学会学习的重要表现，也是学生学习素养的重要组成部分。制定组内共学规范，就是为了给学生在学习共同体内学会交流、学会对话等提供具体的方法指导。学生通过"组内共学"既落实了课堂学习的知识和方法目标，也有效提升、发展了共学素养，促进了自己学会学习。

🧭 路径　"组内共学规范"制定步骤

制定组内共学规范，通常可以按照规范学习环境、规范肢体动作、规范共学语言三个基本步骤展开。

规范学习环境　营造良好的外部环境，是学生开展高质量组内共学的重要前提。规范学习环境，通常可以从如下三个方面安排。

座位设计　考虑到"组内共学"环节依赖团队内部学生与学生之间的频繁互动与交流，因而不同学生之间的物理距离不宜过大。传统的秧田式座位摆放，通常不利于学生展开更深入的合作与交流。我们鼓励教师在教室既有座位环境的条件下，通过对座位进行适度调整（见下图），拉近学生与学生的物理距离，为生生互动交流提供保障。

物品精简　考虑到小学生的年龄特点，加上整个"组内共学"环节缺乏教师的及时提醒与干预，我们鼓励学生在开展组内共学时，桌面尽可能保证干净整洁，只留下共学时几乎全程都必须用到的学习用品，比如学习

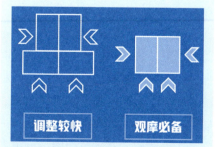

单和笔；而把共学时几乎全程用不到
的物品，比如文具盒，或者只在部分
时间才用得到的学习用品，比如教科
书等，全部放入抽屉中，只在需要用
时再临时拿到桌面上来。干净整洁的
桌面，可以最大限度减少无关物品对
组内共学的干扰，让学生的注意力全
部聚焦学习内容（见右图）。

有序摆放　尽管桌面上的学习用
品已经简化到极限，但考虑到多个学生的学习用品放在一起，还是会比较多而
杂乱，我们要求学生把有限的学习用品尽量有序摆放，甚至可以考虑把几份学
习单叠在一起，轮到谁交流就把谁的学习单置于最上方。这样的安排，可以最
大限度地减少桌面无关材料和信息对学生注意力的干扰，为开展高质量的组内
共学提供保障。

规范肢体动作　肢体动作本身就是一种重要的语言，这种语言在学生开
展组内共学时显得尤为重要。良好的肢体语言，既能够展现出个体良好的学习
习惯，又能够助力自己的同伴更好地参与学习，从而为整个学习共同体开展高
质量的组内共学提供重要支撑。具体而言，我们可以从如下几个维度对肢体动
作进行规范。

坐姿聚拢　开展组内共学时，我们要求学习共同体所有成员的坐姿都向中
心位置聚拢，呈现出一种大家"紧紧围在一起"的肢体状态。

红笔指说　我们要求交流的学生用红笔指着所交流的内容，以引导所有同
伴知道自己交流的内容在哪里、是什么，尽可能提升交流的品质。

视线聚焦　所有学生的目光都应该聚焦交流者红笔所在的位置，也就是交
流的具体内容上。如果把每个学生的目光画成一条线，这几条线应该相交相汇
在红笔笔尖所在的位置。

材料利他　交流不仅是为了展示自己的思考，更要帮助同伴更好地理解相
关的学习内容。所以，轮到谁交流时，谁的材料要尽可能旋转一定的角度，以
保证其他同伴能够更好地看清自己材料中的相关内容。有时，我们还建议交流
的学生将学习材料竖起来推向远方，这样的方式可以更好地保证所有学生都能
以比较舒适的视角看到相关的学习内容。

积极回应　共学过程中，交流者以外的其他学生不能只认真倾听，倾听过

程中和倾听结束后，还要适时、恰当地通过点头、微笑等方式给予回应。通过这样的方式，倾听者可以让交流者感受到被关注、被尊重，从而进一步强化交流者的情感体验，提升整体的共学品质。

规范共学语言　如果说恰当的肢体动作是开展组内共学的重要前提，那么规范的、适切的组内共学语言的运用，就是开展组内共学的核心保障。一般而言，组内共学的语言大致分为如下五类，分别适用于不同的学习者身份和不同的应用场景。

启动任务类　这一类语言主要由组长使用，用于每一个学习任务的启动环节，由此开启学习内容的分享和交流。相关的语言句式有很多，比如"谁来读题""谁来说说你的想法""请你说一下你的思考"等等。

阐述思考类　这一类语言主要由组员使用，用于阐述对相关学习内容或任务的思考和观点。它是"组内共学"环节中时间占比最长的语言类型，相关的语言句式也很多，比如"请大家听我说……""我是这样想的……""我来说说我的思考……""我觉得这个问题……"等等。

引导互动类　这一类语言一般由组长和组员共同使用，是在学生个体表达完相应的思考和观点后，用于组长组织或由组员自动开启同伴之间的思维碰撞和观点交锋。如果说阐述思考类语言呈现的是由问题向答案的纵向推进，那么引导互动类语言呈现的则是个体与个体之间的横向交互。相关的语言句式有："对于你的想法，我有补充""对于你的观点，我有质疑""谁能对我的想法进行补充""谁能对我的想法进行质疑""谁来对他的想法进行补充""谁来对他的想法进行质疑"等等。

评价反馈类　这一类语言一般由组长使用，组员也可以主动使用这类语言，由此展开组员之间相互的评价和反馈，提升交互式学习的深度和品质。相关的语言句式有："谁来评价一下他的观点""谁来对我的想法进行评价""我觉得你说得非常好""我建议大家给他掌声""我觉得你说的想法不对"等等。

复盘总结类　这一类语言主要由组长使用，通常适用于某个学习内容交流结束时。通过复盘和总结，组长可以帮助大家梳理、回顾、整合相关的思考和方法，以便大家达成共识、提炼方法、总结经验，为这一阶段的学习画上句号，也为下一阶段的学习做好知识、方法等层面的铺垫。相关的语言句式有："我来给大家总结一下""谁来总结一下这道题""解决这类题有什么好方法""通过刚才的学习，大家有什么收获""通过刚才的学习，大家有什么启发"等等。

当然，真实场景中的"组内共学"所涉及的语言类型和相关句式可能还不止这些，教师可以在日常的教学实践中加以总结和梳理，并引导学生应用到"组内共学"的学习实践中。

案例　制定"组内共学规范"典型案例

案例1：组内共学规范思维导图

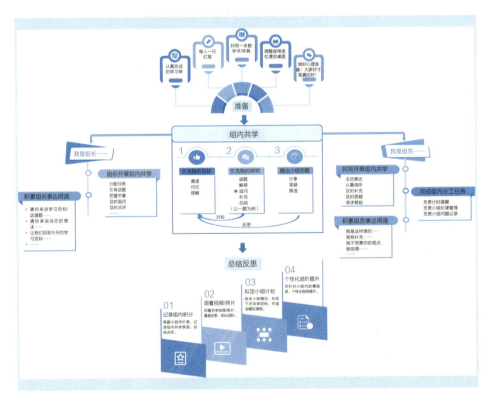

设计：南京市北京东路小学阳光分校戴越老师

指导：南京市玄武区教师发展中心张齐华老师

案例2:"百分数的意义""组内共学"视频

扫描右图中的二维码,可以观看由南京市锁金新村第一小学六(2)班第3小组共同完成的"组内共学"环节,该视频由南京市玄武区教师发展中心张齐华老师录制。观摩本视频时,大家可以着重关注上文中所提及的共学环境、肢体动作、语言规范等维度,感受良好的共学环境、肢体动作、语言规范是如何促进高质量的组内共学发生的。

问答 制定"组内共学规范"困惑回应

No.1:"组内共学"时间必须是10—12分钟吗?

酌情而定　社会化学习课堂中"组内共学"环节并非只能是10—12分钟,教师完全可以根据不同的年级、不同的学习内容对时间进行灵活设定和调整。比如,如果是低年级学生开展社会化学习,考虑到学生的语言表达能力、互动交流能力、注意保持能力等相对较弱,教师可以考虑安排8—10分钟的"组内共学";对于中、高年级学生,教师则可以根据学习内容要求,考虑安排10—12分钟的"组内共学";如果有些内容思维难度高,方法又相对多元,学生更容易产生生生间的多维互动,教师甚至可以考虑将"组内共学"安排到12—15分钟。具体时长不做统一要求,需要教师灵活地进行安排和调整。

保证时长　考虑到社会化学习课堂中学生需要通过持续、高频的生生互动,在社会交往和协作中完成知识的系统建构与社会情感能力的发展,因而在承认"组内共学"时长可以酌情而定的前提下,我们仍然要努力保证每堂课中有相对完整且充分的共学时长。从这个角度来说,我们一方面希望学生的"组内共学"时间有足够的保证,尽量不要低于5—8分钟;另一方面希望社会化学习课堂中能够有更持续、更具连贯性的"组内共学",而尽量少安排分段式、教师高频介入引导式的"组内共学",以便为学生创造足够的互动时间,全面实现学生知识深度理解、素养多维生成、社会情感能力全面提升的目标。

逐步提升   随着学生年龄的增长和共学素养的不断提升，我们倡导教师逐步增加学生"组内共学"的时长，直到达到10—12分钟的基本要求。这是一个循序渐进的过程，不同班级、不同小组可能会有不同的发展规律。教师要灵活根据班级和学生的实际情况，小步子、分阶段、有规划地进行共学时长的增加。

No.2：如何对学生"组内共学"进行有效培训？

规范解读   教师可以将前文所述的组内共学规范以文本或思维导图的形式进行系统梳理，并面向全体学生进行解读，既要告诉学生应该怎么做，也要细致分析为什么要这样做，所谓知其然，还要知其所以然。通过细致解读规范，教师让学生全面了解"组内共学"的详细要求，为后一步的具体学习行动奠定认知的基础。

视频分析   抽象的文本解读总是空洞的。教师可以通过前期训练，录制一些典型的组内共学视频，组织全体学生认真观摩。观摩过程中，教师还可以通过视频切片的方式，对视频进行更深层次的解读和分析，比如外部学习环境是否符合要求、肢体动作是否规范到位、共学语言是否应用自如等。对于做对的部分，学生可以学习、借鉴、模仿、参照；对于不足的地方，学生可以分析原因、寻找对策并尝试给出完善的意见。通过这样的视频观摩和切片分析，教师可以在更生动、更真实的共学场景中，深化学生对组内共学规范的认识和理解。

模拟演练   除了文本的解读和视频的观摩，教师还可以组织班级中的优秀小组面向全班进行模拟演练。如果说视频观摩还隔着一块屏幕，那么现实场景中的模拟演练，则能够让学生更真切、更鲜活地观察身边的伙伴是如何展开组内共学的，思考他们的共学实践中有哪些优点值得借鉴和汲取、有哪些不足还有待优化与调整。通过真实场景中的模拟演练，教师可以进一步提升全体学生对"组内共学"的理解和认识，并获得更有现场感和情境性的直接经验，有效提升各小组今后的共学品质。

No.3："组内共学"后为什么不再展示汇报？

传统的课堂中，小组合作之后教师通常会安排小组展示和汇报学习成果。社会化学习对这样的常规流程进行了结构性改造，取消了小组学习成果的汇报，而是鼓励学生提出个体和团队的问题，并基于来自学生的提问展开答疑和互动，深化学生的学习。这样的独特设计，是基于如下几点思考。

避免重复　学生在独立完成学习单时，已经完成了对本课重要课程内容的首次学习。持续、深度的组内共学，又让学生可以在同伴的支持、协助下，完成对相关课程内容的再次学习。如果此时再组织学习小组结合学习单进行成果汇报和展示，则势必会让基于学习单的相关学习活动第三次发生。取消小组的展示汇报环节，就是为了避免这样低层次、重复性的学习活动多次发生。

因需而教　对于学生学什么的问题，我们当然要基于课程标准、基于教材、基于教师的精心设计给出答案。但是，这样的考虑终究是站在"教"的立场和维度，没有充分考虑学生"学"的需要。鼓励学生在研究过程中提出问题，进而根据学生的提问展开后续的教学，恰恰体现出对学生真实需要的一种关照和回应，是教学活动由"供给侧"转向"需求侧"的一场"供给侧改革"。这样的改革，最大限度地实现了对学生真实学习需要的满足，并保障了学生的真实学习得以有效发生。

激发动力　心理学有关理论表明，个体出于生存的需要，往往只对与自己利益、需要高度相关的问题感兴趣，并愿意为此付出行动。这样的心理和行为倾向已经刻入人的基因，成为人的本能。从引导学生解决教师精心设计的问题，转向鼓励学生解决他们自己提出的问题，显然更容易激发学生参与学习的主动性和创造性，从而有效解决学生参与学习的动力问题。

倒逼质量　"组内共学"之后，如果教师继续组织小组汇报和展示，这样的流程安排有可能会让部分小组的"组内共学"流于形式，质量得不到充分的保障。毕竟，无论"组内共学"质量如何，最终还会有教师和优秀的学习小组来帮忙兜底。这样的逻辑设定，无形中弱化了"组内共学"的品质。放弃传统的小组汇报和展示，相当于让各个学习小组无路可退，从而倒逼他们主动提升"组内共学"的品质，全面提升课程学习的质量。

💡 创意 制定"组内共学规范"创意应用

No.1：将组内共学规范融入学习单设计

存在问题　组内共学规范涉及面广，内容又相对繁杂。面对真实情境中复杂的"组内共学"，无论是组长还是组员，有时都很难做到按规范办事，从而让组内共学规范难以有效落地，"组内共学"的高品质也难以实现。

创意方法　教师可以通过将组内共学规范融入学习单这样的创意举措，有效解决上述问题。具体可以分为如下三个步骤。

首先是**规范提纯**　组内共学规范的内容比较庞杂，教师可以根据本班学生的实际情况，精心挑选一些更重要、更关键、更迫切需要的内容进行梳理，形成精华版的组内共学规范。

其次是**融入设计**　在设计学习单时，教师可以把精简版的组内共学规范，或置于学习单的页眉或页脚，或以提示框的方式置于学习单"我的研究"边上。通过这样的方式，教师可以巧妙地将学习任务和共学要求合二为一，让组长和组员在参与组内共学的过程中有章可依、有规可循。

最后是**边看边学**　组长和组员可以一边对照学习单中的共学内容，一边借鉴学习单中梳理的精华版共学规范开展组内共学。外部环境存在问题时，大家可以及时相互提醒和改正；肢体动作不够及时和到位时，大家可以相互提示和引导；共学语言有所遗忘时，大家可以边看边学、边学边用，把重要的共学语言及时应用到组内共学实践中来。

效果评估　将组内共学规范融入学习单，快速提升了组长和组员运用共学规范的意识和能力，大大提升了各学习小组"组内共学"的品质，体现出教师对学生组内共学活动的"另类支持"。

No.2：教师组织组长开展共学语言集训

存在问题　实践过程中，我们发现，外部的物理环境与可视化的肢体动作可以通过必要的训练很快实现统一、规范。然而，针对不同场景的复杂的共学话语系统的建构，尤其是在共学中起到关键作用的组长的语言模式的建设，需要一个漫长的过程。这也是教师在组织学生开展高质量组内共学时遇到的最大困境。

创意方法　教师可以组织组长展开共学语言的集训活动，从关键人物的关键要素上下手，助力组长尽快熟悉、掌握相应的话语系统，为组织全组学生开展高品质的组内共学奠定基础。具体可以按如下四个步骤展开集训。

首先是**梳理**　教师将整个组内共学语言系统中，与组长角色深度关联的语言句式进行定向梳理，形成组长版组内共学语言句式汇总。

其次是**熟练**　教师帮助组长打印相关的语言句式，利用课余时间充分熟练相关句式，努力达到自动化程度，以应对每天课堂中"组内共学"的挑战。

　　再次是模拟　教师可以组织组长与组长之间利用课余时间专门组建"VIP学习小组"，并运用相关的语言句式，在这样的"VIP学习小组"中展开模拟演练。

　　最后是互助　根据模拟演练的情况，组长与组长之间还可以形成互助小组，优秀的可以帮助落后的，熟练的可以助力生疏的。大家相互提醒、相互指导、相互借鉴、相互学习，共同促进每一个组长在这样的集训活动中获得共学语言能力的提升。

　　效果评估　通过若干次组长共学语言的集训，组长从共学语言的掌握到应用都有了显著的提升。集训过程中大家积累了丰富的实战经验，并能很好地将经验迁移到真实的课堂共学场景中，大大提升了各学习小组的共学品质。

🔗 链接　制定"组内共学规范"重要资源

链接1："组内共学"组长语言句式清单

　　南京市北京东路小学阳光分校戴越老师梳理出适合"组内共学"的组长语言句式清单，例如"请××同学读一下'我的目标'""请××来说说你的想法……"等等，组长借助这些句式能够更高效地组织"组内共学"环节。

链接2："组内共学"组员语言句式清单

　　与组长语言句式清单相匹配，南京市北京东路小学阳光分校戴越老师也梳理出了组员语言句式清单，例如"对于这道题，我是这样想的……""我同意/不同意你的观点，我觉得……""我有补充，我是这样想的……"等等，组员借助这些句式能够更主动地参与"组内共学"环节。

📇 复盘 ▶ 制定"组内共学规范"要点回顾

🔲 互动 ▶ 制定"组内共学规范"互动作业

你能观摩本节案例2"组内共学"视频，写下学生的优点和不足吗？

第**2**节

如何共学"我的目标"？

🎯 内涵　共学"我的目标"基本含义

　　"我的目标"是社会化学习单的首要组成部分，也是学生开展组内共学时需要共学的第一项内容。在组长带领下，全体组员通读"我的目标"，共同分享对"我的目标"的内涵、重点、关键，以及与"我的研究"任务之间的关联等的认识和理解，以此正式拉开"组内共学"的序幕。

📑 价值　"我的目标"共学缘由

　　深化理解　"我的目标"由教师主导设计，虽然是基于学生立场和学生视角，但要让每一个学生真正理解目标的内涵、把握目标与任务之间的内在关联，还需要他们在团队中展开充分的交流和沟通，以深化团队成员对目标含义的理解。

　　对齐目标　"我的目标"的文字相对精简、凝练，不同水平的学生容易产生不同的理解。通过共学"我的目标"，学生可以很好地在团队中完成目标的对齐，让共同体内的每一个成员对"我的目标"真正想表达的内涵理解一致，避免出现各自为政、目标偏移的现象。

　　引领共学　"我的目标"是"我的研究"的灵魂。只有把"我的目标"共学到位、理解透彻，学生在共学"我的研究"时，才能知其然更知其所以然。所以，共学好"我的目标"，是为随后共学"我的研究"打好基础、引领方向。

反思参照　通常情况下，"组内共学"的最后，组长需要带领全体组员对照"我的目标"进行复盘和反思。如果大家对于"我的目标"没有解读到位且达成共识，那么"组内共学"最后的复盘和反思也就很难有效达成。共学好"我的目标"，也是为了给最后的反思和回顾提供清晰的参照。

路径▶"我的目标"共学步骤

共学"我的目标"，可以按照阅读目标、解读重点、对标任务三个基本步骤展开。

阅读目标　简单来说，这一步就是由组长引导或带领组员把整个"我的目标"通读一遍，以便让大家整体了解"我的目标"的内涵。这里的通读，可以是默读，也可以是出声读；可以是由个体通读，也可以是由整个小组共同通读。

解读重点　"我的目标"虽然文字精简、凝练，但在2—3个句子的表述中，仍然还有关键要点值得解读和品鉴。具体可以按如下三个步骤展开。

提示重点　鼓励组员对"我的目标"中自认为最关键的字词、最重要的内容、最核心的观点进行勾画。

个性阐述　引导组员用自己的话语，把"我的目标"中的重要表述和内容阐述出来，这既是对组员是否真正读懂、读透"我的目标"的一次检验，也是为了帮助全体组员真正理解目标中重点内容的含义。

适当补充　在提示重点和个性阐述之后，鼓励其他组员简要地做出补充和点评，从而在相互补充、相互完善的基础上，深化每一个组员对"我的目标"关键要点的理解。

对标任务　"我的目标"是设计"我的研究"的重要参照，两者之间具有高度的一致性。共学"我的目标"时，小组不仅需要解读其内涵，还要在此基础上，把"我的目标"与"我的研究"进行对标和匹配，比如"我的目标"中的哪一条对应"我的研究"中的哪一个任务。通过对标任务，小组让"我的目标"真正与"我的研究"之间建立实质性关联，从而让共学"我的目标"发挥更重要的学习价值。

案例 共学"我的目标"典型案例

案例1：小组共学"鸡兔同笼""我的目标"实录与点评

张洛瑜：今天我们来学习"鸡兔同笼"问题。宋昕妍，你先来读读"我的目标"。

宋昕妍：1.会用画图、列表、假设等方法解决"鸡兔同笼"问题，了解不同方法之间的联系和区别；2.能够辨别除了"鸡兔同笼"问题以外，还有哪些问题也算"鸡兔同笼"问题，并能用上面的方法灵活解决。

张洛瑜：你读得非常好！大家在"我的目标"里发现了什么重点吗？宦嘉为你来讲吧！

宦嘉为：我觉得"画图、列表、假设"是重点，因为这些方法都是解决"鸡兔同笼"问题的基本方法。老师也在"我的研究"这里，安排了这三种方法的相关题目。

张洛瑜：宦嘉为说得非常好！让我们给他掌声！

张洛瑜：对于重点，还有补充吗？蒋竞谊你来讲！

蒋竞谊：我觉得"联系和区别"也是重点。王老师教过我们，一个题目如果有多种方法，我们就要从这些方法里找联系和区别。

张洛瑜：你说得也非常好！

宋昕妍：我觉得"还有哪些问题也算'鸡兔同笼'问题"是重点，因为只要知道哪些问题也算"鸡兔同笼"问题，我们就能解决更多类似的问题。

张洛瑜：你说得也非常好！谁能把"我的目标"和"我的研究"里的学习任务对标？蒋竞谊你来说。

蒋竞谊：我觉得"我的目标"1对应第一大题的第一小题，"我的目标"2对应第二大题。

张洛瑜：你说得很不错！那"我的目标"就交流完了，我们来看"我的研究"板块。

点评：这个组关于"我的目标"的交流质量很高，主要体现在以下几个方面。首先，环节完整，读题、交流"我的目标"里的重点、对标学习任务等均在其中。其次，重点突出，学生清楚知道待会儿要交流的重点是什么，比如有学生提到"'联系和区别'也是重点"，这就会让"组内共学"的"主航向"不偏离。最后，对标意识强，学生有很好的对标意识，相信待会儿每一题完成后，或者整个"我的研究"板块讨论结束后，学生一定能够回头再来看看"我的目标"是否都实现了、如果实现了，继续推进下一环节；如果没有实现，赶紧再补充。真心为这个小组点赞！

完成：南京市北京东路小学阳光分校四（3）班第4小组

点评：南京市北京东路小学阳光分校王江老师

案例2：小组共学"鸡兔同笼""我的目标"视频

该视频由南京市北京东路小学阳光分校王江老师在其执教的四（3）班第4小组共学人教版小学数学教科书四年级下册"鸡兔同笼"学习单"我的目标"时录制而成。整个视频中，学生严格按照"阅读目标—解读重点—对标任务"的基本步骤完成对学习目标的共同交流（扫描二维码可观摩）。

问答 共学"我的目标"困惑回应

No.1：共学"我的目标""有点费时"怎么办？

实践起步阶段，大家普遍觉得"组内共学"要用10—12分钟，时间太长，学生无话可说。随着学生共学方法、策略、工具的不断丰富，大家越来越觉得，10—12分钟根本不够。此时，大家开始意识到，仅共学"我的目标"就需要花费2—3分钟实在有点费时。面对这一困境，我们建议大家可以这样应对。

取消通读　有些组长会让组员完整地把"我的目标"通读一遍。由于学生尤其是中低年级学生阅读速度比较慢，通读一遍本身就容易花费大量时间，且效果还不显著。所以，教师可建议学生取消完整通读，而以重点解读关键字词来替代。

抓关键词　教师鼓励学生在共学"我的目标"时，直奔主题，只挑目标中的关键字词和重要内容进行提示和解读，比如这节课重点要解决什么问题、关键的地方在哪里等等。通过抓大放小、重点突出的方式，学生能够实现这一环节的节时提效。

组长主导　考虑到组长对"我的目标"的解读可能要比组员更深入、更通透，对重点和要点的把握也会更准确，所以共学"我的目标"时，教师不妨让组长亲自主导，用最简明扼要的语言，把目标中最关键、最突出的地方直接向组员进行阐释，以有效节约共学的宝贵时间。

No.2：共学"我的目标"如何避免"形式化倾向"？

个性解读　如果共学"我的目标"更多停留在完整地读一读目标、不痛不痒地提示一下目标中的关键字词，那么学生共学"我的目标"这件事自然就容易步入形式化的窠臼。教师可以鼓励学生少读目标，多用自己的、彼此能够理解的、通俗易懂的话对目标进行个性化的解读。通过这样的方式，学生对目标的共学能够超越形式化的点到为止，而做到实质性的意义理解。

循环运用　如果共学"我的目标"只发生在"组内共学"的一开始，之后学生不再回应目标，这样的目标共学很容易变得形式化，而少了目标解读对"组内共学"环节的实质性促进。为此，我们不妨从如下三个时段对目标进行深度加工。

首先是共学前解读目标　在共学目标之初，教师要帮助学生对学习目标进行深入浅出、个性化的解读与拆解，保证每一个学生都能深入领会"我的目标"的内涵和要点。

其次是共学时对照目标　在共学"我的研究"时，教师要引导学生不能仅就"我的研究"探究"我的研究"，而是要主动把研究任务和学习目标进行匹配，时常判断、反思每一项任务有没有达成"我的目标"、达成到什么程度、哪些地方还存在不足。通过这样的对标找差，学生可以对"我的目标"之于整个"组内共学"的意义和价值拥有更深入的体认。

最后是共学后回扣目标 "我的研究"共学完成后，教师要有意识地引导学生回扣"我的目标"，尤其是对照"我的目标"全面反思、梳理目标的达成情况，回顾"我的研究"共学时是否还有不准、不深、不通、不透的地方，从而以"我的目标"作为反思校准器，全面复盘整个"组内共学"的效果。在这样的过程中，教师再次深化学生对"我的目标"价值的体认。

💡 创意 ▶ 共学"我的目标"创意应用

No.1：组长学习单标注"目标共学小贴士"

存在问题 共学"我的目标"虽然相对简单，但正因其简单，组长在组织组员展开目标共学时，往往会动作变形，从而让共学过程形式大于实质，未取得应有的共学效果。

创意方法 我们鼓励组长将目标共学时的基本路径、策略和方法进行提炼，并把相关的要点梳理成简明扼要的文字，打印并贴在数学书的扉页上。当然，教师在设计社会化学习单时，也可以针对不同的组长进行差异化设计，并将"目标共学小贴士"设计到学习单"我的目标"栏目旁。这样，组长在带领大家共学"我的目标"时，就有章可循、有法可依。

效果评估 借助这样的方式，组长在组织大家共学"我的目标"时，思路更清楚、方法更准确、效果更显著；而且在共学"我的目标"时，学生更容易直奔主题、聚焦关键，费时又低效的现象也得到了有效缓解。

No.2："集体围观"优秀小组共学"我的目标"

存在问题 在共学"我的目标"时，组际的差异也不容小觑。如何让共学无法、共学低效的学习小组快速提升目标共学的效率，需要教师给出解决的方案。

创意方法 教师可以组织全班学生"集体围观"优秀小组的目标共学，以此加强组际之间的互教互学，全面提升每个小组的目标共学水平。具体分为如下几个步骤。

首先是展示 精心挑选共学"我的目标"更有章法、更有实效的学习小组，邀请他们结合某具体的学习目标,面向全班学生进行示范,按"阅读目标—解读重点—对标任务"的步骤,全面展示他们是如何有效共学"我的目标"的。

其次是**围观**　组织其他小组集体围观示范小组,既要看他们共学目标时的"形",更要关注他们共学目标时的"神",从形式到实质全方位观摩、学习其共学"我的目标"的方法和流程。

然后是**评价**　围观结束后,可以组织其他小组的学生畅谈学习体会,说说示范小组做对了什么、对自己团队今后的目标共学有哪些重要的启示;当然,也可以让其他小组对示范小组进一步提出修改、完善的建议,帮助他们向更高的水平攀登。

最后是**提炼**　在展示、围观和评价之后,鼓励全体学生再次提炼共学"我的目标"的基本方法和路径,提升薄弱小组共学"我的目标"的能力和水平。

当然,为了提升示范小组的整体水平,有时教师也可以充当组长,带领组员面向全体学生进行示范。这样的角色扮演,可以进一步提升示范小组共学"我的目标"的能力和水平,给全班学生以更好的示范和榜样。

效果评估　通过多次这样的示范观摩,优秀小组在示范中得到了更多锻炼;薄弱小组则在榜样的示范与后期的反思梳理中,对"我的目标"共学的基本路径、方法、策略等有了更加直观、生动、清晰的把握,很好地促进了他们在"我的目标"共学中的提升和发展。

🔗 链接　共学"我的目标"重要资源

链接1:"教师代替组长"组织共学"我的目标"视频

　　该视频由南京市北京东路小学阳光分校王江老师在带领四(3)班第6小组三位组员共学苏教版"五入调商"学习单"我的目标"时拍摄而成。整个视频中,在王江老师的带领下,大家严格按照"阅读目标—解读重点—对标任务"的基本步骤完成对"我的目标"的共学(扫描二维码可观摩)。

📖 复盘 › 共学"我的目标"要点回顾

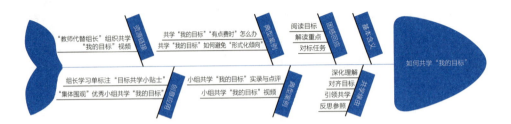

🔲 互动 › 共学"我的目标"互动作业

本节案例2视频中，学生共学"我的目标"时有哪些优点和不足？

第**3**节

如何共学"我的研究"?

⌖内涵 共学"我的研究"基本含义

　　"我的研究"是社会化学习单中所占篇幅最长，也是最重要的组成部分。围绕学习单中"我的研究"部分展开的组内共学，也是整个"组内共学"环节中最重要的一环。学生结合"独立研究"环节对"我的研究"相关学习任务形成的初步理解，以及由此而提出的问题，在学习共同体中展开充分交流，并在表达、分享、对话、质疑、回应、互助等活动中，完成对相关学习任务的深度理解。

⧉价值 "我的研究"共学缘由

　　表达中深化理解　　在课前基于学习单的"独立研究"中，学生只是完成对相关学习任务的初步理解和建构。将个人理解在组内与同伴进行分享，表达自己的观点和思考过程，可以最大限度促进学生个体对相关任务的深入理解和内化。

　　对话中构建共识　　基于"我的研究"展开组内共学的过程，既是个体分享思考和观点的过程，又是不同个体围绕同样的学习任务，带着不同的思考和理解展开互动、对话、碰撞和协商的过程。这样的对话过程，既可以实现知识共享与思维深化，又有利于学生在社会协商的过程中，不断管理思维冲突、应对观点分歧、建构认知共识，从而实现学科素养与社会素养的双重提升。

　　互助中实现共赢　　基于群体性评价制度，围绕"我的研究"展开的组内共学不再是组长和学优生展示自我、彰显才华的契机，而是一个团队成员相互理解、相互支持、相互协作、协同发展的过程。通过这样的互助式学习，无论是学优生、中等生还是学困生，所有学生都可以在共同学习、相互协作的过程中实现共赢。

⊙🖈 路径 ▶ "我的研究"共学步骤

共学"我的研究"前几项学习任务，大致可以按照读题、解答、互动、总结、完善五个基本步骤展开。

读题 学生通常提前一天完成学习单。进入课堂后，多数学生对"我的研究"中的任务有所遗忘和生疏。组长引导组员先读一遍题，可以帮助大家快速唤醒相关记忆和经验，为后面的解答和互动奠定基础。

解答 读题后的学生解答，是"我的研究"共学中最核心的步骤。在这个环节中，学生分享各自独立研究的思维成果，为随后的相互补充、质疑、追问、评价积累素材。具体解答过程大致分为三个步骤。

审题 学生在正式给出解答结果之前，需要对问题或任务的基本信息进行梳理，比如该问题涉及哪些条件、需要解决的是什么问题、哪些是有用条件、哪些是多余条件，进而结合圈画、标注、批注等方式，充分呈现自己的审题过程，为随后的分析和解答做好铺垫。

分析 完成对条件和问题的基本梳理后，学生需要对相关条件通过画图、列表等方式进行整理，进而根据整理的结果，构建问题与条件之间的内在关联，探寻解决问题所需要的逻辑关系。至此，学生完成了对解决问题思路的分析，为后面的解答提供了最重要的支撑。

解答 经历审题与分析两个步骤后，学生可以全面汇报自己的解题过程。针对不同问题的特征，有些问题需要通过列式解答；有些问题需要借助方程进行解答；还有些问题需要借助特殊的策略，比如假设、枚举、替代等帮助解答。学生需要结合问题特征，阐述问题的完整解答过程，并确保自己的解题思路能够被同伴理解与接纳。

学生在组内分享解答问题的过程，是对学生语言表达能力的一次极大考验，需要教师平时有意识地对学生予以训练。

互动 读题和解答，属于个体的独立学习行为。进入互动这一步，个体与个体之间将产生横向的联结。具体互动过程包括如下三个维度。

评价　学生需要对同伴解答问题的过程予以积极回应：如果认同，则可以给出确认等正面的回应；如果反对，则可以给出否定等反面的回应。通过回应，学生给予同伴正向或负向的信息反馈，这是生生互动中最基本的形式。

追问　如果对同伴的想法还有疑问，学生可以通过追问深入展开互动：有时是追问过程，希望同伴把没有说清楚的思维过程展现出来；有时是追问理由，希望同伴把结论背后的缘由表达出来；有时是追问方法，希望同伴对解决问题使用的方法和策略予以阐释。通过追问，学生把同伴未表达清晰、全面、通透的部分挖掘出来，这是生生互动中最有深度的环节。

补充　如果同伴的观点正确，但表达不够全面、方法不够多元，学生通常可以借助补充来进行互动：有时是自己给出新思路、新方法，给同伴以补充；有时是邀请其他同学分享自己的新想法、新思路，同样给同伴以补充。通过补充，学生可以让整个团队的想法从单一走向多元，全面丰富团队对某一问题的整体认知。

总结　经过读题、解答和互动三个步骤后，对于"我的研究"中的某个学习任务的共学基本进入尾声。组长可以引导同伴或由自己对解决问题的整个过程进行复盘和总结。这里的总结，既可以是对解题过程、解题方法的总结，也可以是对解决问题过程中的经验和教训的总结。通过总结，组长帮助小组中的每一个学生超越自身之前解决具体问题的水平，助力其进入方法总结、模型建构、结构形成的思维新阶段。

完善　这是"我的研究"共学的最后一步，组长可以提醒所有组员，结合刚才组内共学的过程，对错误进行修正、对遗漏进行补充、对经验进行总结，并用不同颜色的笔记录在学习单上，体现组内共学后个体思维的进阶与提升。

🔲 案例 ▶ 共学"我的研究"典型案例

案例1:"鸡兔同笼""我的研究"组内共学实录(部分)

该教学实录由南京市北京东路小学阳光分校戴越老师根据南京市锁金新村第一小学六(2)班第3小组学生组内共学"我的研究"的视频整理而成,并对学生的交流步骤做了详细分析和说明。

> 1号:接下来,我们来看"我的研究"1。笼子里有若干只鸡和兔,从上面数有8个头。我认为8个头是指鸡兔的总只数。从下面数有26只脚,鸡和兔各有几只?(读题)你能尝试一下拿三种不同的方法来解决吗?这道题谁想来解决?(邀请)
>
> 2号:方法一,如果鸡0只,兔8只,那么脚就有32只,这里我列的算式是4×8=32(只),因为我们知道1只兔子有4只脚,那么8只兔子就有32只脚。这里我们可以观察一下,他说的是鸡0只兔8只,我们下一个就可以说,鸡1只兔就是7只,因为它们一共就只有8只,这时脚就有30只;如果鸡2只兔6只,脚就有28只;如果鸡3只,兔5只,脚就有26只,这里的26只刚好就跟题目中的26只脚完全一样,所以我们就可以知道这里也有3只鸡和5只兔。大家同意我的想法吗?(解答)
>
> 齐:同意。
>
> 1号:接下来我们来看一下方法二,我来画图。4号,你能来尝试分享一下吗?(邀请)
>
> 4号:这里我是用画图的方法。首先我们把所有的都当成鸡,先给它们画上2只脚;接下来,我们再依次给每一只加上2只脚,当加到5只的时候就会发现它们已经有26只脚了,所以我得出3只是鸡,5只是兔,一共有26只脚。(解答)
>
> 齐:我同意你的想法。(鼓掌)
>
> 1号:我这里总结一下你的方法。我认为你的方法就是先把所有的都当作鸡,然后发现它们的脚数低于26只,所以我们再把它们依次添加2只脚,你同意我的想法吗?(评价)

4号：我同意你的想法。

1号：接下来我们来看方法三，我来列表，谁想来回答？（邀请）

3号：方法三，我来按顺序列表试一试。首先他认为第一个格子是鸡有8只，兔0只，然后脚数就是2×8=16（只），所以如果鸡8只兔0只的话，有16只脚；然后如果有1只兔7只鸡的话，那它们的脚就是有18只，因为一只兔有4只脚，然后2×7=14（只），4+14=18（只）；再然后依次往下，6只鸡2只兔一共有20只脚，5只鸡3只兔一共有22只脚，4只鸡4只兔是24只脚，3只鸡5只兔是26只脚。我们看到已经有26只脚了，所以说鸡有3只，兔有5只，大家同意吗？（解答）

齐：我同意你的想法。（鼓掌）

1号：那我来讲一下第二小问。我的方法是先假设他们笼子里全是鸡，那么我们就可以用这里的鸡的只数，也就是8只，乘上鸡有2条腿，所以我们可以算出这里它们有16只脚，但16不满足26，我们可以用26只减去16只等于10只。谁知道这里10只是什么意思？（追问）

3号：10只就是26只脚减去假设有8只鸡的脚数后剩下的脚数。

1号：说明这里少了10只脚，那么我们可以把它除以2，这里的2是什么意思？（追问）

2号：鸡比兔少2只脚。

1号：对，这里就是兔子比鸡多的脚数。我们除以2就可以算出兔子有5只，再用一开始的8只减去5只就可以算出鸡是3只。我认为我这个方法和方法一还有方法二还是很像的，因为方法一先是假设全是兔，而且也和方法二中我们先把它们全当作鸡这一点也很像。大家同意我的想法吗？谁来与我交流？（总结）

齐：同意。

案例2："鸡兔同笼""我的研究"组内共学视频

　　该视频由南京市北京东路小学阳光分校戴越老师在南京市锁金新村第一小学六（2）班拍摄视频课"鸡兔同笼"时剪辑而成。整个视频中，学生按照"读题—解答—互动—总结—完善"的基本步骤完成了对"我的研究"前几项学习任务的组内共学（扫描二维码可观摩）。

问答　共学"我的研究"困惑回应

No.1："我的研究"共学时"集体跑偏"怎么办？

　　不必焦虑　在"我的研究"共学环节，教师由于无法深度介入每一个学习共同体了解他们真实的学习情况，所以很容易产生类似的焦虑。实践表明，共学"我的研究"时出现"集体跑偏"的情况的确存在，但属于小概率事件。这既与学习单中学习任务难度系数的控制有关——当整个任务的难度系数控制在7.5左右时，多数学生在多数任务上都是能够胜任的；也与团队协商共学的机制有关——集体共学时在团队内有错误有效纠偏的机制。因此，教师不必对"集体跑偏"这样的小概率事件过度焦虑，而应将其视作一种正常的组内共学现象予以分析和对待。

　　分析原因　尽管"集体跑偏"的概率极小，但我们仍然要予以重视并加以科学分析。出现"集体跑偏"现象，主要由两个方面的原因造成。

　　首先是任务偏难　根据文本分析，团队中出现"集体跑偏"，很有可能是因为学习单中相关学习任务的难度过大，导致团队中没有人能够完成任务。

　　其次是组长强势　这是"集体跑偏"现象出现的另一个重要原因，而且是一个更具社会性的原因。由于组长在整个学习共同体中扮演着领导者的角色，长此以往，他们往往会以学术权威自居。一旦发现组员的观点与自己的不符，他们通常不会反思自己的答案是否出现错误，而会不自觉地质疑同伴的答案，并借助自己学术权威的身份及强势的语言表达，把整个团队的认识都拉到自己的错误轨道上来。尽管这种情况不是我们愿意看到的，但它的确反映了群体中权威对于弱者的权力挤压，属于群体学习中常见的现象。

提供对策　根据上述原因分析，我们可以从如下几个维度提供应对策略。

首先是调整难度　教师将学习单中相关任务的难度系数整体调到接近7.5的水平，以保证多数学生能够在"独立研究"环节，胜任多数的学习任务。此外，教师在设计完学习单时，可以增加学生试做环节，让不同水平的学生尝试完成学习单，并基于他们完成的情况来确定或调节相关任务的难度系数。

其次是引导反思　教师引导学习共同体的所有成员，尤其是组长，就"集体跑偏"现象进行反思：为什么在组长自己出错、其他学生正确的情况下，反而出现了"全军覆没"的情况？当团队学习过程中出现了不同的观点，究竟应该听谁的？组长的观点是否一定正确？当权威的观点与自己的观点不同时，应该秉持怎样的信念和态度？对这些问题进行深入探讨，既有可能避免未来再次出现因组长权威而导致的"集体跑偏"现象，还可以让学生在这样的经验中真正学会正确认识自我、认识他人、认识冲突、认识差异等更具社会性价值的内容。

No.2："组内共学"时"教师可以做什么"？

有人说，持续10—12分钟的"组内共学"，是教师自由放飞的时间。这是对"组内共学"环节教师责任定位的一种误解。事实上，当学生深度参与共学时，教师需要承担多重责任。

整体巡视　教师需要对各个学习共同体开展组内共学的情况进行全方位的巡视，对各学习共同体的任务交流情况、相互协作情况、团队参与情况、思维碰撞情况等，有一个系统性的了解。

典型反馈　巡视过程中，教师若发现了各学习共同体中出现的典型问题，可以及时喊停全班的"组内共学"，并就相关典型问题面向全班进行统一的反馈和校正，从而充分放大典型问题，把问题解决在萌芽状态。

定向指导　教师也可以利用"组内共学"的宝贵时间，在保证自己关注全体学生的前提下，对其中的1—2个学习共同体进行深度的课堂观察，充分肯定学习共同体的成功经验与做法，并对出现的问题做出专门指导。当然，这样的定向指导对象要定期轮换，以保证一段时间后，实现教师对每一个学习共同体的深度指导。

寻好问题　在巡视活动的中后期，教师可以有意识地定向巡视各学习共同体，找到共同体中的好问题。一旦发现与本课学习目标高度关联，并且能够促进学生深入理解本课重点和难点的好问题时，教师就可以通过标示、提醒等方式，努力让这些问题出现在随后的全班互动答疑中。

💡 创意　共学"我的研究"创意应用

No.1：提炼"我的研究"共学流程备查

存在问题　相比于"我的目标"共学流程，"我的研究"共学流程要更为复杂与多样，对组长和全体组员来说也更具挑战性。如何让复杂的共学流程尽快成为全体学生参与组内共学时的"指南针"，需要师生共同努力寻找办法。

创意方法　教师可以对"我的研究"共学流程进行提炼概括，并以多样化的方式支持、指引学生展开组内共学。

首先是梳理提炼　教师将"我的研究"共学流程中的关键要点进行梳理，把最重要、最核心的内容提炼成浓缩版的共学流程，以文本、思维导图、漫画等方式呈现出来。

其次是打印张贴　学生将浓缩版的"我的研究"共学流程文本或图画打印下来，张贴在教科书的扉页上或文具盒的内侧，或用回形针别在学习单上。开展组内共学时，这些提前梳理、打印好的简约版共学流程，可以很好地发挥提醒、引导和支持的作用，促进并提升整个小组"组内共学"的品质。

然后是差异设计　教师针对共同体内不同的角色和身份，设计不同的学习单。考虑到组长在"我的研究"共学中扮演着更重要、更关键的角色，教师可以在组长的学习单中增加、融入组内"我的研究"共学流程相关要素。组长在组织大家结合学习单展开"我的研究"共学时，可以边看共学流程，边组织组内共学，从而有效提升自己在共学过程中的领导力，优化"组内共学"品质。

最后是组长标注　即便教师不针对组长角色专门设计差异化的学习单，组长也可以在完成学习单时，主动将相关的共学流程标注到学习单的相应区域，从而在适当的时机运用相关共学流程，更高效地组织全组的共学活动。

效果评估　实践表明，将共学流程进行梳理、张贴，并针对不同角色进行差异化的学习单设计等，将学习单与共学流程进行了深度捆绑，从而大大提升了全体学生对共学流程的把握和运用水平，优化了"组内共学"的品质。

No.2：观摩"我的研究"共学片段

存在问题　组内共学"我的研究"时，全体学生身处共学场景之中，对于共学过程中存在的问题往往缺乏自知，这可能导致学生长期处于低水平的"组内共学"中，缺乏有效的提升和改进。

创意方法　教师可以通过多元的观摩活动，让学生近距离、真实地审视自己、他人、同伴的"组内共学"，从而助力每一个学生在分析、对比、评判、反思中，有效提升"组内共学"的水平。具体可以参照如下四种方式进行观摩。

首先是观摩视频　学生可以观摩经典的、优质的共学视频，也可以观摩本班课堂中随机录制的共学视频。观摩过程中，教师可以用视频切片的方式，通过观看、暂停、评议，对视频中学生存在的优点与不足进行梳理、提炼和分析，帮助学生在生动的课堂现场中发现，正确使用共学流程是如何提升"组内共学"的整体品质的，而未正确使用共学流程又是如何降低"组内共学"的整体质量的。

其次是现场观摩　教师可以利用早读、晨会等时间，邀请班上优秀的学习小组，现场为大家展示本组的"我的研究"组内共学过程，让全班学生集体围观。围观结束后，大家可以畅所欲言，总结优秀小组的长处，从而全面深化对共学流程的认识与理解。

再次是组际观摩　教师可以邀请平时"组内共学"品质相对较低的小组成员，让他们或集中或分散进入优秀的学习小组，围观优秀小组是如何开展"我的研究"共学的。这种四对四、一对四的深度观摩，有助于提升薄弱小组每一位成员的共学能力和素养。

最后是跨班观摩　可以邀请共学能力相对薄弱的班级，让他们以学习共同体为单位整体进入共学水平较优秀的班级，进行跨班观摩。跨班观摩可以发生在同一年级各班之间，也可以跨年级发生。通过这样的跨班观摩，全班学生能够了解别的班级、别的年级的学生是如何有效开展组内共学的。这既是对观摩班级学生的一次经验提升，也是对被观摩班级学生的一次整体促进。

效果评估　多维度、多形式的观摩学习，让学生有机会近距离感受优秀小组、优秀班级的学生是如何进行高品质组内共学的，进而取长补短，有效提升了他们自己开展组内共学的品质。

🔗 链接 ▶ 共学"我的研究"重要资源

链接1："学会表达"20个小妙招（扫描二维码可以观看部分视频）

📁 表达第1招：你会用"黄金三点论"让表达更清晰吗？（姚晶晶）

📁 表达第2招：你会用"列提纲"让表达更完整吗？（夏俊利）

📁 表达第3招：你会"提前演练"让表达更充分吗？（朱晨）

📁 表达第4招：你会用"画图"让表达更直观吗？（滕晓云）

📁 表达第5招：你会用"举例子"让表达更易懂吗？（赵红英）

📁 表达第6招：你会用"手势"让表达更聚焦吗？（金智宏）

📁 表达第7招：你会用"综合法"让表达更有条理吗？（郎芸）

📁 表达第8招：你会用"分析法"让表达更有逻辑吗？（郎芸）

📁 表达第9招：你会使用"关键词"让表达更聚焦吗？（夏俊利）

📁 表达第10招：你会用"结论先行"让表达更明确吗？（姚晶晶）

📁 表达第11招：你会用"分类"让表达更全面吗？（滕晓芸）

📁 表达第12招：你会用"类比"让表达更形象吗？（赵红英）

📁 表达第13招：你会"当小老师"让表达更有成就感吗？（朱晨）

📁 表达第14招：你会"用比划"让表达更直观吗？（金智宏）

📁 表达第15招：你会用"思路图"让表达更清楚吗？（滕晓云）

📁 表达第16招：你会"用数据"让表达更有说服力吗？（夏俊利）

📁 表达第17招：你会用"自我追问"让表达更流畅吗？（赵红英）

📁 表达第18招：你会用"三段论"让表达更有力量吗？（姚晶晶）

📁 表达第19招：你会用"思维导图"让表达更有层次吗？（朱晨）

📁 表达第20招：你会用"错误纠偏"让表达更真诚吗？（金智宏）

设计：南京市锁金新村第一小学姚晶晶老师等

制作：南京市锁金新村第一小学姚晶晶老师等

指导：南京市玄武区教师发展中心张齐华老师

复盘　共学"我的研究"要点回顾

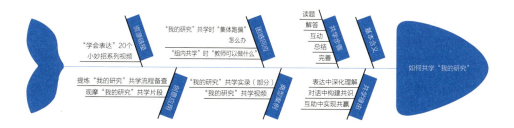

互动　共学"我的研究"互动作业

你能观摩本节案例2"我的研究"共学视频，写下视频中学生的优点和不足吗？

第**4**节

如何共学"我的提问"？

🎯 内涵 ▸ 共学"我的提问"基本含义

看似"我的提问"只是"我的研究"部分的最后一个不起眼的学习任务，然而它却是连接"组内共学"和"质疑深化"环节的重要桥梁，在社会化学习课堂中起着承前启后的关键作用。共学"我的提问"就是指学习小组在完成"我的研究"前几项基本学习任务后，围绕各自在"独立研究"环节提出的问题展开交流，了解每个问题的内涵，尝试相互答疑，进而在分析、比较中筛选出最能代表小组水平的好问题提交全班进行讨论的完整过程。

📚 价值 ▸ "我的提问"共学缘由

了解彼此困惑   每一个学生在完成"我的研究"后，都会产生困惑。不同学生的困惑，内涵不同、指向不同、触点不同、视角不同，意义和价值也不同，呈现出巨大的个体差异性。引导学生在"组内共学"环节交流彼此的困惑，可以促进学生在共同体内了解彼此提问的方式、方法、视角等。这既是一个相互了解的过程，也是一次关于如何提出好问题的现场学习过程。

组内答疑解惑   由于学生之间存在差异，有些问题在某些学生看来是难以逾越的鸿沟，但在有些学生那里就可能有信手拈来的答案。教师应引导学生在"组内共学"环节提出困惑后，尝试相互给出问题的解答，从而让部分问题和困惑在小组内得以有效解决，为小组推荐更典型、更有价值的好问题奠定基础。

推选质疑好问　交流彼此提问的过程，也是识别他人问题的内涵、视角、意义和价值的过程。基于"我的提问"的共学过程，在实现部分问题组内完成答疑的同时，有利于整个学习共同体在充分交流、互动和答疑的过程中，筛选出最具代表性的小组提问，为随后全班层面的互动答疑提供高价值的问题素材。

🧭 路径　"我的提问"共学步骤

共学"我的提问"，通常可以按照分享问题、尝试互答、推荐问题三个步骤展开。

分享问题　组长引导全体组员依次分享各自的提问。如果组员的提问不够清晰，组长需要引导其重新表述自己的提问，以保证大家都能理解其问题的内涵。

尝试互答　在明确每个人所提问题的内涵后，组长可以组织大家对组员的问题依次尝试给出解答。如果组员所提问题明显与本课所学内容无关，组长则可以暂时搁置该组员的提问。互答过程中，组长可以组织大家根据回答情况进行相互的补充、追问和质疑，直到问题获得圆满解答。

推荐问题　尝试互动答疑后，教师可以根据班额大小，引导各小组筛选出1—2个最具代表性的、高质量的问题。小组推荐的提问需要遵循如下几个基本原则。

组内难回应原则　此原则是指，通过组内的相互答疑，仍然没办法集团队的智慧给出令人满意的回答的问题，往往可以成为小组重点推荐的问题。

目标高相关原则　这是小组推荐问题时最需要遵循的核心原则。小组推荐的问题，其意义在于通过相关问题的讨论，引导全班学生的思维由模糊到清晰、由单一到多元、由肤浅到深刻、由零散到结构，最终帮助全体学生实现对本课学习目标的全面、深入的掌握。因此，值得推荐的好问题，必须要与本课学习目标高度关联，能够直接或间接导向本课学习目标，尤其是导向本课的学习重点和难点。

思维有挑战原则　这是一般意义上好问题的基本原则，也是小组推荐问题应该遵循的重要原则。如果问题缺乏思维挑战性，即便与本课目标和重难点高度关联，也极有可能在全班互动答疑过程中，轻松被学生解答，从而丧失了全班展开讨论、深化学生思维的价值与可能性。

案例 共学"我的提问"典型案例

案例1："小数的再认识""我的提问"组内共学实录

> 组长：接下来我们讨论问题，谁先说自己提的问题？
>
> 生3：我的问题是：这学期学的小数和上学期学的小数有什么联系？（分享）
>
> 组长：谁来解答他的疑问？
>
> 生2：我觉得上学期学的小数是一位小数，而现在只是把小数分得更细。比如说上学期的0.5，比如说这学期的0.54，它们分别是一位小数、两位小数，其实是把小数分得更细化一点，我觉得是这个意思。大家还有什么补充吗？（互答）
>
> 组长：生3的问题解决了，接下来我来说我的问题。我的问题是小数的意义是什么？谁能解答我的疑问？（分享）
>
> 生1：比如我们就拿前面那个线段图来说，我觉得小数的意义就是能更精确化地分得出来它到底是多少。（互答）
>
> 生2：分数也是可以的，而小数更好一点。
>
> 生1：我的问题是一位小数、两位小数和三位小数之间有什么联系？
>
> 生2：这两个问题（生1的和生3的）是一样的，对不对？生3的问题和你的问题是一样的，其实是一个意思，都可以用一个答案来解答，就是刚才我说的只是更细化而已。（互答）最后我来说我的问题：小数、分数如何互换呢？你们能解决这个问题吗？（分享）

组长：这不是前面都说了吗？"我的研究"说 $\frac{1}{10}$ 米 =0.1米，那我们可以往后以此类推。$\frac{1}{100}$ 就相当于这个小数的百分位，百分位应该是0.01，就是这样互换的。因为如果它的分母是10的整数倍，后面有几个0，它的那个前面就有几个0。

生2：对，嗯，但是我说的不只是这些简单的互换，还比如说 $\frac{1}{4}$。

生1：比如说这个0.36。

生2：对，啊——不，这个是很简单的，因为小数是什么呢？是非常特殊的一种分数，都是十分之几、百分之几、千分之几。

组长：问一下，你要说的是不是当分母不是整十数的时候，或者整百数、整千数等等？

生2：就是分数的分母不是整十、整百、整千的时候，怎么互换？

生1：小数变分数很简单吧！我就直接把它的位数作为它的分母中0的个数，把它后面的那个节作为它的分子，然后它前面的整数作为它的带分数的整数部分。但是，分数变成小数，其实不是那么容易的，因为还有除。

组长：我觉得生2这个问题蛮有价值的，我们把它放到课堂上讨论。（推选）

完成：南京市锁金新村第一小学五（3）班第6小组

指导：南京市小营小学宋洁老师

案例2："小数的再认识""我的提问"组内共学视频

该视频由南京市小营小学宋洁老师在南京市锁金新村第一小学五（3）班拍摄视频课"小数的再认识"时剪辑而成。整个视频中，学生按照"分享问题—尝试互答—推荐问题"的基本步骤完成对"我的提问"的组内共学（扫描二维码可观摩）。

🔲 问答 ▶ 共学"我的提问"困惑回应

No.1：有价值的好问题"被小组忽略"怎么办？

原因分析　我们要先对"好问题被忽视"这一现象进行原因分析。通常而言，出现这样的情况主要有两点原因。

首先是**识别不出**　学生包括组长没有专业能力来对怎样的问题是好问题进行科学、准确的识别和判断，从而让好问题被淹没在问题堆中，被忽视、被埋没、被丢弃。

其次是**已经获解**　尽管学生意识到某个问题是个好问题，然而在组内共学过程中，通过相互答疑，大家已经找到解决该问题的路径和该问题的答案。面对这种情况，学生通常不会再将其作为好问题推荐出来，而会将目光锁定在那些还未获解的问题上。

应对之策　面对上述问题，教师可以从如下几个方面给出解决方案。

首先是**教会学生识别**　教师要在课堂中反复申述，好的问题应该体现出与学习目标、学习重难点的高度关联，还要有一定的思维挑战性。这有助于提升学生识别好问题的能力和素养，从而避免反复出现好问题被埋没、被忽视的现象。

其次是**不以获解判定**　教师要提醒学生，有些问题尽管在组内已经获得解决，但这样的问题如果足够有价值，仍然值得推荐到全班展开讨论。一来，组内获得的解答未必完全正确，组员的思考也未必全面而深入，所以该问题值得在全班再次展开深度讨论。二来，好问题不仅要促进本组学生的思考，还要兼顾全班学生的学习。基于此，那些在组内已经获解的好问题，仍然值得"破格"提交到全班，让其他小组的学生也有机会参与讨论和交流，从而获得对关键问题的深度理解。

最后是**提前标注评价**　为了避免好问题被遗弃，教师在课前浏览学生的学习单时，也可以有意识地对各小组中高质量的问题用特定符号进行标记，有时还可以对好问题做出点评。这样的标记和点评，无形中强化了教师对这些问题的价值判定，也会有意无意影响学生对好问题的最终选择。

No.2：时间紧迫"来不及筛选问题"怎么办？

10—12分钟的"组内共学"时间里，学生既要解读"我的目标"，还要共学"我的研究"中的基本学习任务，最后还要共学"我的提问"并推荐小组提问，这的确会造成共学过程中时间紧迫"来不及筛选问题"的现象。面对这种情况，教师可以引导各学习小组从如下三个方面进行应对。

课前预判　利用课前的合适时间，教师鼓励组长提前对本组全体学生的提问进行初步了解，并对哪个问题质量相对更高有一个初步的判断。组长把思考和工作做在前面，就可以在共学"我的提问"时，快速、及时给出自己的建议，供全体组员参考。

精选答疑　教师可以打破先逐个答疑、再筛选提问的基本流程，改为让小组先从学生的个体提问中精选出好问题，然后集中精力只专注研究这个问题，并作为小组精选问题进行推荐，而将其他问题放到问题"漂流墙"中，利用课余时间进行答疑。这样的流程改造可以帮助学习小组有效节约时间，并筛选出高质量的问题。

分工协调　教师可以根据"组内共学"的具体进度，酌情把提问筛选环节往前提，让各小组先快速讨论并筛选小组提问。在确定好问题后，某一组员负责记录相关问题，同时组长带领其他组员回头讨论"我的研究"中剩余的学习任务。这样的分工合作，可以有效节约小组筛选问题的时间，提升整个团队的效率。

💡 创意　共学"我的提问"创意应用

No.1：全班学生围观优秀小组共学"我的提问"

存在问题　在短暂而紧迫的时间里，让小组既展开相互答疑，又筛选出高质量的小组提问，对于各学习小组的成员尤其是组长而言，的确是很大的挑战。

创意方法　教师可以找机会组织全班学生"集体围观"优秀小组共学"我的提问"。具体分为如下三个基本步骤。

首先是围观　教师邀请优秀小组全体围坐一起，围绕"我的提问"展开共学；其余学生则深度围观他们是如何分享问题、尝试互答和推荐问题的。

其次是评价   围观结束后，教师组织全体学生对优秀小组的共学过程进行点评、赏析，看看他们之所以能够高效、高质量开展"我的提问"共学，究竟有哪些成功的做法和经验值得借鉴。当然，如果优秀小组存在进一步提升的空间和有待改进的问题，其余学生也可以在评价时直言不讳地提出来。

最后是总结   结合现场围观和互动评价，教师把如何高质量开展"我的提问"共学的策略进行再度的总结和梳理，形成文本和结论共享给全班学生。

效果评估   通过这样的现场观摩和评价总结，优秀小组的经验得以快速向其他小组进行辐射，全面丰富了其他小组开展"我的提问"共学的经验和策略。当然，这样的围观活动对于被围观的小组，也有巨大的促进作用。

No.2："我的提问"共学音视频切片分析

存在问题   现场围观固然鲜活而生动，但很多问题无法定格研讨，有些画面稍纵即逝，难以引发大家的深入讨论。

创意方法   教师可以通过给学习小组录制"我的提问"共学音频或视频的方法，让全体学生通过对音视频的分析和评价，提升针对"我的提问"环节的共学能力。具体可以按照如下三个步骤展开。

首先是录制   用专业设备录制指定小组对"我的提问"的共学过程。为了保证收音效果，可以在安静的环境中录制，也可以利用具有抗噪功能的录音笔完成声音采集；后期再与视频进行合并，形成相对高质量的音频与视频。

其次是切片   组织全体学生进行音视频观摩与切片分析，边看边停、边听边议，从音频和视频中努力发现问题、寻找对策、梳理经验，在诊断他人的过程中反思自我，切实提升共学"我的提问"的水平。

最后是评议   将切片分析过程中发现的问题、梳理的经验、提出的建议等，交给全班进行讨论和评价，并将最终形成的结论记录下来，共享给全体学生。

效果评估   这样的教学方法，既有效促进了被录制小组的共学能力提升，也帮助其他学习小组在音视频观摩、切片分析、方法梳理的过程中，切实提升了共学"我的提问"的能力和水平。

🔗 链接　共学"我的提问"重要资源

链接1：最容易被教师采用的10大问题类型及举例

最容易被教师采用的10大问题类型及举例

第1类：方法类

举例：除了用圆规画圆，还有没有其他画圆的方法？

第2类：索因类

举例：小数乘整数为什么是末位对齐？

第3类：求联类

举例：百分数和分数、比、除法有什么联系和区别？

第4类：特征类

举例：对称轴可以斜着吗？

第5类：质疑类

举例：通过测量得出的三角形内角和，会不会有误差？

第6类：溯源类

举例：在含有字母的式子中，为什么乘号需要省略？

第7类：现象类

举例：怎样正确描述一个图形的旋转？

第8类：本质类

举例：为什么对应的点平移几格，整个图形就平移几格？

第9类：应用类

举例：乘法分配律能够解决哪些实际问题？

第10类：创新类

举例：不对折，还有什么方法能够证明一个图形是轴对称图形？

设计：德州市北园小学曹宁宁老师

指导：南京市玄武区教师发展中心张齐华老师

📋 复盘 共学"我的提问"要点回顾

🔲 互动 共学"我的提问"互动作业

本节案例2视频中，学生共学"我的提问"时有哪些优点和不足？

第六章

如何组织质疑深化？

第 **1** 节

如何梳理"核心问题"？

内涵 梳理"核心问题"基本含义

　　"质疑深化"是社会化学习课堂的核心环节。通常情况下，在"质疑深化"环节，教师先梳理核心问题，然后引导全体学生针对核心问题展开互动质疑，帮助大家进一步深化学科理解、形成认知结构。梳理核心问题就是指教师根据本课教学的目标和重难点，从各小组提交的问题中精心选择2—3个核心问题，并根据学科自身的逻辑和学生的认知逻辑，对这些核心问题进行科学排序，为随后的质疑深化活动奠定重要的基础。

价值 "核心问题"梳理缘由

　　质量差异　不同小组提出的问题，往往质量不同，呈现出差异化的思维水平。实践证明，并非所有小组提交上来的问题都值得教师在全班层面组织大家展开深度讨论。通过梳理核心问题，教师可以将一些质量欠佳、与目标关联度不大的低水平问题筛选出去，而将注意力聚焦那些少而精的核心问题上。

　　时间有限　即便每个小组提交的问题质量都挺高，但考虑到"质疑深化"环节时间有限，每一个问题都需要用较长时间展开讨论，因此大家不可能将小组提交的问题一一进行处理。通过梳理核心问题，从诸多好问题中精中选优，是教师不得不采用的应对策略。

　　深化思维　"质疑深化"环节的目的并非只在于挑选质量上乘的问题加以讨论，更在于借助这些核心问题，帮助学生把"独立研究""组内共学"后仍未通透、深刻理解的内容，进一步向结构化、纵深处的方向进行开掘，从而实现以"小组质疑"助推"全班深化"的根本目标。对核心问题的梳理，就是把这些具备深化思维可能性的高质量问题挑选出来，在全班层面进行大范围的讨论和研究，助力全班学生的思维完成进一步的深化。

📍 路径 ▶ "核心问题"梳理步骤

梳理核心问题，通常可以按照问题分类、问题筛选、问题排序三个步骤展开。

问题分类　不同小组提交的问题，有些不同，有些很相似，有些甚至完全一样。因此，我们需要对小组提交的问题进行合并与分类。

问题合并　如果某些小组的提问完全雷同，则教师可以将这样的问题合并。例如，教师收集到雷同的问题后，只需要呈现其中一个小组的问题，而将提出同样问题的小组组号标上去即可。这样既实现了问题合并，又节约了提问单的版面空间，还节省了学生感知、分析各小组问题的宝贵时间。

问题分类　虽然有些问题并不完全雷同，但它们属于同一种类型。比如，有些都在关注"是什么"，有些都在讨论"为什么"，又有些都在探讨"有什么用"。面对这些问题，教师可以把它们根据问题属性进行科学归类，并在张贴问题便签条时，有意将同类问题贴在同一行或同一列，实现对问题的精准分类。

问题筛选　问题分类后，原本10个左右的问题被归为了3—4类。我们可以根据问题的类别，从中精心选择2—3个核心问题，进入全班讨论的阶段。具体可以参考如下三个步骤。

淘汰无关联问题　入围"质疑深化"环节的问题，有一个最重要的前提条件，就是它必须与本课的学习目标保持高度一致。对于分类整理后的问题，教师如果发现哪一个或哪一类问题与本课学习目标基本没有关联，则可将其归入无关问题之中。比如，在学习"圆的认识"一课时，学生提出"圆的周长怎样计算""圆的面积公式是什么""圆周率表示什么含义"等问题，这些问题并非没有价值，只是它们与本课目标关联度低，无法成为"质疑深化"环节集中讨论的核心问题。

搁置低质量问题　有些问题虽然与本课学习目标有关，但它们的思维含量偏低，探究空间较窄。这样的问题，很难引发学生的高品质深度思维，自然也很难成为"质疑深化"环节的有效载体。这些问题，教师可以搁置处理，也可以根据课堂时间来决定是否在"质疑深化"环节的最后附带处理，还可以在解决其他问题的时候通过追问顺带处理。

筛选高品质问题　经过淘汰无关联问题、搁置低质量问题后，剩下的问题基本都与学习目标高相关，同时具有较高思维含量与较大探究空间的好问题。教师可以结合本课需要达成的学习目标，从中精心挑选2—3个，作为本课"质疑深化"环节需要处理的核心问题。

问题排序　问题筛选完毕后，按怎样的顺序来组织学生讨论这些问题同样需要思考。一般情况下，"质疑深化"环节的问题可以按中心辐射式或逻辑串联式进行编排。中心辐射式（见下面左图）是指，这些精选出的问题中有一个重要的核心问题，其他问题都是围绕这个核心问题而派生出的次要问题。一旦核心问题得以解决，其他派生出的问题也就基本顺带解决了。逻辑串联式（见下面右图）是指，这些精选出的问题之间没有从属关系，它们处在一条逻辑链上。面对这样的问题，教师可以根据学科知识逻辑和学生认知逻辑，给它们进行排序，进而根据排序的先后，组织全班学生依次展开讨论。

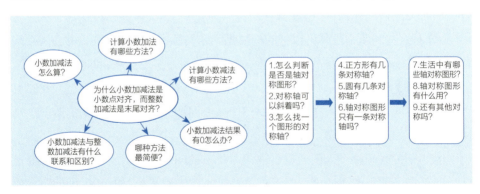

至此，从问题分类到问题筛选，再到问题排序，梳理核心问题的三个步骤就全部完成了。

案例 梳理"核心问题"典型案例

案例1："认识平均分"各组提问汇总单

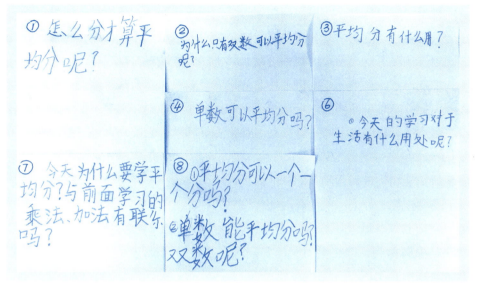

提问：南京市锁金新村第一小学二（2）班全体学生

汇总：南京市玄武区教师发展中心张齐华老师

案例2："圆的认识"各组提问汇总单

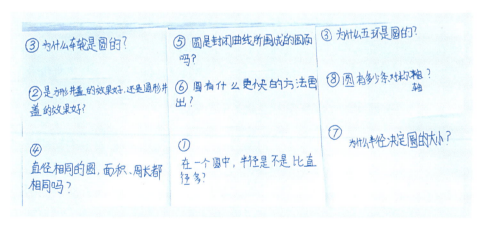

提问：南京市锁金新村第一小学六（2）班全体学生

汇总：南京市玄武区教师发展中心张齐华老师

📖问答 梳理"核心问题"困惑回应

No.1：教师"来不及"当场梳理问题怎么办？

理论上讲，从各小组提交问题到教师梳理核心问题，留给教师的只有不到一分钟的时间，这无论是对新手型教师还是对成熟型教师，都具有相当大的挑战。通常情况下，我们建议教师可以从如下三个方面应对挑战。

课前谋划　教师不能把梳理核心问题完全放在课堂上临时处理。教师可以在课前提前对学生的问题进行谋划，比如提前了解学生分别提了哪些问题、有没有和本课目标深度关联的好问题。如果有好问题，教师则可以提前做出选择和记录，并在好问题上做好标记，以便课堂中能够快速、精准地找到这些问题，避免现场挑选问题带来的挑战。

课中规划　如果课前没有时间，课堂当中的"组内共学"环节同样是教师可以利用的好时机。通过当堂巡视，教师能够及时发现各小组中存在哪些与学习目标高相关、探究空间大的好问题，并做好记录与标记，真正做到心中有数、未雨绸缪。

组长协助　教师如果现场对问题进行分类整理有点力不从心，则可以有意识地培养学生的问题分类能力。通过专题式培训，教师让组长学会甄别什么叫目标高关联问题、什么叫思维高容量问题、什么叫探究大空间问题。课堂上，教师则可以引导组长在递交小组问题时，带领组员相互进行讨论和协商，努力将同类的问题放在同一列或同一行，并把和目标相对弱相关、无关联的问题置于一旁。这样，在教师真正进行问题梳理之前，学习小组就已经在组长的协助之下，完成了对问题的分类与摆放，从而大大减轻教师的工作量与思维负荷。

No.2："关键问题"没有被小组提上来怎么办？

高质量的"质疑深化"环节，需要高目标关联、高思维容量、大探究空间的核心问题做支撑。尤其是一些关键性的问题，是教师助力学生实现思维深化的重要支架，在"质疑深化"环节不可或缺。但是，各学习小组提交的问题，从理论上来讲并不可控。一旦这样的关键性问题没有被小组提上来，教师随后的课堂组织将受到巨大冲击。我们建议教师可以按如下思路做出应对。

相似问题改造　教师可以从学生个体或小组的提问中，选择一些与关键性问题有内在关联、内容相近的问题，通过对其进行适当的改造，构建出关键性提问。这样的改造可以在课前查看学生的学习单时完成，也可以在"组内共学"环节巡视各组的提问时完成，还可以在各组问题提交后针对提问单上的小组提问来完成。

增设"*N*+1组"   如果班上有*N*个学习小组，教师则可以设计第"*N*+1"个虚拟小组。但凡全班*N*个小组都没能提出至关重要的关键性提问，教师则可以将第"*N*+1"个小组提出的问题增补进去，从而填补关键性提问的空缺。

教师现场追问   "质疑深化"环节的讨论，原则上都是针对各组提交上来的问题而展开的。但在组织学生围绕核心问题展开讨论时，教师完全可以通过追问，将关键性问题引入师生的共同讨论中，从而有效填补关键性提问的空缺。

事实上，无论是增设"*N*+1组"，还是教师现场追问，体现出的理念都是：教师也是学生学习的重要参与者与合作者，可平等地参与到学生的学习活动之中，包括和学生一样，提出属于自己的问题。

💡 创意 ▶ 梳理"核心问题"创意应用

No.1：把"核心问题梳理"纳入备课本

存在问题   在较短的时间内梳理核心问题，是教师在社会化学习课堂中需要面对的巨大挑战。这样的挑战，往往会给很多新手型教师带来困扰，让他们感到难以适应。

创意方法   面对这样的挑战，我们提出将"核心问题梳理"纳入教师的备课环节，通过在备课本中整理、锁定、标注核心问题，有效缓解教师的焦虑。具体可按如下三个步骤展开。

首先是提前整理   利用课前时间，教师提前浏览学生的学习单，按小组整理学生的提问，并把它们记录在以学习单为蓝本的"社会化学习备课单"上。

其次是提前锁定   根据备课单上提前整理好的小组提问，教师可以结合本课学习目标和重难点，提前在备课单上锁定本课要重点关注的几个核心问题和关键问题。

最后是提前标注　结合备课单上提前锁定的问题，教师可以回到对应学生的学习单中，对相关问题进行标记，甚至还可以在相关问题边上进行批注与激励性评价，以表明这些问题的深化价值与重要性。

效果评估　在备课单上提前进行核心问题的整理、锁定和标注，将原本课堂中的"核心问题梳理"进行有效前置，大大减轻了教师在课堂上的现场压力，为教师更从容地应对"质疑深化"环节奠定了坚实基础。

No.2：为班级创建一本"每日小组提问本"

存在问题　社会化学习课堂结束后，来自各小组的提问汇总单是宝贵的教学与研究资源。它既是教师复盘课堂的重要媒介，也是教师设计作业、设计阶段性练习的重要依据，更是教师未来进行科研和写作的重要资源。很多教师上完课后，常常会随意处置学生的提问单，这会造成资源的极大浪费。

创意方法　我们建议教师为班级创建一本"每日小组提问本"，将每次社会化学习结束后各组的提问单进行系统的归类和整理。具体可以按如下几个步骤展开。

首先是每日收集　每堂课结束后，教师应及时把小组提问单收纳到专门准备好的"每日小组提问本"中，并在对应页码上清晰标注提问的班级、上课的日期、精选的问题等。

其次是汇编成册　教师以每学期作为一个汇编周期，将数十张这样的提问单进行汇总，装订成册，形成一本有价值、有意义的"每日小组提问本"。教师还可以专门为它设计封面、进行装帧，从而为全班学生每学期编写一本属于他们的"提问之书"。这既是留给学生们的一份珍贵礼物，也是留给教师自己的一份教学大礼。

最后是教学参考　汇编成册的"每日小组提问本"，既是学生每日提问的有效汇总，还可以是教师设计练习课、单元复习课和作业讲评课的重要资源，成为名副其实的"教学参考用书"。

效果评估　创建"每日小组提问本"，既大大增强了教师积累学生提问的意识，也为教师开展后续社会化学习提供了来自一线学生的宝贵问题资源和学情分析资料，有效提升了教师开展社会化学习的课堂效能。

🔗 链接 梳理"核心问题"重要资源

链接1："轴对称图形"备课单上的问题梳理

备课：南京市玄武区教师发展中心张齐华老师

链接2："每日小组提问本"（局部）

提问：南京师范大学附属小学六（2）班全体学生

整理：南京师范大学附属小学江晓丽老师

复盘　梳理"核心问题"要点回顾

互动　梳理"核心问题"互动作业

如果要从本节案例2提问汇总单中精选3个问题，你会选哪3个？怎样排序？

第2节

如何设计"双重板书"？

⊙ 内涵 "双重板书"基本含义

与传统课堂的板书不同，社会化学习的课堂板书由两部分组成。课前由教师提前写好的是"初始板书"；随着"质疑深化"环节的不断深入，教师逐步增添、完善的是"增量板书"；课堂结束后最终形成的完整的板书则是"终端板书"。这种由"初始板书"和"增量板书"共同构成的板书，我们称为社会化学习的"双重板书"。

⊗ 价值 "双重板书"设计缘由

初始板书提供交流支架　课前，由教师提前写好初始板书，是为了给"质疑深化"环节生生间的互动答疑、相互对话等提供交流支架。由于"组内共学"环节完全在学习共同体内发生，无法生成板书，所以进入"质疑深化"环节后，倘若黑板上没有任何的材料和支架，学生之间因小组提问而产生的互动和交流就缺少了支持。设计初始板书，正是为了破解学生对话中的相应困境。

增量板书展现深化路径　质疑深化的过程，是学生的思维在讨论中不断深化、提升和完善的过程。基于小组提问，学生在互动答疑的过程中，在教师的精准介入和引导下，思维不断由模糊走向清晰、单一走向多元、肤浅走向深刻、零散走向结构。这样的思维深化路径，需要借助物化的载体予以呈现与外化。增量板书的设计，就是为了让学生思维深化的路径可视化、显性化。

　　双重板书彰显思维进阶　　学习是经验的重组和改进，更是思维的进阶与迭代。社会化学习独创的"质疑深化"环节，就是希望借助小组对核心问题的讨论，帮助学生在生生互动、师生对话的过程中，实现思维的进阶。双重板书的设计，正是为了让大家看见思维的进阶。从初始板书走向终端板书，随着增量板书的不断呈现和完善，学生的思维进阶在一级一级的跨越中得以充分彰显。

路径　"双重板书"设计步骤

　　设计双重板书，通常可以按照预设初始板书、规划增量板书、预留生成板书三个步骤有序展开。

　　预设初始板书　　初始板书呈现的内容主要是例题中的一些基本素材，或是一些基本的数学事实和结论。比如，"圆的认识"一课中，初始板书可以是一个画好的圆、圆内的一条半径与一条直径，以及相关的字母表示，外加一些基本的概念名称（见下图）。以教材中的基本图形、概念和事实作为初始板书，既可以让教师节约出更多时间给生生、师生之间的深度答疑和互动，又方便学生在"质疑深化"环节围绕圆的画法、半径和直径的数量与特征等展开讨论时，不是空对空地抽象言说，而是有图可依、有材可凭。

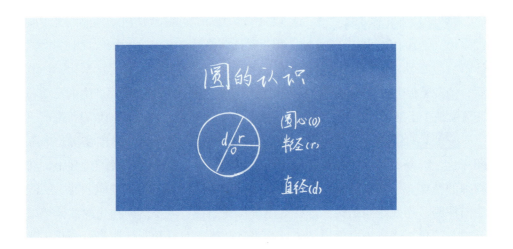

规划增量板书　增量板书的规划，是双重板书设计的重中之重，体现了教师对于小组提问的深度思考，更体现了教师基于小组提问对学生思维深化路径的一种精致规划。规划增量板书，可以从如下四个方面进行。

基于核心问题　增量板书的设计，不是教师对板书随心所欲的添加与涂抹，而是基于教师从小组提问中精心挑选的核心问题引申出来的思考，是对这些核心问题的关键回应。

给出问题结论　每一个核心问题的探讨，都需要给出最后的结论或解决方案。从本质上来说，增量板书就是对每一个核心问题给出的直观化、结构化的答案。仍以"圆的认识"一课板书为例（见下图），半径、直径之间的箭头和数量关系，是对"半径中的'半'到底表示什么意思"这一核心问题的回应；板书右侧的"无数条""都相等"以及圆中新增的若干条半径，是对"直径和半径到底谁多"这一核心问题的回应；而圆下面横向的外切线以及与其垂直的那条半径，是对"为什么车轮是圆形的"这一核心问题的回应。

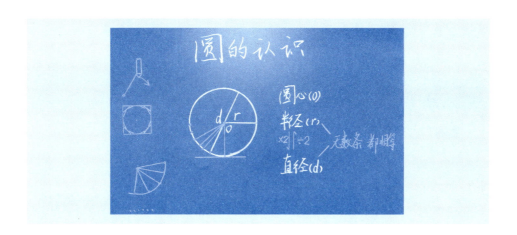

整体彰显结构　结构化呈现是社会化学习板书的重要特质。尽管增量板书本质上是对核心问题的一种回应，但在回应的过程中，我们希望教师不是以零散的、随意的方式呈现答案，而是尽量以一种结构化的、框架式的方式进行表达。这一点，在上述"圆的认识"的终端板书中，可窥一斑。

展现学科本质　增量板书中，我们不仅要看到关于核心问题的知识层面的结论，更要看到隐藏在知识背后的隐性的学科思想和方法、学科关键能力与必备品格。这需要教师在规划增量板书时，充分考虑并予以巧妙渗透与呈现。仍以上述"圆的认识"增量板书为例（见上页图），圆上若干个点看似并不起眼，实则是学生在探讨"圆为什么有无数条半径"时，借助"圆上有无数个点—每个点对应一条半径—无数个点对应无数条半径"，利用一一对应的数学思想展开的严密数学推理。让增量板书展现思维、展现思想、展现素养，这是一个典型的例证。

预留生成板书　当然，设计双重板书时，在基于核心问题而充分规划的增量板书的基础上，教师还要为学生即时的作品预留足够的空间。这充分体现了以"学生的学"为中心，让"教师的教"与"学生的学"相辅相成的核心理念。上述"圆的认识"双重板书中（见上页图），左边的几幅作品，正是学生在回应"除了圆规之外，还有哪些画圆的方法"时留下的即时的作品和思维痕迹。

案例　设计"双重板书"典型案例

案例1："负数和正数"基于核心问题设计的双重板书

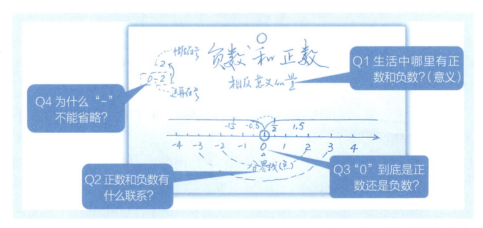

设计：南京市小营小学宋洁老师

案例2："小数的再认识"基于核心问题设计的双重板书

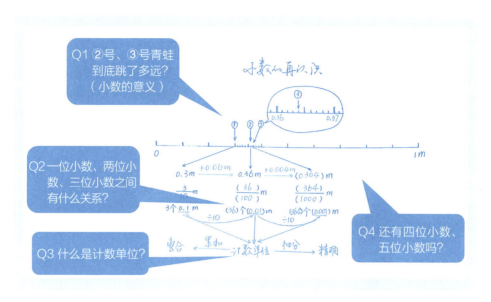

设计：南京市小营小学宋洁老师

问答 设计"双重板书"困惑回应

No.1：提前写好初始板书会不会"剧透课堂"？

学生提前熟知 需要先说明的是，提前写好初始板书，并不会剧透课堂。因为学生在课前已经完成了基于学习单的"独立研究"，而在独立研究过程中，学生已经对本课所需掌握的基本知识、重要事实、关键结论等有了初步的探索与理解。换言之，初始板书中的素材，是学生开展独立研究时早已熟知的基础内容，提前板书对学生毫无"剧透之嫌"。

打破剧透思维 在语文学科的学习中，教师常鼓励学生进行深入的预习；但在数学学科的学习中，有些教师并不鼓励学生展开预习，担心学生因为预习而提前了解相关知识，从而让课堂教学不再有新鲜感，甚至有担心结论被剧透之顾虑。这样的"剧透思维"着实需要被打破。事实上，课堂教学早就不应该是教师带着答案走向一群一无所知的学生的旅程，而应该是教师、学生带着各自的认识和理解相互走近、相互对话的双向奔赴之旅。学生提前知道一些基本的事实和结论并不可怕，关键是如何引导学生透过事实与结论，探究其背后的数学思考、方法与本质。如此看来，提前写好初始板书，也就容易让人接受了。

倒逼教师创意　在"质疑深化"环节，学生已经通过"独立研究"对本课要学习的内容有了全方位的了解，初始板书中也呈现了本课相关的一些知识和结论。这样的"剧情设定"恰恰给教师提出了更高的要求。如何在学生"并非一张白纸"的前提下，不断给学生创造陌生感、惊讶感、意外感和提升感，成了教师规划增量板书时面临的巨大挑战。而这，恰恰也是社会化学习课堂成就的另一种独特的精彩。

No.2：如何才能设计出"高大上"的双重板书？

尽管我们应该打破每一节课都要设计出一幅"高大上"双重板书的不切实际的幻想，但努力让每一次社会化学习的课堂都能呈现出高品质的双重板书，仍然值得每一位教师去实践、去探索、去实现。具体来说，可以从如下三个方面进行设计。

把握基本要素　一份优质的社会化学习板书，应该充分把握好颜色、结构和本质这三个基本要素。

首先是**双色区分**　使用两种颜色的粉笔，看起来是一种外在的形式，但通过白色和红色粉笔的对比，教师可以分辨初始板书和增量板书，从而看到学生思维的进阶。因而，用好双色粉笔，是设计"高大上"板书的重要前提。

然后是**结构呈现**　教师要结合连接线、箭头等符号，在准确表达板书内容的同时，努力彰显板书的结构化特征，让整个板书看起来不像"一首诗"，而更像"一幅画"。

最后是**彰显本质**　高质量的双重板书，一定要能够让人看见学科的本质，看见学科的思想方法，看见素养落地的影子。

观摩赏析对比　教师可以通过观摩优秀教师精心设计的优质板书，在学习和借鉴中提升自己的设计能力。

其一是**单纯赏析**　教师通过观摩课堂视频，或直接欣赏社会化学习的优质板书，努力发现板书设计中的一些好方法、小窍门，为自己积累设计好板书的灵感和素材。

其二是**赏前设计**　教师可以在观摩优质板书之前，先尝试着自己设计一幅双重板书。在此基础上，带着自己设计的体会，观摩优质的板书，并把两份板书进行对比，寻找差距、积累经验，提升自身板书设计的能力。

其三是**赏后重构**　在观摩和欣赏完优质的双重板书之后，教师尝试摆脱先入为主的束缚，另辟蹊径设计一幅新的板书，与优质板书进行"同材异构"。这样的重构，既可以让教师品鉴到优质板书的妙处，又能打破成见，实现板书设计的超越。

持续刻意练习　掌握了双重板书的设计要素，又经过了反复的观摩赏析对比，教师应该已经积累了一定的双重板书设计经验。在此基础上，教师可以尝试在日常课堂中进行持续的刻意练习。不求每天的板书多么精妙绝伦，但通过这样的持续训练与刻意练习，教师设计板书的能力一定会得到长足的进步。

💡 创意　设计"双重板书"创意应用

No.1：组织开展板书设计的"同材异构"

存在问题　尽管我们已经给设计双重板书提供了具体的要素和路径，但不得不承认，一幅优秀的双重板书还是融入了优秀教师的实践智慧和天赋功力的，可以欣赏，但却很难效仿。如何把这样的智慧和功力转化为更多人能够把握的行动策略和方法，是摆在很多教师面前的现实挑战。

创意方法　我们可以组织新手教师和骨干教师开展"同材异构"的活动，即面对同一节课中同样的提问单，请不同教师进行差异化的板书设计，并在对比和分析不同板书的过程中寻找设计好板书的方法和策略。

首先是**提供同样素材**　为不同教师提供同样的小组提问单，让"同材异构"的双方在设计之初站在同一起跑线上。

其次是**组织同材异构**　引导不同教师结合同样的素材，进行差异化的板书设计。

然后是**展开互动点评**　鼓励大家对新手教师与骨干教师设计出的板书进行赏析、点评和互动，在比较和分析中，探寻骨干教师设计板书的独特心法和思路，为新手教师提升板书设计品质指出清晰的路径。

最后是提炼方法策略　通过前面的"同材异构"与分析比较，组织大家对设计优质板书的方法、策略、经验、妙招等进行系统的梳理，以文字的形式进行凝练，并把相关经验和成果共享给更多教师。

效果评估　通过"同材异构"的板书设计实践，新手教师在一次次向骨干教师学习、借鉴的过程中，设计板书的经验和能力不断得到提升。骨干教师也在和新手教师的比较中，找到了新手教师设计板书时面临的困境，为助力他们设计更优质的板书，提供了更富成效的建议和帮助。

No.2：鼓励学生设计双重板书

存在问题　设计板书好像历来都是教师的事，学生似乎永远只是板书的观赏者、受用者，无法参与到板书的设计中来。激发学生设计板书的创造性潜能，让他们也成为板书重要的设计者，是教师在设计板书时可以尝试的新思路。

创意方法　教师可以鼓励学生也参与到双重板书的设计过程中来，学会向学生借智慧。具体可以按如下三个步骤展开。

首先是学生设计　通过给学生提供小组提问单，引导学生以个体或小组为单位，进行双重板书的设计，完成相应的板书作品。

其次是阐述思路　引导设计者阐述自己设计板书的理念和遵循的基本方法，让隐藏于作品背后的思考过程与经验方法得以外显。

最后是师生点评　带领其他学生一起对该学生设计的板书进行赏析和评价，发掘学生作品中可贵的创造性思考，并对如何进一步修改和完善板书提出可行的意见和建议。

效果评估　鼓励学生亲自参与板书设计，帮助我们看到学生可贵的创造力。一方面，通过向学生借智慧，教师打开了设计板书的新思路；另一方面，学生在设计双重板书的过程中，对于社会化学习课堂、对于借助板书深化思维等，有了新的认识和理解。

🔗 链接 设计"双重板书"重要资源

链接1："小数乘整数""同材异构"板书设计

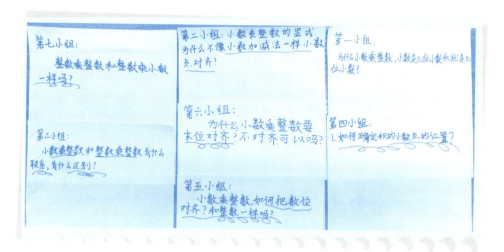

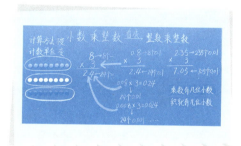

左图板书设计：南京市玄武区教师发展中心张齐华老师

右图板书设计：南京市锁金新村第一小学姚晶晶老师

📋 复盘 设计"双重板书"要点回顾

互动 设计"双重板书"互动作业

你能结合本节链接1中的小组提问单，重新为"小数乘整数"设计一份双重板书吗？

第3节

如何组织"质疑深化"？

⊙ 内涵 "质疑深化" 基本含义

　　"质疑深化"是社会化学习课堂中继"组内共学"后又一个核心环节。所谓"质疑深化"，是指教师结合各小组提出的核心问题，组织全班学生展开师生、生生、组际之间的互动答疑，将互动答疑结果以结构化板书的形式呈现，借此帮助学生深化知识理解、把握学科本质、落实素养表现、构建知识结构，全面弥补学生"独立研究"和"组内共学"的不足，深化学生思维的过程。

⬥ 价值 "质疑深化" 组织缘由

　　弥补学习不足　尽管学生已经经历过课前的"独立研究"和课内的"组内共学"，但考虑到作为新手的学生与作为专家的教师在知识储备、思维品质、认知结构方面的差异，仅凭个体独立的学和群体合作的学，学生仍难以达到课程标准对相关内容的要求，难以全面、深入实现课堂的教学目标。通过组织"质疑深化"，教师可以有效弥补学生前期学习的不足，促进教学目标的全面达成。

　　发挥教师主导　教师在课堂教学中应该充分发挥主导作用，这一论断在强调学生自主学习的今天，仍然具有强烈的现实意义。在社会化学习的课堂中，课前的"独立研究"环节和课内的"组内共学"环节，已经充分发挥了学生参与学习的主观能动性。在此基础上，组织"质疑深化"环节，旨在坚守学生"学"的主体性的同时，充分发挥教师"教"的主导性，充分彰显教师作为学生学习的专业支持者、有力助推者、平等合作者，以教师的主导性助力学生的主体性，深化学生学习的作用。

落实素养目标　社会化学习单的目标设计，充分放大了知识与技能目标，适度兼顾了过程与方法目标，但对于能力与素养目标、情感态度与价值观目标，并未在学习单文本中予以呈现。对于这样的"缺失"，教师恰恰可以在"质疑深化"环节予以全面弥补。基于小组提出的核心问题，教师在学生展开充分的讨论和互动答疑后，通过精准的教、适当的引、精确的导，全面完善学习目标，帮助学生把隐含在学科内容中的思想方法、关键能力、必备品格与价值观挖掘出来，让学生实现全面、完整而深度的学习。

🎯 路径▶ "质疑深化"组织步骤

组织"质疑深化"环节，通常可以按照理解问题、组织答疑、教师深化、完成板书、总结延伸五个步骤有序展开。

理解问题　尽管小组提出的问题已经在组内完成相互沟通与确认，但其内涵与所指有时不够明晰，需要教师在正式启动"组织答疑"前帮助学生准确理解问题的含义。具体分为如下两个步骤。

解读提问　教师可邀请提问小组对本组提出的问题予以解读，明晰问题的内涵；也可邀请其他小组对相关问题尝试予以阐述，直至全班学生均准确了解问题所指。

追问澄清　如果其他小组对问题内涵仍有困惑，教师可鼓励其通过提问和追问，与提问小组进行互动，直至所有学生了解问题的准确内涵。

组织答疑　对于小组提出的问题，教师不要急于给出解答，而应将相关问题重新抛回给全班学生，并组织他们通过讨论、交流和互动，给出初步的回应。具体分成如下两个步骤。

精准研判　教师不要急于组织学生就相关问题互动答疑，而应先精准研判全体学生对相关问题理解的真实学情。如果半数以上学生能够给出回应，教师可以直接组织学生展开答疑；如果仅少数学生能够给出回应，教师则需要组织学生在组内展开二次讨论，直至多数学生对相关问题有思考、有想法后，再来组织大家答疑。

组织答疑　在做出精准研判后，教师可以邀请学生个体或群体围绕相关核心问题进行互动答疑。我们鼓励学生能站在黑板前，面向全体同学，结合初始板书、教具学具、实物展台等媒介进行答疑，以便清晰、直观地展现各自的思考。答疑完毕，教师还可以组织提问小组、台下学生与答疑者进行互动，以便把质疑讨论引向深处。

教师深化　这是"质疑深化"环节的精髓，也是学生思维在互动答疑后能够真正走向深处的关键。具体可从如下几个维度组织深化。

澄清想法　如果互动答疑后，学生的想法仍然不够清晰，教师可以通过追问，比如"一个一个分到底算不算平均分""单数到底能不能平均分"等，帮助学生澄清想法、明晰内涵、厘清概念。

追问过程　如果组织答疑后，学生的结论准确但解答过程不够清晰，教师可以通过追问，比如"为什么初商要调大？你是怎么想的""为什么半径和直径有无数条？你的思路是什么"等，让学生充分展现形成结论的思维过程，让全体学生知其然，更知其所以然。

比较勾连　如果互动答疑后，学生虽然明晰了想法，也理解了新知，但并未能够把新知与旧知、此知与彼知建立实质性关联，教师可以通过追问，比如"小数乘整数和整数乘整数有什么联系和区别""小数的大小比较和整数的大小比较有什么联系和区别"等，帮助学生在新旧知识、此彼知识之间建立桥梁，直至将新知同化到学生已有的知识结构中，拓展学生的认知结构。

深挖本质　如果互动答疑后，学生只是把握了知识的表面含义，却未能深入学科深处洞察知识的本质内涵，也未能充分领悟隐藏于知识背后的方法和思想，更未能感悟学科知识背后内隐的素养表现，教师可以通过追问，比如"百分数到底是一个数，还是在刻画一种关系""为什么不能通过比较投篮总数或投中个数来比较两人的投篮水平，而需要借助百分数来刻画"等，帮助学生透过知识的表象，深入挖掘知识的本质内涵，实现思维的深化与进阶。

完成板书　互动答疑后形成的新知识、新理解、新关系、新思想等，需要教师结合板书进行直观化、结构化的呈现，助力学生思维的深化与进阶。具体可以从如下几个维度呈现。

呈现结果　结合学生答疑的情况，教师可以把答疑后形成的结论、形成结论的过程中运用的思想方法、获得结论时运用的学习经验等，补充到已有的初始板书上，逐步完成增量板书。

结构表达　板书是全课内容的直观化表达，也是学生整体把握全课内容的重要载体。因而，板书不能成为知识和结论的简单堆砌，而应借助必要的连线、箭头、框架等数学符号，进行结构化的表达与表征。

师生共创　板书由教师主导完成，但也不能完全忽视学生的价值。教师可以鼓励学生和自己共同完成板书，从而让板书成为既能体现"教师的教"也能体现"学生的学"的完整作品。

总结延伸　获得答疑后的结论，并予以结构化的板书呈现，并不是"质疑深化"环节的结束。教师还需要在"质疑深化"环节结束前，引导学生回顾总结整个互动答疑过程，强化重点、突破难点、凸显关键点，帮助学生完成对整个深化过程的复盘。具体可从如下几个维度展开。

回顾梳理　教师应先整体结合小组提出的核心问题和基于此而生成的双重板书，对本课的学习历程、学习结果、学习收获等进行全面、系统的盘点，帮助学生形成完整的课堂画像和知识的整体架构。

深化要点　对于"质疑深化"过程中，本课的重点和难点、学科本质与素养表现、学习方法与学习经验等，教师应进行强调与凸显，在学生获得整体结构的同时，帮助学生深化对要点的精准把握。

延续问题　对于课堂中未来得及处理的问题，教师要在充分认可问题价值的基础上，鼓励学生用不同形式在课后继续展开研究，让学习由课内向课外延伸、由学校向家庭与社会延伸。

案例 ▶组织"质疑深化"典型案例

案例1："小数乘整数""质疑深化"环节实录（节选）

师：接着来看1号和7号小组的问题，他们提出的问题是一样的——小数乘法为什么末尾对齐？我们先来看小数加法，以7.25+2.3为例，为什么小数加法一定要小数点对齐？

生1：如果小数点不对齐，而是末尾对齐，那7.25里的2就会和2.3里的2相加，5就会和3相加，但这里面2和2是不能相加的，5和3也一样不能相加。

师：基本意思对了，再往下择一择，如果5和3相加，得到的8表示8个什么？

生：不知道。

师：瞧，计数单位不同，相加后得出的结果是没有意义的。看来，计算加法时小数点的确要对齐。那计算乘法时为什么又要末尾对齐了呢？给大家30秒，在组内讨论一下吧。

各小组进行讨论。

生2：因为我们是把它看成整数乘法来计算的。

师：换句话说，也就是这道题，我们看的是2.35×3，但实际想的是谁？

生：235×3。

师：瞧，小数乘法真的很特别。我们看的是一套，想的却是另一套。（板书"看"和"想"）希望同学们以后计算小数乘法时，一定要整理清楚：看到的是什么，实际想的又是什么。明白吗？行，出两道题考考你们！谁能告诉我，这两道题（指学习单上的"我的评价"中的两道题，图略），你看到的是什么，实际想的又是什么？

生3：第一题，我看到的是0.41×7，想的是41×7；第二题，我看到的是1.05×24，想的是105×24。

师：提问真是个好方法。正因为大家提出了问题，我们才有对小数乘法的新思考，我们才发现小数乘法原来是和整数乘法深度关联的。

执教：南京市玄武区教师发展中心张齐华老师

案例2："小数乘整数""质疑深化"环节视频

该视频由南京市玄武区教师发展中心张齐华老师与南京市锁金新村第一小学五（2）班学生共同完成。视频中，张齐华老师结合"小数乘整数"一课教学内容，基于各小组提出的核心问题，通过"理解问题—组织答疑—教师深化—完成板书—总结延伸"的步骤，帮助学生完成了思维的深化和进阶（扫描二维码可以观看）。

问答 组织"质疑深化"困惑回应

No.1：深化学生思维有哪些"基本路径"？

深化学生思维，主要有如下四大基本路径。

从模糊到清晰 若独学和共学后，学生的思维仍然比较模糊，教师可以通过追问，帮助其实现思维由模糊到清晰的转变。比如，"认识平均分"一课中，有学生经过独学和共学后，仍然认为"只有双数才能够平均分"。教师引导学生通过举例说明认识到，无论是单数还是双数，只要分完后每份同样多，就都能够进行平均分，从而澄清了学生学习过程中的迷思概念，深化了学生对概念本质的理解。

从单一到多元 若独学和共学后，学生的思维仍然比较单一和局限，教师可以通过追问，帮助其实现思维由单一到多元的转变。比如，"认识平均分"一课中，有学生经过独学和共学后，认为"6只能平均分成3个2或2个3"。教师引导学生通过圈一圈、画一画、议一议，在操作和讨论中认识到"6还可以分成6个1"，进而触发了学生的创造性思维："6还可以分成12个0.5""6还可以分成60个0.1"等，从而打破学生的思维局限，帮助其获得更多元、更全面的理解。

从肤浅到深刻 若独学和共学后，学生的思维仍然比较肤浅，仍停留于表象而未触及知识的本质，教师可以通过追问，帮助其实现思维由肤浅向深刻的转变。比如，"整十、整百数乘一位数口算"一课中，有学生在独学和共学后，认为"30×4之所以可以先算3×4，再在积的后面添上1个0，是因为3的后面有1个0"。教师引导学生结合数的意义，借助计数单位进行深入思考，并最终认识到"30×4之所以可以先算3×4，再在积的后面添上1个0，是因为30表示3个十，3个十乘4得12个十，所以12的后面要添上1个0"，从而帮助学生借助计数单位实现了对算理的深刻理解，并在算理和算法之间建立了联系。

从零散到结构　若独学和共学后，学生的思维仍然比较零散，未能在新旧知识之间建立实质性关联，教师可以通过追问，帮助其实现思维由零散向结构的转变。比如，"分数乘整数"一课中，有学生在独学和共学后，思维仍停留于"就分数乘法理解分数乘法，未能将分数乘法就算法与算理和整数乘法、小数乘法建立联系并形成一致性理解"。教师引导学生对比算式与算法，借助计数单位建立三者之间的关联，比如"$\frac{2}{9} \times 4$，是2个$\frac{1}{9}$乘4得8个$\frac{1}{9}$，所以结果是$\frac{8}{9}$；500×4，是5个百乘4得20个百，所以是2000；0.4×3，是4个0.1乘3得12个0.1，所以是1.2"，从而帮助学生意识到，分数乘法看似独特，但其算理与算法和整数乘法、小数乘法本质上是一致的，都可以借助计数单位进行打通与关联，进而帮助学生实现整体知识结构的建立和完善。

No.2："质疑深化"环节总是"上不完"怎么办?

精选核心问题　"质疑深化"环节，处理的问题不在于多，而在于通与透，在于举一反三，在于以深度理解实现知识的深度迁移。所以，在答疑互动时，教师不必贪多求全，有时把1—2个核心问题处理通透，同样可以实现对本课核心知识、方法和本质的把握。通过精选核心问题，教师可以有效节约"质疑深化"的时间。

教师精准介入　"质疑深化"环节，很多教师不敢介入，也不会介入，总担心过早介入会被扣上"以教替学"的帽子。事实上，由于在之前的"独立研究"与"组内共学"中，学生已经拥有了足够的学习时间、空间与自由，此时更需要教师在关键时刻精准介入，帮助学生的思维实现深化。所以，一旦发现学生的思维在互动答疑中陷入模糊和混沌，教师要敢于在第一时间介入，通过聚焦问题、澄清想法、果断中止、及时纠偏、巧妙引导，把学生的思维重新引回到问题的主干线上来，干净利落地促进学生实现思维的深化，有效节约"质疑深化"的时间。

剩余问题外包　尽管小组提交的问题都非常有价值，感觉放弃哪一个都于心不忍，但教师仍然要明确如下两点：首先，好问题永远是讨论不完的；其次，好问题未必要在课堂中展开讨论。为此，面对剩余的有价值的好问题，教师可以从如下几个方面做出引导。

首先是问题漂流　收集好的问题，记录到班级问题漂流本或漂流墙上，让好问题在课外时间进行组际流动，供大家相互答疑解惑、共同研讨。

其次是问题招标　对于特别有价值的问题，可以借助"招标制"，邀请大家以积分制展开竞争。中标的小组一旦通过课后研究，给出了令人信服和满意的答案，将获得多倍积分的奖励。

最后是集中研讨　对于特别有价值的问题，还可以每过一段时间，将其整理并设计成一张"特殊的学习单"，引导学生课前对其独立研究，并专门为其开设一节社会化学习"主题答疑课"，用来解决相关的好问题。

通过把剩余问题外包，教师可以减轻"好问题焦虑"，节约课堂中"质疑深化"环节的时间。

单元整体设计　一件事情"来得及或来不及"，都是针对人为设定好的边界而言的。当我们始终固守40分钟的课时边界，我们就会发现，不仅社会化学习课堂中"质疑深化"环节来不及，而且平时的研究课、公开课、观摩课都存在来不及的现象。事实上，当学习的过程向学生充分开放后，"来不及"就是未来新课堂面临的一个新常态。如果我们打破这样的课时边界，通过单元课时的整体设计，重新以单元视角整体规划课时与学时，并巧妙融入"长短课"的设计思路，原本的"来不及"也就有了全新的解决思路。

💡 创意　组织"质疑深化"创意应用

No.1：巧用"制度创新"让人人卷入"质疑深化"

存在问题　"组内共学"环节，几乎所有学生都能深度卷入学习活动；但进入"质疑深化"环节后，由于讨论的问题相对更具挑战性，互动讨论再次成为学优生的天下，很多中等生和学困生再一次被边缘化，课堂被打回传统的原形。

创意方法　教师可以巧用"制度创新"，让每一个学生都深度卷入"质疑深化"环节。比如，教师可以通过下面这些途径，改善这一现象。

首先是开展二次共学　当问题足够有挑战性，只有少数学生能够参与讨论时，教师要果断引导学生开展二次共学，通过在小组里再一次讨论，保证人人都有机会表达自己的思考，并从同伴发言中获得启示。当然，二次讨论的时长以0.5—1分钟为宜，且正式展开二次讨论前，教师最好能够让全体学生安静思考一段时间，以保证大家能带着一定的思考进入二次共学。

其次是创新反馈形式　优化反馈形式，可以激励更多学生深度卷入学习之中。比如，对于台上学生的答疑结果，教师可以要求全体学生用手势做出同意或反对的反馈；再比如，在学生代表上台表达想法时，教师可以组织其余学生在台下同步表达想法。这样的反馈形式创新，能够带动全体学生有效投入共同思考、共同表达与共同评价的活动之中。

最后是制定发言规则　不同的发言规则，也会影响不同学生的参与。比如，我们可以设定这样的发言规则：小组二次讨论后，只有人人都举手，这个小组才有发言和表达的机会；二次讨论后，全班通过随机抽签确认发言人员；发言者不能表述自己的想法，只能转述团队其他成员的想法；每次只能由两位小助教代表小组进行回答；等等。这样的发言规则创新，能够让全体学生深度卷入"质疑深化"环节的学习和讨论中来。

效果评估　制度创新，让更多中等生和学困生在"质疑深化"环节被看见、被关照、被赋予机会，也成功避免了这一环节再次沦为学优生的天下，而让每一个学生都在这一环节中拥有深度参与的权利。

No.2：基于相同板书的"同课同构"

存在问题　"质疑深化"环节是对教师课堂领导力、教学组织力、问题识别力、思维助推力的一次全面检验，这往往会让很多新手型教师产生畏惧感，难以胜任。

创意方法　我们可以组织基于相同板书的"同课同构"活动。具体可以从如下三个方面展开。

首先是同课同构　邀请新手型教师与成熟型教师结合共同设计好的一幅板书、面对提前共同确定的核心问题，开展"同课同构"活动。

其次是<u>对比分析</u>   组织执教者与听课者围绕两节"同课同构"的课堂展开充分的比较与讨论。要厘清成熟型教师是如何基于同一个核心问题，组织更有针对性、更具启发性、更富有成效的互动质疑与思维深化活动，并巧妙完善结构化的双重板书的。通过深度的比较与分析，找到成熟型教师难以用语言表述的实践智慧和缄默知识，为新手型教师组织"质疑深化"环节提供清晰的路径指引。

最后是<u>梳理提炼</u>   通过对比和分析，尝试把成熟型教师实施"质疑深化"环节时的路径、方法、策略、经验等予以梳理与提炼，形成相应的文本，分享给更多的新手型教师，实现经验的总结与共享。

<u>效果评估</u>   基于相同板书的"同课同构"，让更多新手型教师找到了自身同成熟型教师存在的差距，更找到了缩小差距的具体方法和路径，大大提升了新手型教师组织实施"质疑深化"的能力和水平。

🔗 链接 组织"质疑深化"重要资源

链接1：提升"互动答疑"品质的学生10大语言

提升"互动答疑"品质的学生10大语言

1. 请大家坐端正，认真听我说。
2. 对于这道题，我是这样想的……
3. 大家同意我的说法吗？请问谁还有补充？
4. 你的发言很精彩，但是我还有补充……
5. 你的发言很精彩，但是我觉得有一个地方需要修正……
6. 我来举个例子说明……
7. 我想结合这幅图来说明……
8. 最后，我来总结一下这道题的解题思路……
9. 如果再遇到类似的问题，我建议大家……
10. 谢谢大家的掌声！

整理：南京市北京东路小学阳光分校戴越老师

链接2：提升"质疑深化"品质的教师7大追问

追问对教师开展"质疑深化"环节起着至关重要的作用，尤其是恰到好处的追问，能够帮助学生思维从模糊到清晰、从单一到多元、从肤浅到深刻、从零散到结构。南京市北京东路小学吴贤老师梳理了提升"质疑深化"品质的教师7大追问类型，例如"寻找本质类""纵向勾连类"等。

📑 复盘　组织"质疑深化"要点回顾

📱 互动　组织"质疑深化"互动作业

本节案例2"质疑深化"环节中，教师的组织有哪些优点和不足？

第七章

如何组织当堂检测？

◎ 内涵 "当堂检测" 基本含义

　　"当堂检测"是社会化学习课堂中最简短的一个环节，历时通常不足3分钟，但却是完整的社会化学习课堂不可或缺的组成部分，是"教—学—评"闭环中关于评价的重要一环。它是学生在"质疑深化"之后，通过独立完成学习单中"我的评价"任务，在教师的组织下进行组内批改、组内讲评和独立订正，进而根据评价任务的完成情况，由组长带领对全课学习做出反思的完整过程。

◎ 价值 "当堂检测" 组织缘由

　　及时了解　相较于传统的课堂教学，社会化学习课堂中教师的弱参与、弱介入，容易让教师产生"失控焦虑"。在课堂结束前组织"当堂检测"，可以通过任务测评让教师快速了解学生对基本知识、基本技能及关键能力的掌握情况，方便教师有效监控学生学习的效能、评估自己的课堂教学，并做出有针对性的教学调整。

　　协同反思　组织"当堂检测"，有利于教师和学生协同开展教与学的反思。学生可以根据个体或团队的任务完成情况，反思各自在"独立研究""组内共学""质疑深化"环节的学习表现；教师则可以根据学生的反思情况，评估教学各环节、各流程的有效性，梳理成功的经验，或反思存在的不足。

　　调整优化　发现问题的目的在于对教学进行有效调整和优化。教师可以根据学生完成"我的评价"相关任务的情况，及时调整、优化下一阶段的课堂教学思路与方法，直至学生在今后的"我的评价"中获得预期的效果。

◎ 路径 "当堂检测" 组织步骤

　　组织"当堂检测"，通常按照独立完成、统一校对、组内订正、回顾反思四个步骤有序展开。

　　独立完成　学生需要在固定的时间内，独立完成"我的评价"中的相关任务。在这一过程中，学生不可以和同伴进行交流和核对，以便教师更准确地了解学生的学情。

统一校对　　学生独立完成"我的评价"后，教师公布各任务的正确答案，引导组长细致核对自己及每位组员的任务完成情况。当然，教师也可以引导组员间相互进行核对。校对过程中，教师要鼓励学生真实暴露错误和问题，不回避、不隐瞒，以便组长准确了解全组成员的完成情况，也便于教师及时发现问题。

组内订正　　如果组内有部分学生答题出现了错误，教师要引导学生独立完成订正，并在组内通过说理，分析错题产生的原因，并及时总结经验和教训。

回顾反思　　结合全组学生"我的评价"任务的完成情况，组长带领组员对整节课进行反思与回顾。如果整体完成情况良好，则组长可以总结经验、提炼心得；如果整体完成情况不够理想，则组长可以梳理教训、寻找原因，并对下一阶段如何有效改进提出务实的建议。

案例 组织"当堂检测"典型案例

案例1："年、月、日""当堂检测"环节教学实录

师：通过今天的学习，大家有收获吗？（生：有。）敢不敢接受挑战？（生：敢。）一分钟，当堂检测，开始！看一看，哪些同学能够在一分钟内准确完成所有任务！

学生独立完成当堂检测（见下图）。

【我的评价】（课内完成）

1. "五一"国际劳动节的前一天是（　　）月（　　）日，"六一"国际儿童节所在的月份一共有（　　）天。

2. 小明的爸爸今年7月和8月都在外地出差，他这两个月一共出差（　　）天。

师：先完成的同学，认真检查一下，看看有没有错误。我看到，有两个小组全做完了，还在认真检查，特别棒！

师：（等学生全部完成当堂检测后）好了，我们一起来看一下张荣同学的学习单。先来看第1题，"五一"国际劳动节的前一天是4月30号，对吗？（生：对。）"六一"国际儿童节所在的月份一共有30天，对吗？（生：对。）再来看第2题，爸爸7月、8月都在外地出差，这两个月一共是62天，而不是61天，对吗？（生：对。）四个空格全填对的同学请举手。（全班学生几乎都举起了手）手放下。张老师发现，全班只有一位同学出错了。希望这位同学所在的小组组长和另外两位组员能利用课余时间，帮助这位同学一起分析错因，直到彻底弄会为止。

执教：南京市玄武区教师发展中心张齐华老师

案例2："百分数的意义""当堂检测"环节教学视频

该视频由南京市玄武区教师发展中心张齐华老师与南京市锁金新村第一小学六（2）班学生共同完成。视频中，张齐华老师结合"百分数的意义"学习单中"我的评价"任务，按照"独立完成—统一校对—组内订正—回顾反思"的步骤，完成了"当堂检测"的教学（扫描二维码可以观看）。

问答　组织"当堂检测"困惑回应

No.1："当堂检测"总是"来不及完成"怎么办？

尽量完成　尽管"当堂检测"在全课中所用时间不长，但其重要性不言而喻。但凡时间允许，教师都应组织学生认真完成"我的评价"，并根据学生的整体完成情况，对学生学习效果做出评估，为未来教学提供重要的参考建议。

精减任务　考虑到持续的"组内共学"和深入的"质疑深化"已耗掉课堂绝大多数时间，留给"当堂检测"的时间原本就不长，为了保证课堂中"当堂检测"环节能够有效完成，"我的评价"中的学习任务应尽量少而精，最好能够让学生在1分钟左右的时间内完成。因此，在不影响综合评估效果的前提下，教师可以多采用选择、填空、判断、计算、解决问题等偏标准化的任务类型，而尽量不要涉及说理、评价、探索规律等类型的评价任务。

腾挪时间　"当堂检测"的时间被挤压，问题根源还在于"组内共学"与"质疑深化"环节的过度展开。如果实践一段时间后，"当堂检测"环节始终不能在课堂上完成，则教师可以通过压缩"组内共学"与"质疑深化"，把宝贵的课堂时间腾挪一些留给"当堂检测"。这既保证了课堂教学的完整性，也让基于教学目标的"教—学—评"一致性得以完整实现。

No.2："当堂检测"为什么"不建议教师讲评"？

"当堂检测"环节，可以由教师来讲评，但我们通常不建议教师这样做，理由有三。

明晰责任边界　将错题讲评的责任还给组长、还给整个学习小组，是教师对评价、反馈、反思等相关责任边界的再一次确认和明晰。这向学生传递了明确的信号，即学生出现错误，其本人应是第一责任人，此外就应该由整个学习共同体为此承担责任。事实上，基于团队的群体性评价，恰恰为这样的责任边界提供了制度的支持。

前沿做出决策　所谓前沿做出决策，是指"要让听得到炮火的前线将士们来做决策"。从某种意义上讲，小组内的其他成员更了解出现错误的学生究竟哪里出现了问题。由他们来讲评错题，更符合真实的学情。此外，不同学生出错的原因可能各不相同，由教师统一进行讲评，未必能够满足不同学生的不同需求；而在学习共同体内解决问题，显然更具有针对性，更能够实现因材施教、精准施评。

创造协作机会　由同伴进行讲评是学习共同体成员之间展开深入互动的良好契机。引导学生在组内完成相互的讲评和订正，恰恰可以给学生创造更多基于共同体相互协作、沟通和对话的机会，这样的机会也是学生发展社会性素养的重要前提。

💡 创意 ▶ 组织"当堂检测"创意应用

No.1：巧用"我的评价"评估独学或共学效果

存在问题　有时，如果学生在"当堂检测"环节出现问题，教师或组长很难判断问题究竟是出在"独立研究""组内共学""质疑深化"中的哪一个环节。这会影响教师对学生错误的归因及针对性的教学调整。

创意方法　教师可以巧用"当堂检测"评估学生独学或共学的效果。具体可以分为如下三个步骤。

首先是**检测前置**　教师可以在"组内共学"或"质疑深化"环节之前，组织全体学生先独立完成"我的评价"中的任务。

其次是**分析评估**　教师对学生完成的情况进行及时批改，发现问题后可以有针对性地进行溯源分析，找到问题的症结所在。

最后是**整改建议**　根据分析评估的结果，教师可以对学生的"独立研究"和"组内共学"提出整改建议，避免部分学生长时间在课堂学习中浑水摸鱼。

效果评估　这样的创意实践，既巧妙地发挥了"我的评价"的功效，也为教师精准研判学生在不同阶段的学情提供了新的可能性。

No.2：组长自编"我的评价"了解团队学情

存在问题　同一份"我的评价"任务，显然很难测评出全班学生真实的学习情况。有时，任务过于简单，超高的正确率掩盖了可能存在的学习障碍；有时，任务过于复杂，太低的正确率又很难让人辨别究竟哪些学生真正存在问题，模糊了生际之间真实的差异。

创意方法　教师可以邀请组长自编"我的评价"对全组学生进行测评。

首先是**组长自编**　组长根据本组学生独学、共学和参与"质疑深化"环节的实际情况，现场编制更具针对性、差异化的测评任务。

其次是**现场测评**　组长引导组员现场完成本组的"我的评价"，并及时组织大家进行批改。

再次是**分析问题**　组长根据批改的情况，对组员任务完成情况、目标达成情况等进行精准而个性化的分析，找到每一个学生问题背后的根源。

最后是**整改建议**　组长分析评估结果，对每一位学生课前的"独立研究"、课内的"组内共学"和"质疑深化"等环节的学习提出差异化的、精准的整改建议。

效果评估　这样的创意实践，既让原本统一化的评价任务展现出差异性和适切性，大大提升了评价的效能；也充分发挥了组长自身的主观能动性和创造性，提升了其设计任务、组织评价、分析问题、做出整改等全方位的能力。

🔗 链接　组织"当堂检测"重要资源

链接1："我的评价"组长讲评操作手册

"我的评价"组长讲评操作手册

第一步：了解学情

1. 整体了解各位组员的完成情况

2. 重点关注错误点及其分布情况

3. 精准分析错误原因并思考对策

第二步：组织订正

1. 引导组员先独立订正

2. 鼓励有困难的组员看书自行探索

3. 鼓励组员准确说出自己的困难

第三步：精准讲评

1. 由组长或小导师精准讲评相关评价任务

2. 尽量用直观形象的方式进行讲评

3. 讲评后，鼓励组员复述思考过程

第四步：任务复检

1. 设计难度系数相当的评价任务

2. 引导组员解答以检验其是否彻底掌握

3. 结合完成情况，灵活进行进一步的引导

整理：南京市北京东路小学阳光分校戴越老师

指导：南京市北京东路小学阳光分校王江老师

链接2："学习单"教师批改操作手册

"学习单"教师批改操作手册

（一）批改时间

1. 课前批改：侧重"我的研究"（包括"我的提问"）

2. 课后批改：侧重"我的评价"

3. 订正后改：侧重错题的订正情况

（二）批改内容

1. 我的目标：关注圈画、批注与解读

2. 我的研究（前几项）：关注准确、留痕与利他

3. 我的提问：关注质量与关联度

4. 我的评价：关注正确率与规范性

（三）批改要求

1. 认真批改，求准确

2. 适当批注，有指导

3. 细化表扬，重激励

（四）常见问题

1. 我的目标：没有批改

2. 我的研究（前几项）：不能识别隐藏的错误

3. 我的提问：缺乏对学生提问的引导激励

4. 我的评价：缺乏对小组的整体关照

整理：南京市北京东路小学阳光分校戴越老师

指导：南京市北京东路小学阳光分校王江老师

复盘　组织"当堂检测"要点回顾

互动　组织"当堂检测"互动作业

在本节案例2"当堂检测"环节中，教师的组织有哪些优点和不足？

附录

社会化学习典型课例

内容："认识平均分"（二）
执教：张齐华（南京市玄武区教师发展中心）

（扫码可看本课视频）

师：同学们，准备好了吗？让张老师看到每一双闪亮的眼睛，真好！上课，同学们好！

生：（起立）老师，您好！

师：请坐。

ⓒ 引入 ▶ 解读学习任务

师：今天这节课，张老师要和同学们研究数学里非常重要的一个话题——平均分。昨天，张老师布置了一份课前学习单，我们一起来看一下学习单的内容（实物展台展示学习单，见右图）。在这份学习单中，有同学们非常熟悉的"我的目标"。接着来看一下"我的研究"。任务一，哪种分法，是你心目当中的平均分？除了这些方法是平均分，你还能把6个圆片平均分吗？怎样分才算是平均分？待会儿，在小组里边可以充分地交流。任务二，12个桃子，你能2个2个、3个3个……，甚至自己来确定每份的数量，进行平均分吗？行不行？

"认识平均分"学习单

班级_____ 姓名_____ 组号_____

【我的目标】
1. 我通过看一看、比一比等活动，认识平均分。
2. 会用圈一圈、画一画等方法，把一些物体或图形平均分。

【我的研究】（课前完成）
1. 小明想把 6 个圆片分一分。
（1）下面哪种分法是平均分？在（ ）里画"√"。

○○　○○○○	○○　○○　○○	○　○○　○○○
（ ）	（ ）	（ ）

（2）你还能把 6 个圆片平均分吗？动手画一画。（你能找到不同的分法吗？）
（3）怎样分，才算平均分？把你的想法写下来。

2. 你能根据要求，把 12 个桃子平均分吗？先圈一圈，再填一填。
（1）每个小朋友分 2 个，可以分给（ ）个小朋友。

（2）每个小朋友分 3 个，可以分给（ ）个小朋友。

（3）还可以每个小朋友分（ ）个，分给（ ）个小朋友。

3. 有 10 个苹果，每个同学分（ ）个，可以分给（ ）个同学。（可以先画一画、圈一圈，然后再填一填）
4. 关于今天的学习内容，你还能提出什么问题？

【我的评价】（课内完成）
1. 把 18 个气球平均分，可以怎样分？你能找到三种不同的分法吗？先想一想，再圈一圈。
（1）
（2）
（3）

生：（齐）行!

师：点赞! 任务三,如果是10个苹果,想一想,每个同学能分几个? 又可以分给几个同学呢? 张老师相信,这道题的答案可能不唯一,所以待会儿在交流的时候,可以互相看看,"我"的想法是什么?"你"的想法是什么? 看看能不能找到不同的方法。当然,还得想想不同的方法背后,有没有相通的地方。接下来,就是我们非常熟悉的提问环节。张老师发现,每个小朋友昨天都提出了非常有意思的问题。"组内共学"的最后,别忘了把你提出的问题先在小组里说一说,别的小朋友也可以帮助来解答。实在解答不了,也没关系,我们待会儿可以把问题提交上来,全班一起进行讨论和交流。有信心吗?

生：（齐）有!

师：接下来,进入今天的"组内共学"环节,15分钟时间。现在开始!

🎯 启动 ▶ 开展组内共学（以李熠烁小组交流为例）

李熠烁："我的目标",请周惜来读。

周惜："我的目标"——一,通过看一看、比一比等活动认识平均分;二,用圈一圈、画一画等方法,把一些物体或图形进行平均分。

李熠烁：好的。"我的研究"第一题,下面哪一种方法是平均分? 在括号里画"√"。你们觉得是哪一种方法?

小组：（齐）第二种。

李熠烁：（看到大家都举手）为什么都同意是第二种?（看向鲍景程）鲍景程。

鲍景程：（李熠烁帮助鲍景程把学习单放到桌子正中间,鲍景程手指着自己的学习单,其他组员一起看向鲍景程的学习单）因为它们每一个都是2、2、2。然后你们看,这里是1、2、3,你们知道平均分为什么不是这样子吗? 因为这几个数虽然加起来等于6,可是却不一样。平均分的话,每一份必须是一样的数字,这才叫平均分。

李熠烁：（认真聆听完鲍景程的表达后,又转向周惜进行追问）这些,你听懂了吗?

周惜：（点头）听懂了。

李熠烁：那你可以再详细一点地说吗？

周惜：（主动将自己的学习单摆到桌子正中间）为什么第二组是平均分呢？因为平均分必须要使每一份的数量都一样。可是这一组呢，每一份的数量不一样，所以不能选第一组。那第三组为什么不选呢？你看，1、2、3，它们也不是一样的数字。如果这边是2、2、2的话，那这个就可以画"√"了。你们听懂了吗？

小组：（齐点头）懂了。

李熠烁：周惜，我还想再问你一个问题。如果这幅图不是这样子，这边再加1个，这边2、这边2、这边3，是不是也可以叫作平均分？

小组：（齐摇头）不能。

李熠烁：我的意思是，这里不是3个吗？移1个到这里，不都变成2了吗？现在是不是平均分？

小组：（齐）是的！

李熠烁：第二题，你还能把6个圆片平均分吗？动手画一画。关键是，你要能找到不同的方法（指着学习单的要求）。鲍景程，先来分享一下你的方法吧！

鲍景程：（开心地点头回应）好的。我找出的是一个3和一个3。其实我们在找的时候，可以用加法来看。用加法看的同时，我们也要关注一下，几加几加几，或几加几都等于6，要保证那两份或三份要一样多才可以。

李熠烁：（对着鲍景程点头）我明白了。（转向其他组员）大家都听懂了吗？朱籽睿，来看一下你画的，你画了两种方法。

朱籽睿：（将自己的学习单放到桌子中间）第一种，可以把6个圆片单个单个地分。第二种方法，和鲍景程的是一样的。

鲍景程：组长，我有个疑问，单个单个分的话，好像不叫平均分啊。

李熠烁：单个单个分，是平均分啊！你看（用手势比划），这是不是6个呀？你每个人分1个可以；你不能这个人分2个，这个人分3个，这个人又分1个，对不对？（鲍景程回头看看黑板上的倒计时，手拍拍李熠烁）1个1个分，也是可以的。周惜，看一下你的方法。

周惜：我的方法和朱籽睿的是一样的。

李熠烁：（侧头看向朱籽睿和周惜）我的方法也和你们的是一样。（环顾所有同学）大家都同意这种方法吗？有没有不一样的呢？

鲍景程：（举手）我不同意这种方法。我不同意你们说的这种1个1个分。

李熠烁：那你再想想，有没有什么其他的方法？

鲍景程：我再想想。

李熠烁：（侧头看向朱籽睿和周惜）你们都想一想，还有什么其他方法。

鲍景程：（惊喜地）哦，我还想到一种方法！

李熠烁：什么方法？你讲。

鲍景程：（伸手拿笔）可以先给你们画出来。

李熠烁：不用画，不用画，你描述就可以了。

鲍景程：我不知道你们能不能看懂。（在学习单空白处画图，其他组员耐心等待、认真观察）我先画6个圆啊，这样也是平均分（试图横着从圆的中间画一条线，把每个圆平均分成2份）。感觉不是很圆，我把它擦掉再说。

李熠烁：（回头看看屏幕上的倒计时）快，只剩10分钟了，我们要快一点。

鲍景程：（专注画图）这是6个，对吧？这样，可以分给12个人。

（其他组员都睁大眼睛、张大嘴巴，惊讶地看着鲍景程画的图。）

李熠烁：（用手势比划着，并笑着看着其他组员）鲍景程是把圆从中间分开了，半个半个分的，对不对？

鲍景程：然后就可以分给12个人了。

李熠烁：这个，是不是得以后才能学到啊？

鲍景程：有可能。

李熠烁：来，第三题，怎样分才算平均分？把你的想法写下来。从周惜开始。

周惜：我觉得可以把6分成2个3，也可以把6分成6个1。

李熠烁：你觉得这样分是平均分？

周惜：对！

朱籽睿：我觉得每份的数量都要一样，才叫平均分。

李熠烁：我觉得把一些物体或图形分成几份，每份同样多，这才叫平均分。

鲍景程：我觉得只要每份一样多，就叫平均分。咱们都同意这样子吗？

李熠烁：（看着其他组员）都同意！平均分，必须每份都要同样多，对吧？下一题，10个苹果，每个同学分几个？（朱籽睿提醒，第二大题还没有交流，于是回到第二大题）每个小朋友分2个苹果，可以分给几个小朋友？

朱籽睿：（边举手边说）6个。

李熠烁：你们认为是几个？一起说。

小组：（齐）6个。

李熠烁：（笑着看了看组员的学习单）你们圈了没有？

小组：（齐）圈了。

李熠烁：好！每个小朋友分3个，可以分给几个小朋友？

小组：（齐）4个。

李熠烁：（做邀请回答的手势，眼睛看了看鲍景程的学习单）还可以怎样分呢？周惜，你来往这边开火车。

周惜：每个小朋友分4个，这样就可以分给3个小朋友。

李熠烁：（侧头看向朱籽睿的学习单）那你认为呢？（朱籽睿表示和周惜一样）嗯，我也一样。

鲍景程：那还有没有其他方法呢？我们再想想。

李熠烁：快没时间了，我们先讨论下一题。有10个苹果，每个同学分几个，可以分给几个同学？可以先画一画、圈一圈，然后再填一填。（手伸向周惜，并侧过去看）你填的是什么？

周惜：我是这样画的。我先画了10个苹果，然后两个两个地圈在一起，发现每个同学分2个，可以分给5个同学。

李熠烁：好的。

鲍景程：我也是的。

朱籽睿：我有两种方法，第一种方法和周惜的是一样的，我讲第二种方法，就是每5个苹果分给一个人，可以分给2个人。

鲍景程：我的方法跟周惜的一样。

李熠烁：我的方法是这样的。可以1个1个分，可以分给10个同学；也可以2个2个分，可以分给5个同学。对于今天的学习，你们有什么问题吗？来，从周惜开始开火车。

周惜：平均分有哪些方法？

朱籽睿：为什么要平均分？

李熠烁：为什么要学习平均分？

鲍景程：100有多少种平均分的方法？

李熠烁：接着说一下大家的第二个问题吧。

周惜：学习平均分有什么用？

朱籽睿：单数可以平均分吗？

李熠烁：所有的数都可以平均分吗？

李熠烁：（带头拿起笔）我们先来完成"组内过关"。快点，只有6分钟了。记得要圈画啊！

（小组集体埋头写"组内过关"，朱籽睿写完后开始检查，鲍景程提前开始写"我的评价"。）

李熠烁：这样，我来报一下答案啊，大家看自己的对不对。10块饼，每2块一份，分成了5份，对吧？2个2个一圈。

小组：（齐）对！

李熠烁：我是这么写的，15块巧克力，每5块一份，分成了3份。你们是怎么写的？

鲍景程：我是每3块一份，分成了5份。

李熠烁：对，你倒过来了。

（组员根据答案自己批改。）

李熠烁：我来对今天关于平均分的学习做一个总结。我是这样想的，平均分就是每几个图形或数字分一份，每份都是同样的，对吧？

鲍景程：我觉得，有可能还有其他的理解吧？

李熠烁：（看时间还有剩余）我们来解决一下大家的问题吧！来，看看哪个问题最有意思。

鲍景程：最有意思的估计是我的——100有多少种平均分的方法？

李熠烁：（寻找组员的问题，然后指着朱籽睿的问题）单数可以平均分吗？试一下，试一下！

鲍景程：当然可以。3、3、3、3、3，15不就是个单数吗？

李熠烁：我的意思是说，所有单数都能平均分吗？

鲍景程：怎么不能？

李熠烁：3可以平均分吗？

周惜：可以啊！1个1个地分，3和5都是可以平均分的；但2个2个地分不行。

朱籽睿：我在想，两边要都一样。

李熠烁：我在想，15能不能平均分？

鲍景程：三五十五，三七二十一，能啊！

李熠烁：哦，那3能平均分吗？

朱籽睿：3个1，也是平均分。

鲍景程：我总结出一种方法，关于单数可不可以分。要不要听呀？

李熠烁：（忽视了鲍景程，转向看周惜的学习单）你提的是什么问题呀？

周惜：平均分在生活中有什么用处？

鲍景程：我知道平均分有什么用处。比如说，小红有15个苹果，小兰有21个苹果，小红比小兰少6个苹果。要想两个人的苹果同样多，要用到平均分才可以。

李熠烁：鲍景程，你的问题是什么呀？

鲍景程：100有哪些平均分的方法？

朱籽睿：100可以1个1个地分，2个2个地分。

鲍景程：3个3个地分。

朱籽睿：3个3个地分不可以（大家表示认同）。4个4个（生齐答"可以"），5个5个（生齐答"可以"），6个6个（生齐答"不可以"），7个7个（生齐答"不可以"），8个8个（齐答"可以"——此处学生误答，应为"不可以"），9个9个（生齐答"不可以"），10个10个（生齐答"可以"），等等。

李熠烁：你这个问题解决了。

🎯 推进 全班质疑深化

师：同学们，都讨论完了吗？

生：（齐）讨论完了。

师：真棒！刚才张老师巡视了一圈，发现咱们二（2）班的每一个小组都在组长带领下，讨论得非常投入。我特别要点赞几个小组的组长，他们在整个讨论过程中，会组织、会追问，而且还有组长竟然能够在讨论结束后，把整个讨论的结果进行复盘和总结。真心为大家点赞！那接下来，就进入我们非常熟悉的提问和答疑环节，好不好？

生：（齐）好！

师：一起来看看，在刚才的小组讨论中，各小组都提出了哪些问题。（实物展台呈现各小组汇总的提问，见下图）。给大家30秒时间，仔细看一下各小组提出的问题。（全体学生安静观察）我们只选了7个小组的问题，但我们全班一共提出了30多个问题，而且有些问题是高度一致的，英雄所见略同！张老师稍微梳理了一下，尽管有8个问题，但它们大概分为这样的几类。第一类来自第1组，他们想和我们再聊一聊，这到底怎么分才算平均分。第二类是大家提得最多的问题（手指第2列问题）：为什么只有双数才可以平均分？单数可以平均分吗？单数能够平均分吗？平均分可以1个1个地分吗？这三个小组的问题，都聚焦在单数和双数上。

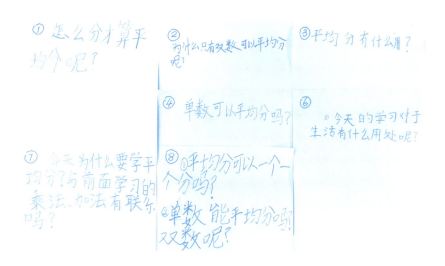

师：说实话，当我看到这么多同学都在关心单数、双数时，我开始意识到，张老师设计的学习单可能出了点儿小问题。你们猜，为什么这么多同学会盯着单数能不能平均分来问？聪明的孩子一定已经发现了，你来说。

鲍景程：因为老师的学习单只提了双数的问题，没给我们提单数的问题。

师：热烈的掌声在哪里？（全班热烈鼓掌）这就是会观察、会学习的同学！于是，当这么多同学提了这个问题后，我默默打开了我精心设计的学习单（实物展台展示学习单）。果然，我安排的几道题，好像都和双数有关，比如6个圆片、12个桃、10个苹果，甚至包括"组内过关"中的题目也是10个饼。但是，谁看到了一个单数的问题？

生：（齐）15块巧克力。

师：只不过，这道题在"组内过关"中，我们课堂上才需要完成，所以很多同学当时没有在意。同学们的提问也让张老师意识到了，如果下回再来设计"认识平均分"的学习单，可不能光顾着设计双数，也得考虑一下单数。不过单数到底能不能平均分？能不能？

生：（齐）能！

师：不着急，我们待会儿好好聊。这是第二类问题。第三类问题的质量非常高，我们一起来看一下。这个问题来自我们的第7组。这是一个特别善于沟通和联系的小组。瞧，他们在问：今天我们所学的平均分，跟前面学过的乘法、加法有联系吗？我觉得，这个问题能够抓住今天所学的内容和我们以往学过的内容之间的联系和区别，这样的问题很高级！点赞！最后，我们再来看一下第3组、第6组的问题：平均分学了有啥用？生活中有用处吗？都在关心今天所学内容的用处。8个问题，4个类别，说明咱们班同学特别会提问。我建议，再次把掌声送给会提问的二（2）班同学，好不好？（全班热烈鼓掌）真好！而且我看到，很多小组竟然是三个同学朝着某一个同学在鼓掌。我猜，你们几个组应该最终选择了这几个同学的问题，所以三个同学都在朝他鼓掌，特别点赞！好，问题已经找到了，也分类梳理清楚了，那接下来，我们就来聊聊这些问题。这样，先从最简单的问题开始：怎样分才算是平均分呢？通过刚才的交流，大家搞明白了没有？

生：（齐）搞明白了！

师：我不相信。谁愿意上来？（绝大多数学生举手）来，有请这位女生！掌声在哪里？（全班热烈鼓掌）同学们，我们都知道，数学学习啊，特别是交流自己观点的时候，最好不要在座位上，空对空地讲。瞧，张老师在黑板上为大家准备了一些吸铁石，每行6个（见下图）。我们现在就以红色的吸铁石为

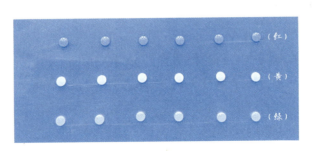

例，我想请这位女生结合红色的吸铁石给大伙儿说说，到底怎么分才叫平均分。有请！

张依苒：我觉得，两边一样就是平均分。我用红色的吸铁石来摆一下（试图去移动吸铁石）。

师：这样，我给你一支粉笔，你来圈一圈，行不行？

张依苒：（接过粉笔3个3个地圈）这是一种方法，我还会一种方法。

师：那就用黄色的吸铁石，好不好？（张依苒在黑板上开始2个2个地圈）她是一点"活路"都不给你们留了。拿出手指，猜猜她下面会怎么圈，咱也不能错过这机会，一起圈一圈。（全班伸出手指，和张依苒一起比划）

师：这两种方法，如果都对的话，雷鸣般的掌声送上！（热烈掌声）采访一下小姑娘，你已经找到了两种平均分的方法，还有第三种吗？

张依苒：我觉得还有一种。

师：试试看！（面向台下学生）如果同意，拿出手指，跟上她呀！（张依苒1个1个地圈，画完，全班自发地给予掌声）哇，真要为这位女生点赞！现在，我想问大伙几个问题。请问，第一种分法算不算平均分？（生齐答"算！"）第二种算不算？（生齐答"算！"）第三种算不算？（生齐答"算！"）我不服。（学生也有人表示不服）要不，我先说说我的想法？

单子扬：还能有小数点！

师：啊？不着急，我懂你的意思。我先来问一下，同学们，这三种方法一样吗？

生：（齐）不一样。

师：有的是3个分一堆，有的是2个分一堆，竟然还有1个分一堆的。分法不一样，凭什么你们都认为它们都是平均分？（面向张依苒）是你自己来说，还是请下面的同学来说？

张依苒：我来请。

师：真好，我相信这位女生肯定能答得出来，但她决定把机会让给别的同学。来吧，赶紧找一个。

张依苒：蒋汇权。

师：肥水不流外人田啊，机会留给自己小组。（蒋汇权来到台前）分法不同，为什么你认为它们都是平均分？

蒋汇权：只要两边东西的个数同样多，就算平均分。（台下鼓掌）

师：还鼓掌？（手指第一行吸铁石）这个我可以理解为两边，（手指第二行吸铁石）但这个可不是两边了。

蒋汇权：这个也可以是三边。只要两边，（发现自己表达不准）不管多少边，只要物体的数量同样多，就算平均分。

师：你终于把两边给藏起来了，因为除了两边，还有几边？（手指第二行吸铁石）

生：（齐）三边。

师：（手指第三行吸铁石）还有几边？

生：（齐）六边。

师：怎么说更准确？再来试一试好不好？来，分法不同为什么都是平均分？

蒋汇权：因为不管多少边，只要数字都一样，就算平均分。

师：有道理吗？（生齐答"有！"）掌声在哪里？（台下鼓掌）真好啊，感谢黄金搭档，掌声请回两位同学！通过两位的分享，我们终于搞明白了。这三种分法，每份的个数一样吗？

生：（齐）不一样！

师：（手指第一行吸铁石）几份？

全班齐：2份！

师：（手指第二行吸铁石）几份？

全班齐答：3份！

师：（手指第三行吸铁石）几份？

生：（齐）6份！

师：你们看，每份的个数不同，份数也不同（板书"每份数不同""份数不同"）；但是，只要每份同样多（板书"每份同样多"），我才不管你每份是几个，我才不管你到底有几份，只要每份同样多，这种分法就叫平均分（完成板书中的核心板块，见下页图）。同学们在学习平均分的时候，不要被它的一些细节所迷惑，要学会抓住它的关键。当然，我们还得为第一小组提出的这个问题点赞。一开始我拿出这个问题的时候，有同学还在说，这个问题太"弱"了，这个问题还有必要提吗？现在看来，一些看起来简单的问题，只要愿意深

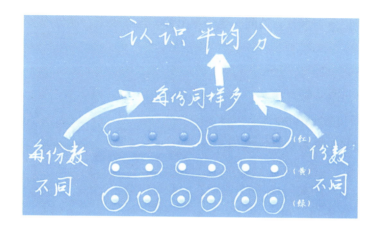

入地去思考，我们仍然可以让学习往深处走，这就是提问的价值。

师：好了，刚才有一个小朋友好像很"狂妄"地说，还有什么小数。是谁来着？这会儿还敢上来吗？（单子扬犹豫地举手）没事没事，掌声在哪里？（台下鼓掌）我先盲猜，他的意思是，这6个吸铁石除了3个一份、2个一份、1个一份以外，还有第四种分法。是这意思吗？我把话筒给他，听听他是怎么想的。我来找一找瞪得最大的眼睛，说不定，今天奇迹就要诞生了。

单子扬：请大家认真听。我们看，这是一个吸铁石，是不是？其实在小数眼里面，它可以被分成10份，也就是10个0.1。好，10个0.1、20个0.1、30个0.1、40个0.1、50个0.1、60个0.1，可以平均分成60份。谢谢大家！

师：实话告诉我，听懂了没？

生：（齐）听懂了！

师：告诉大家，这会儿，如果我找些三年级的学生，他们都不一定听得懂。因为这个话题，只有四年级的同学才能听懂。你们要真听懂了，坐直我看看！（全班骄傲地坐直）好家伙，他刚才说，准备把这个吸铁石再平均分成几份？（生齐答"10份"）瞧，老师正好还带来了6个蓝色的吸铁石。我当时心想，你就不要平均分10份了，平均分成2份不好吗？这样，我们先从2份开始，好不好？如果把每个吸铁石再平均分成2份，猜猜看，这些吸铁石可以平均分成多少份？（台下学生举手的不多）有点难，没事，如果我们再把每个吸铁石平均分成2份，一共分成多少份？四人小组，30秒时间，赶紧商量商量。（四人小组再次商量30秒）好的，3个3个地分、2个2个地分、1个1个地分，现在这个男孩不服，他想半个半个分。请问，半个半个分，这些吸铁石能分成多少份？大声告诉我。

生：（齐）12份！

师：学过乘法吗？

生：（齐）学过！

师：想起了哪句乘法口诀？

生：（齐）二六十二。

师：天呐！原来同样的6个吸铁石，我可以分出2个3。谁能接着往下写，还可以分成几个几？（两名学生上黑板，分别写下"3个2""6个1"）写对的，别忘了热烈的掌声，好不好？（热烈掌声）难题交给你了。他想把每半个分成一份，可惜我不能把它切开来，假设能切好不好？请同学们拿出手指，帮我一起"切"这吸铁石。预备——咔！咔！咔！（全班一起比划手势"切"吸铁石）看看这个男孩会写出怎样的结果。（王与忱板书"12个0.5"）

师：12个0.5，太强悍了，海啸般的掌声在哪里？（热烈掌声）其实，刚才还有同学准备把每个吸铁石分成10个0.1。（面向单子扬）这是你说的，对不对？大胆猜一猜，如果每个吸铁石被我咔咔咔分出了10个0.1，你们猜，这边应该写上几个几？

生：（齐）60个0.1。

师：谁说6个吸铁石想要平均分，只有三种分法？是你太肤浅！当我们带上0.5、0.1、0.01、$\frac{1}{2}$，把分数跟小数邀请进来的话，咱们平均分的方法和结果将有很多很多。我个人觉得，掌声还是得送给刚才提问的这几组同学。（热烈掌声）突然发现，好像第8组的第一个问题是不是也回答了？平均分可以1个1个分吗？当然可以！现在大家都觉得，这个问题太"弱"了，平均分哪止1个1个分，还可以几个几个分？

生：（齐）零点几、零点几地分。

师：你看，可以0.5、0.5地分，0.1、0.1地分。

张荣：其实，我觉得单数也能平均分。

师：这个孩子终于憋不住了。他一定在想，张老师，你都聊半天了，得赶紧来聊聊我们组的问题呀！好，先问一下大家，双数能平均分吗？（生齐答"能！"）是呀，6就被我们成功地平均分完了。一定有很多同学在想，单数还能平均分吗？每个小组可以在你们的学习单上找个空白的地方，先画出单数个圆，比如说3个圆、5个圆、9个圆；然后一个同学画，别的同学一起来讨论，看看单数能不能平均分。30秒时间，倒计时开始。（全班小组讨论30秒）来吧，时间到！通过刚才第二轮的小组讨论，告诉我，单数能平均分吗？

生：（齐）能！

师：先不着急请大家回答，我想看看，有多少同学能够看懂别人的作品。我们都说，数学学习光说清自己的思路不算最厉害，能够看懂别人的思路那才叫真厉害。我找到了张荣同学的作品（见下图）。他在他们团队的协助下，完成了对两个问题的思考。猜一猜，左上方他想分几个圆？他的结论是什么？右下方他又想分几个圆？他的结论又是什么？看懂的请举手。（学生陆陆续续举手）这么多同学都看懂了他的思路，了不起！谁愿意上来分享？

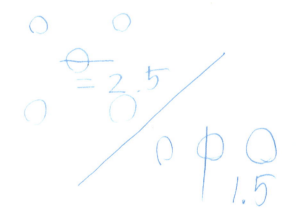

梁叶星：请大家认真听！我觉得，张荣是想把5个圆平均分。

师：平均分成几份呢？

梁叶星：平均分成……（犹豫不决）

师：谁看懂的？找一个来帮帮他。实在不行的话，张荣得亲自出马了啊！（邀请孙佳璐上台）这幅作品确实不太容易看懂，不能怪刚刚的男生。

孙佳璐：我觉得张荣是想平均分成6份。你看这里有2个，这里有2个，这里有1个，一刀切成了2份，4+2=6，所以，张荣应该是想平均分成6份。

师：张荣，你是这么想的吗？（张荣摇头）张荣显然不是这样想的。有请作者自己和大伙分享一下，他想把5个圆平均分成几份。

　　张荣：我其实是想把5个圆平均分成2.5份。你看，下面是2个圆，上面也是2个圆，中间这个圆除以2得到0.5，再用2加0.5等于2.5份。

　　师：你的回答可以得95分，你说错了一个地方。（面向全班）他其实不是想把圆平均分成2.5份，他是想把它们平均分成几份？（用手势比划）一共5个圆，你1个、我1个，你1个、我1个。完了，还剩几个？是不是还剩中间这1个？中间这1个怎么办啊？大声告诉我！你一小半、我一小半，这么一来的话，有没有发现，5个圆有没有被平均分成2份？（生齐答"有！"）每份是几个呀？（生齐答"2.5个"）同样的道理，一起来看一下这边（教师手指张荣作品的右下方）。我先问大家，3个圆平均分成3份，行不行？（生齐答"行！"）分成2份呢？（生齐答"行！"）拿出手，比划一下，其中1份在哪里？是不是在左边？还有1份在哪里？真好！来，掌声请回三位同学。（台下鼓掌）看来，5个圆、3个圆，我们不光可以1个1个地分，甚至还可以借助小数，半个半个地分。当然，5个圆，要想平均分，有没有更加基本的方法？怎么分？拿出手一起来！（全班学生伸出手跟着教师比划）1、2、3、4、5。一句话，5个圆，可以分成几个几？一起说！（生齐答"5个1"）7个圆？（生齐答"7个1"，下略）9个圆？15个圆？13个圆？不管你是单数还是双数，我只要能够1个1个地分，是不是任何数都可以平均分？（生齐答"是！"）只不过，有些神奇的单数，不光可以1个1个分。（有学生喊"9"）既然这个同学提到了9，请大家看这里。巧了，黑板上正好有9个粉色的吸铁石，拿出手数一数，1、2、3、4、5、6、7、8、9。9个吸铁石能平均分吗？不许打碎，不许用小数，不许用分数，就是整个整个地分。请问，能平均分吗？四人小组，赶紧讨论呀！（全班小组讨论约30秒）数学课堂上，回答问题可以用上数学的语言。这样，接下来，我也不请你上来分了，我也不请你上来画了，你能不能只要说，你把9个吸铁石平均分成几个几，我就知道你弄明白了没有。我来采访几个同学。

　　潘雨菡：9可以平均分成3个3。

　　师：同意的话，海啸般的掌声！（全班鼓掌）来吧，拿出手比划一下，哪来的3个3？（学生伸手比划）孩子们，通过刚才这一段的交流，最后给张老师一个结论，单数能不能平均分？（生齐答"能！"）有的单数，只能1个1个分；但是，有些单数还能几个几个分。所以，我们对单数不要有误解，不要以为它是落单的数，对不对？（生齐答"对！"）然后，还有一个问题：今天所学的内容与前面学习过的加法和乘法有联系吗？这个问题质量非常高。你们觉得有没有联系？30秒时间，组内快速交流！（全班小组交流30秒）时间到！今天学习的平均分跟加法、乘法有联系吗？这个问题，难度系数是3.0。谁想挑战一下？（很多学生举手）这么多同学举手，我都不知道该选谁了。就请这个男生吧。掌声在哪里？（全班鼓掌）

蒋汇权：我举个例子。比如说，9是不是可以分成3个3？（边说边在黑板上画了9个圆）3×3＝9，所以我觉得，它们是有联系的。

师："傻孩子"，画了半天，这儿不就有3个3吗？（手指黑板右侧的9个吸铁石）请问，把9分成3个3，合起来是不是就得到了3×3？

张荣：还有加法，3+3+3＝9。

师：大家一起来看这张图（手指9个吸铁石）。你看，当我们带着不同的视角看同一幅图的时候，得到的信息是不同的。如果这幅图我们用上"合"，你能列出怎样的算式？（生齐答"3+3+3＝9"）因为3个加数相同，所以，我们还能列出怎样的算式？（生齐答"3×3"）瞧，用上"合"的思路，我们可以得出加，还可以得出乘。但是，如果用上今天的"分"，可以得出3个3。猜猜看，这边对应的是加法，这边对应的是乘法，那你知道"分"还可以对应什么？

生：（齐）除法！（结合学生回答，教师完成相应板书，见下图）

师：真厉害！同学们，你们知道吗？分，首先就是一种减（手指第一行6个吸铁石）。3个3个地分，意味着先去掉几个？（生齐答"3个"）分完没？（生齐答"没有"）再去掉3个，分完没？（生齐答"分完了"）分完了，说明6里边

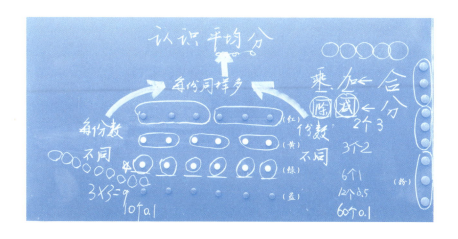

有2个3，对不对？所以，它就是减法。当然，经过两天的学习，我们还会发现，学习平均分就是为后面学习除法做准备的。所以，大家看一下这边的小组都在问：平均分有啥用啊？平均分对以后的学习有什么用啊？我至少可以告诉大家，平均分除了可以解决生活中的分蛋糕、分桃子、分梨子等简单的实际问题，更重要的是，它为我们未来学习除法在做准备，它是除法的重要基础。所以，感谢7个小组提出的这8个有质量的问题！是这些问题，让我们的学习越走越远。今天这节课，我们就上到这里。下课！同学们再见。

生：（全班起立）老师再见！

后记

　　2023年10月6日，晚上10点，我合上笔记本，敲完这本书稿的最后一个字。朋友问我，你是如何做到在"国庆"八天的假期里，完成所有的书稿的？我笑着告诉他，书稿尽管只写了八天，但准备工作差不多有整整四年。

　　自2020年1月1日这个项目启动以来，1000多个日日夜夜里，我和我的团队一直沉浸在这个项目中。我们一次次查阅文献，确认这个项目的支持性理论，论证项目的可行性；我们一遍遍打磨课堂基本框架和流程，并在一个又一个日常课现场不断地予以检验、修改、完善；我们遭遇了一个又一个实践中的真实问题，并以此为契机，不断研发可操作、能落地、系统性的工具箱和方法论。这些工具箱和方法论恰恰构成了本书的主体部分，也成为这个项目能够快速在全国30多个省份、10000多间教室里落地生根的关键；而这些来自五湖四海的教师们的"草根"实践，又为本书提供了大量鲜活的案例和生动的方法。实践过程中，来自全国各地的很多学校自发尝试将这个项目从小学数学学科向小学语文、英语、科学、道德与法治、劳动、综合实践活动等学科/课程进行迁移和推广，也取得了令人意想不到的效果，从而让这个项目既基于小学数学学科，又不囿于小学数学学科。本书在撰写过程中也回应了这样的基本现实，努力让社会化学习的课堂模型、路径方法、操作策略等具有更强的学科适应性，从而方便更多其他学科教师应用书中的方法与策略，指导本学科的课堂改革实践。目前，已经有一些来自全国各地的初中和高中学校尝试开展社会化学习的课堂实践，更有一些学校尝试将社会化学习的理念从学科教学向班级管理、队伍建设、学校管理等领域进行拓展，这些都给了我们巨大的信心和鼓舞。

　　2021年起，这个项目正式成为本人参与江苏省首批"苏教名家"培养工程的研究项目，一路走来，得到了成尚荣、陆志平、董洪亮、喻平、汪霞、吴永军、谭顶良等导师以及张兴华、吕林海、宗锦莲等专家的倾力指导。2024年新学期伊始，这个项目正式成为南京市玄武区小学数学学科区域课堂教学主张，并将在未来国家级课改实验区的课改实践中持续开展实践与探索，在此过程中，该项目得到了南京市玄武区教育局、南京市玄武区教师发展中心领导的高度支持和深度引领。此外，在四年如一日的项目实践与研究中，这个项目得到了南京市张齐华领军名师工作室全体成员的鼎力支持，可以说，没有他们每一个人日复一日的深度实践和细致研究，这个项目就不可能走到今天。写作过程中，来自山东德州的曹宁宁老师为本书的框架确立、资料整理等提供了大量的支持；教育科学出版社的郑莉老师更是从本书的创意、规划、编辑等多个维度，给予了持续而专业的指导。在此，一并表示感谢！

我们身处在一个教育深刻变革的伟大时代。在拥抱教育宏大叙事的同时，我们更需要用大国工匠精神，一笔一笔雕刻教育变革的具体工具和方法，助力这场意义深远的教育变革。愿我们团队共同创造的这本小册子，能够融入中国教育变革的滚滚洪流，并为此贡献我们的绵薄之力。

张齐华

2024年3月20日于南京

出 版 人　郑豪杰
责任编辑　郑　莉
版式设计　锋尚设计　郝晓红
责任校对　马明辉
责任印制　叶小峰

图书在版编目（CIP）数据

社会化学习实践手册 / 张齐华著 . — 北京：教育
科学出版社，2024.4（2024.5 重印）
ISBN 978-7-5191-3801-1

I. ①社⋯　II. ①张⋯　III. ①学习方法 — 手册　IV.
① G442-62

中国国家版本馆 CIP 数据核字（2024）第 042347 号

社会化学习实践手册
SHEHUIHUA XUEXI SHIJIAN SHOUCE

出版发行	教育科学出版社		
社　　址	北京·朝阳区安慧北里安园甲 9 号	邮　　编	100101
总编室电话	010-64981290	编辑部电话	010-64981151
出版部电话	010-64989487	市场部电话	010-64989009
传　　真	010-64891796	网　　址	http://www.esph.com.cn
经　　销	各地新华书店		
制　　作	北京锋尚制版有限公司		
印　　刷	天津市光明印务有限公司		
开　　本	720 毫米 ×1020 毫米　1/16	版　　次	2024 年 4 月第 1 版
印　　张	18	印　　次	2024 年 5 月第 2 次印刷
字　　数	277 千	定　　价	69.80 元

图书出现印装质量问题，本社负责调换。